Roderich Klinghart

Eine Abenteuerergeschichte aus den höchsten und allerhöchsten Bildungskreisen

Roderich Klinghart

Eine Abenteuerergeschichte aus den höchsten und allerhöchsten Bildungskreisen

ISBN/EAN: 9783742870339

Hergestellt in Europa, USA, Kanada, Australien, Japan

Cover: Foto ©ninafisch / pixelio.de

Manufactured and distributed by brebook publishing software (www.brebook.com)

Roderich Klinghart

Eine Abenteuerergeschichte aus den höchsten und allerhöchsten Bildungskreisen

Roderich Klinghart.

Eine Abenteurergeschichte

den höchsten und allerhöchsten Bildungskreisen

von

* * *

Zweite Auflage.

Leipzig.

Verlag von Carl Reißner.

1893.

Erstes Kapitel.

Das Café Impérial galt für das feinste der Stadt. Über dem Eingange strahlte eine elektrische Glühlicht=Sonne, der Hausflur mit seinen Teppichen und Orangerien war in einem geheimnisvollen Halbdunkel gehalten, und wenn man ihn durchschritten hatte, geriet man in jene vom modernen Geschmack beliebten infernalisch=heißen Räume, deren schimmernde Eleganz in dem Flam= menmeer der Beleuchtung sich in greller Aufdringlich= keit geltend macht.

Das Café war durch geschickte Draperien in kleinere Abteilungen verschiedenen Stiles getrennt: in den goldstrotzenden Salon Marie Antoinette, das türkische Zimmer, die unfehlbare altdeutsche Bier= stube und den Wigwam, einen idealisierten natürlich.

Im türkischen Zimmer bediente der elegante Lud= wig, der wegen seines besonders langen, nacktge= lassenen Halses von den anderen Kellnern der Aas= geier genannt wurde. Als er dem kleinen magern Herrn mit dem großen Schnurrbarte ein Kaviar= brötchen zum Bier servierte, machte er sich auffallend

1820:50

lange am Tische zu schaffen, denn er hätte gern einen Blick auf das Taschenbuch geworfen, in das die geschickte Hand Stephan Huberleins mit dem Bleistifte einen der anwesenden Gäste zu porträtieren schien. Aber er erwischte nicht viel. Dafür glitt ein schadenfrohes Lächeln über sein Gesicht, als er jetzt zwei neueintretende Gäste bemerkte, die Herrn Huberlein vermutlich in seiner Beschäftigung stören würden.

„Herr Philipps kommt, und das Fräulein ist heut auch mit", flüsterte der Aasgeier, „sie suchen Sie."

Der Zeichner machte eine einladende Handbewegung gegen die Nähertretenden, ohne indes aufzusehen, und fuhr fort, die unvergleichliche Beinhaltung eines blonden Musterreiters zu skizzieren, der in einem andern Winkel die Volkszeitung zerlas. Dann steckte er den Bleistift sorgfältig ein, das Taschenbuch in die Tasche und nickte seinen Freunden vertraulich zu.

„Das ist aimable, mein schönes Kind, daß Sie mitkommen. Sie kommen gern her? wie?" fragte er mit einer unangenehm krähenden Stimme.

„Freilich", sagte sie. Sie hieß Nanni Philipps und war die Schwester des kleinen, bartlosen Buckligen, der sich Huberlein gegenüber setzte.

„Kann ich Ihnen gar nicht verdenken. Man sieht und wird gesehen. Nehmen Sie das Mützchen lieber nicht ab. Es ist heiß, aber es steht Ihnen zu niedlich."

„O, Sie wollen mich wohl damit in die Fliegen=
den Blätter bringen? Nein, nein, neulich haben Sie
mir ein so albernes Gesicht gemacht! ich sitze Ihnen
nicht mehr."

„Wirklich, Närrchen? Ist auch gar nicht nötig.
Ihr Gesichtchen habe ich nun einmal, und Sie sind
mir fortan das Prototyp eines Backfisches geworden."

„Ich bin kein Backfisch", schmollte Nanni und das
Schmollen stand ihr fast noch besser als das Mützchen.

„Allerdings, wenn man bedenkt, wie schnell sich
Ihre Formen zu so reizender Rundung entwickelt
haben", sagte der alte Faun, „so muß man zu=
geben, daß Sie das Backfischstadium schnell über=
wunden haben. Ich that Ihnen wirklich unrecht.
Wenn Sie das Gesicht nicht bewegen, sehen Sie so,
Philipps, ein reiner Monumentalkopf, Germania oder
so etwas, ein Bildhauer wäre verrückt auf Sie. Wie
alt? Sechzehn? bald siebzehn? Ja, Jugend und
Schönheit, die sind unsterblich!"

„Ich denke, sie vergehen so schnell," warf sie
spöttisch ein.

„Sehen Sie, mein Fräulein: wie einen Flor be=
rauschender Blumenkelche bringt die Natur in ihrer
übersprudelnden Schaffensfülle alljährlich einen rei=
chen Lenz köstlicher junger Gestalten ans Licht, das
schwillt und quillt nur so! Wo man's faßt und wo
man's sieht — mit dem geschärften Künstlerauge — ist's
interessant! Sehen Sie, da läuft einem das Wasser
im Munde zusammen vor Vergnügen." Und er

schnalzte und schlürfte wirklich dazu und ri[
dürren Beine, die in großkarrierten Hose[

„Sie sind ein alter Narr, Huberlein,"
Bruder. „Haben Sie sich eigentlich niemals
Karikatur benützt?"

„Danke schön! danke! Karikatur und al[
Ach Gott, es kann ja sein, Teuerster, aber d
am Schönen, die sollen Sie mir doch nich[
Sehen Sie, mein Herzchen, die Blumen w[
vergehen — aber die Kraft ewig neuen
nicht, die ist unsterblich. Stoßen Sie an[
und Schönheit! die Herrscher der Welt!"

„Nehmen Sie mir's nicht übel, Huber[
Sie sollten es jüngeren Gecken überlassen, d
men Mädel den Kopf zu verdrehen, es wir[
zeitig genug geschehen."

„Ach 's Brüderle wird böse — d. h. es [
böse, Sie haben gewiß die Kotelettes wiede[
nen lassen. — Ach Gott, ich weiß ja, Tal[
und Kunst sind auch Mächte, aber das kö[
glauben, größere nicht. Nach ihnen wird d
gemessen, nach jenen das Weib. Ist die Ju[
hin — pah — wer frägt nach den häßlic[
Weibern, aber da — da sitzt ein Treffer!"
tippte an Nannis Platz, die lächelnd, mit g[
Wangen und klopfendem Herzen zuhörte, i[
schadhaften Handschuhe auszog und, da sie [
daß ihre Finger nicht ganz sauber waren
annestelte.

„Weshalb haben Sie uns eigentlich herbestellt?"
ragte der Bucklige. „Es ist eine Satanshitze hier,
h halte es nicht mehr lange aus. Wenn Sie we=
.igstens gerecht wären in Verteilung Ihrer Lobsprüche,
,arum sagen Sie mir nichts über mein Gesicht und
reine Figur?" setzte er mit einem cynischen Lachen
inzu; „ich brauche es viel nötiger, denn ich sehe
.ie in den Spiegel."

„Warum ich Sie herbestellt habe, Schönster?"fragte
er Zeichner schmunzelnd und faltete die dürren
jände neben dem Kaviarteller, „und warum ich so
.ufgekratzt bin? weil ich etwas Gutes für Sie in
,etto habe, was ausgebaldowert."

„Ein netter Ausdruck!"

„Sie wissen: Dickhoff! Ich habe nämlich noch
:manden herbestellt, um halb neun, wahrhaftig,
r muß jeden Augenblick da sein! Er ist ein Schüler
on mir, — achten Sie doch ein bischen auf den
:ingang, Kind — ein Halbgott von einem Menschen —
Sie werden's gleich am Herzchen merken, wenn er
intritt —"

„Was hat er denn studiert?" fragte Philipps und
:gte die kleine durchsichtige Hand hüstelnd an den
Nund.

„Alles! ein Universalgenie! Ziehen Sie keinen
Nund, Sie werden entzückt sein, und Geld hat er
uch! Treffe ihn heut Morgen ganz zufällig am
Narkte, kommt direkt aus Rom, wie ein Diamant
ollgesogen von Schönheit, voller Pläne, Entwürfe

und Ideen, arbeitet an diesem und jenem! Na,
es machte sich so im Gespräch, meinte, er würde
vielleicht einen Sekretär oder Amanuensis brauchen,
der etwas von der Sache verstände —"

„Welche Sache?"

„Na so Kunstgeschichte, Ästhetik, Archäologie. Ich
dachte gleich an Sie."

„Kunstgeschichte verstehe ich nicht, wenigstens
nichts modernes."

„Ach Gott, Sie verstehen ja überhaupt alles, und
Philologisches kommt ja dabei auch in Betracht.
Kurzum, ich entwarf ein Bild von Ihnen, daß er
ganz zufrieden schien und gleich bereit war herzu=
kommen."

„Will er ein Examen machen? — Nanni, sieh
Dich nicht soviel um!"

„Was denken Sie! längst Doktor, o das ist kein
gewöhnlicher von Ihren Kunden, er will —"

In diesem Augenblicke trat Nanni dem Schwätzer
leicht auf den Fuß. Unter der Portiere stand eine
auffallende Männererscheinung, groß, kraftvoll, das
Haupt von goldblondem, kurzem Gelock umwallt.
Die Züge seines Gesichts waren regelmäßig, die
Wangen rund und bartlos, die Augen hell und strahlend.
Nur um den Mund wollte Philipps einen unange=
nehmen, etwas blasierten Zug finden. Neben ihm
stand der Aasgeier, der einen Kopf kleiner war, und
zeigte auf die Gruppe im Winkel.

„Hab ich zuviel gesagt?" flüsterte Huberlein Nanni

zu und winkte mit seinem breiten Grinsen den Freund heran.

Nachdem dieser Hut und Überzieher dem Kellner übergeben und das üppige Haar wie eine überreiche Last von Gedanken aus der Stirn gestrichen hatte, trat er an den Tisch. Seine Bewegungen waren langsam, fast nachlässig, seine Miene gleichgültig, wie übermüdet.

„Das ist mein Römer — Roderigo Klinghart o — Doktor Roderich Klinghart; da Herr Ignaz Philipps, Privatgelehrter; Fräulein Schwester."

Man setzte sich wieder.

„Nun, va ,bene, amico?"

„Ich habe mich an den Nebel und die Kälte der nordischen Heimat noch nicht gewöhnen können," sagte der Gast mit halbleiser, sonorer Stimme. „Ich lebe noch mehr nach innen als nach außen, und dabei bin ich glücklich. Wer Rom gesehen hat, kann nie mehr ganz unglücklich sein, sagt der Vater unseres Goethe. Und er hat Recht. Waren Sie in Rom?" wandte er sich an Ignaz.

„Meine Mittel gestatten mir nur eben", erwiderte dieser mit sarkastischem Lächeln, „einen siechen, dem Tode verfallenen Körper ein paar Jahre diesem Räuber aus den Krallen zu ziehen. Es ist gerade kein hohes Lösegeld, das ich ihm zahlen kann, seine Geduld wird daher keine allzu lange sein. Rom liegt auf meinem Wege nicht. Haben Sie" — brach er plötzlich von einem Thema ab, das den Doktor

unangenehm zu berühren schien — „eine Pilgerfahrt
nach der ewigen Stadt oder einen Eroberungszug
dahin gemacht?"

„Eine Studienreise. Dabei ist man abwechselnd
oder auch gleichzeitig Pilger und Eroberer. Das
Eine will erkämpft, das Andere erbetet sein."

„Aber die Signoras, die Madonnas, nicht wahr,
mein bel Tedesco, da waren Sie ganz Eroberer,
vom Scheibel bis zu den Sohlen?" rief der Zeichner.

„Gerade da war ich nur — Büßer."

„Ei, was Sie sagen, das müssen Sie mir noch
erzählen. Sagen Sie, haben Sie beim deutschen
Gesandten verkehrt?"

„Ich war einigemale dort. Im ganzen hatte ich
zu wenig Zeit zum Verkehr, ich mußte arbeiten.
Am häufigsten war ich im Palazzo Gasparone,
dem Sitz der Principessa da Fualti".

„Also eine Principessa! corpo di bacco, was
sind Sie für ein verfluchter Kerl!" Dann zwinkerte
er ihm zu und wandte sich an das Mädchen:
„Kommen Sie mal her, Nannichen, ich werde Ihnen
mein Taschenbuch zeigen, es ist alles anständig drin,
fürchten Sie nichts. So, rücken Sie nur nahe, ganz
nahe."

„Sie sind Philologe?" wandte sich Doctor Klinghart
an seinen Nachbar und betrachtete prüfend dessen
abgezehrtes, mit Sommersprossen bedecktes Gesicht.

„Ja wohl."

„Ich habe die Absicht — über die ich Sie indes

vor der Hand zu schweigen bitte — mich an hiesiger
Universität für Kunstgeschichte zu habilitieren. Ich
bemerke, daß ich mich hauptsächlich mit moderner
Kunst beschäftigt habe, aber das Antike entzieht sich
meinem Interesse und Studium deshalb nicht. Ich
arbeite jetzt eine Schrift über Goethes Verhältnis
zur bildenden Kunst aus —"

„Das finde ich durchaus lobenswert", bemerkte
Ignaz, „einem aufstrebenden Talente ist es immer
förderlicher, sich an die großen als an die kleinen
Geister zu attachieren. Es fällt etwas von dem
Sonnenschein des Genius auf seine Trabanten, und
vornehme Gesellschaft ist von Wert. Wer sich an die
Rockschöße der deorum minorum gentium hängt,
versinkt mit ihnen in das Dunkel. Sehr lobenswert!"

Der Doktor runzelte ein wenig die Stirn über
diese unerbetene Bemerkung. Er suchte ein Werk=
zeug, aber keinen Kritiker.

„Eine Abhandlung: zur Klarstellung der Jugend=
arbeiten Rafaels, seine peruineske Zeit, wissen Sie,
befindet sich gegenwärtig in Druck; in einer andern
suche ich das Rätsel von Melos zu lösen. Der ab=
geschmackte Nonsens, der über die Göttin bereits
geschrieben ist, das ganze Gerät von Waffen, Schil=
dern, Äpfeln und Badeschwämmen, das man ihr
in die hilflosen Arme gezwängt hat, muß endlich
einmal weggeräumt werden."

„Sie haben eine neue Rekonstruktion der Statue
gefunden?"

„Die einfachſte und natürlichſte von der Welt.“

„Wer das Einfachſte und Natürlichſte zum erſten=
male ſagt, iſt ein großer Mann,“ bemerkte Philipps
und drückte wieder die Hand vor den Mund, da
ihn der Huſten quälte.

„Nun habe ich noch verſchiedene Ideen und
Pläne, namentlich philologiſcher Natur, zu denen
das Material zuſammenzuſtellen, andere, wo ſolches
zu bearbeiten mir die Zeit fehlt. Würden Sie Muße
und Fähigkeit beſitzen, mir dabei etwas an die Hand
zu gehen und dazu geneigt ſein?“

„Mit Vergnügen,“ antwortete Philipps. „Ich
habe mancherlei gelernt, und ich arbeite zuverläſſig,
darüber können Sie beruhigt ſein. Ich gedachte als
junger Menſch die Karriere einzuſchlagen, die Sie
wählen, aber mir fehlten Geſundheit und die Mittel
dazu. Nun mache ich ſo etwas den wiſſenſchaftlichen
Handlanger.“

„Jeder dient der Wiſſenſchaft in ſeiner Weiſe,“
ſagte Klinghart ernſt, dem des Kleinen lächelndes
Weſen unangenehm war.

„Iſt meine Weiſe auch nicht die anſtändigſte —
wie geſagt, ich arbeite zuverläſſig und darin bin
ich redlich. Man hat ſo ſeine Spitzbubenehre.“

„Ich verſtehe Sie wohl nicht ganz,“ ſagte der
Römer vornehm. „Auf jeden Fall bitte ich Sie, unſer
eventuelles gemeinſchaftliches Arbeiten in der Weiſe auf=
zufaſſen und zu behandeln, wie es der Würde der Sache
geziemt und allein erſprießlich für uns ſein kann.“

Philipps verbeugte sich: „Und dürfte ich um Ihre Adresse bitten?“

„Akademieplatz 2.“

„Akademieplatz?“ fuhr der Zeichner dazwischen. „Sehen Sie doch, Roderigo, die vornehmste Gegend. Wollen Sie schon gehen, Philipps?“

„Die Hitze und diese mit tausend Gerüchen ge= schwängerte Luft ist Gift für meine Lunge, Freund. Es war ein Wagnis. Doch nehmen Sie meinen Dank.“

Auch Nanni war aufgestanden. Sie wickelte ihrem Bruder den Shawl um, band ihm einen Respirator vor den Mund und machte den Herren ihren Knix. Huberlein verabschiedete sich mit end= losem Gewäsch, Klinghart mit einem leichten Kopf= nicken, wobei er das Mädchen scheinbar das erstemal am Abend ansah. Es war ein langer, durch= dringender Blick, dann fuhr er mit der Hand noch einmal über Stirn und Haar und wandte sich ab. Der Aasgeier setzte ihm ein frisches Glas hin, das er mit hastigen Zügen leer trank, und murmelte ihm etwas ins Ohr. Huberlein studierte dabei des Doktors Hand. Sie war groß, aber sehr weiß und wohlgeformt, und was sie faßte, das faßte sie fest.

„Im Wigwam, sagten Sie?“ wandte sich der Römer an den schlanken Ludwig, „sagen Sie dem Herren, ich würde sogleich kommen.“

„Er spricht so mit einem polnischen oder russi= schen Ton.“

„Es ist schon gut. Bestellen Sie meine Antwort!
Sofort!"

Der Aasgeier entflog.

„Ein unangenehmer Mensch, dieser Philipps,"
sagte Klinghart zu Huberlein.

„Ein Todeskandidat mit einem gewissen Galgen=
humor, der gelegentlich ins Cynische fällt. Nun?
und die Kleine?"

„Seine Schwester?" fragte der andere hingegen.

„Ja, sie hausen allein zusammen, und sie gibt
ihm, glaub' ich, den Rest mit ihren Kochstudien.
Ich denke, daß sie selbst der appetitlichste Bissen ist."

„Guten Abend, mein Lieber, ich habe noch eine
andere kleine Begegnung hier." Damit stand Kling=
hart auf und verschwand in den Wigwam.

Als Huberlein im Fortgehen neugierig zu diesem
Nebenraume hineinguckte, sah er seinen Freund mit
einem kleinen Herrn von auffallend slavischem Typus
an einem Tischchen sitzen. Über ihren Köpfen hingen
Friedenspfeifen, Glasperlenschnüre, ein vom Friseur
gemachter Skalp und ein vertrocknetes Krokodil,
dessen aufgesperrter Rachen den Hut des Russen hielt.

„Wen er nur da wieder hat! es ist ein verfluchter
Kerl, hat überall Verbindungen. Der wirds zu was
bringen. — Puh, das ist ein Januarwetter! Guten
Abend, mein schönes Kind, darf ich mitkommen?"
Damit eilte er, sich einer vorübergehenden Freundin
aus der Halbwelt anzuschließen.

Zweites Kapitel.

Im Westen der Stadt befand sich ein Komplex von Gassen und Gäßchen, der in alter Zeit „das neue Thor" geheißen, diesen Namen verloren hatte, seitdem Burg um ein Beträchtliches über dieses bescheidene Viertel hinausgewachsen war. Die Kasernen und Spitäler, die es ehemals enthalten, waren verlegt und die alten Gebäude, die dazu gedient hatten, in Wohnhäuser umgewandelt worden. Es war eine Gegend, · die vorzugsweise von kleinen Beamten, Handwerkern und armen Studenten bewohnt wurde. Eine dieser Straßen hieß die Ledergasse, und da, wo sie sich mit der Armensünder-Gasse schnitt, stand ein großes dreistöckiges Haus, das vom Keller bis unter das Dach mit Einwohnern vollgepfropft war. Es war schmutzig, schlecht imstande gehalten und voll übler Gerüche. In jedem Stockwerk mündete die Treppe auf einen langen Korridor, aus dem mehrere Thüren nach den einzelnen kleinen Wohnungen führten, und der durch ein langes Geländer begrenzt war, über das man auf die halbdunkle Treppe hinabsehen konnte.

Hier wohnte im ersten Stock Ignaz Philipps mit seiner Schwester. Nanni, welche die älteren Hausmieter noch barfüßig und in kurzem Röckchen hatten im Rinnsteine der Armensünder-Gasse Papierschiffchen ziehen sehen, war diesen der Gegenstand eines gewissen Interesses, hauptsächlich in letzter

Zeit, seit sie zu einem so bildhübschen Mädchen
aufgeblüht war. Aber sie vergalt den Frauen, die
sich seit dem Tode der Mutter ihrer dann und wann
angenommen und ihr die geringen wirtschaftlichen
Kenntnisse, über die sie verfügte, beigebracht, ihre
Fürsorge schlecht. Sie hatte das Gefühl, daß diese
Damen mehr von einem subjektiven als objektiven
Interesse geleitet würden, wenn sie beständig an ihr
herummäkelten, und im Gefühl ihrer Unabhängigkeit
gab sie sich denn nicht besondere Mühe, das Wohl=
gefallen der Sauerengurkenhändlersgattinnen und
Sattlergehülfenfrauen sich zu erwerben, besonders
seit sie sich bewußt war, daß sie trotz ihrer Armut
durch die gelehrte Beschäftigung ihres Bruders doch
einem höhern Stand angehörte.

Auf der oben erwähnten Gallerie standen einmal
früh um zehn Uhr — es war um Ende März —
zwei dieser schätzenswerten Waisenrichterinnen, eine
junge und eine alte. Sie hatten eben ihre Einkäufe,
die in etlichen Mohrrüben, einem Schälchen Sauer=
kraut, Milch und einem Schöpsenkopfe bestanden,
einander zur Kritik vorgelegt, als die Alte, die
einfach aber äußerst sauber gekleidet war, fragte:
„Haben Sie den schönen großen Menschen schon
gesehen, der jetzt immer herkommt? Nicht? nun passen
Sie auf, das ist so einer, der den Maulaffen die
Köpfe verdreht und sie dann sitzen läßt. Sie sagt,
er käme zum Bruder wegen Schreibereien, na —
wo Aas ist, da sammeln sich die Adler, so ein Zu=

lauf war früher zu dem Buckligen nicht, er hat das beste Aushängeschild an ihr."

„Wenn ich ihn doch einmal sähe," sagte die Jüngere, eine ordinäre und schmutzige Person, welche die Frau eines stellungslosen Kellners war und unter dem Dach wohnte. „Was ist er denn?"

„Nu, auch so einer von den Bücherhockern, ein Doktor, sagt sie."

„Den polnischen Studenten, der neulich auf Eurem Flure eingezogen ist," antwortete die andere eifrig, hab' ich auch gestern hineingehen sehen, es mag wohl hübsch dort zugehen! Von welchem mag sie nur das neue Kleid gekriegt haben, das jetzt durch allen Schmutz geschleppt wird?"

„Na, das ist jetzt eine Menschheit! hab ich Ihnen schon gesagt, wie's mir gestern gegangen ist mit der reichen jungen Frau, die in den Wochen gestorben ist?"

„Kriegen Sie sie?"

„Grobheiten habe ich an den Hals gekriegt, sage ich Ihnen, als ob mein Geschäft eine Schande wäre. Eine Schande ist's vielmehr, einen Toten so zu be= graben! lieber Himmel, früher ist so was nicht vor= gekommen, da hat man jeden, groß oder klein, dem lieben Gott rein und appetitlich übergeben; aber jetzt bei den Reichen — da langt's nicht mehr! Niemand soll meine Frau anrühren, sagte der Leutnant und warf mir die Thür beinah an die Nase."

„Jesus, Jesus, nein so was! — Still, Frau Nachbarin, ich glaube es kommt jemand," bemerkte die Junge und lehnte sich hinab, indem sie sich den Schöpsenkopf an das Herz drückte. Die Leichen=wäscherin zog sie zurück. „Geben Sie Acht! 's ist der Doktor, er wird gleich heraufkommen!"

Die schmale Stiege knarrte von festen, schweren Tritten, und die Gestalt Klinghart tauchte fast überlebensgroß auf in dem engen, niedrigen Raume. Er ging gleichmütig bei den Frauen vorüber und klingelte an der Glasthür, die Philipps Namen trug. Nanni öffnete und beschied ihn auf seine Frage, daß der Bruder nicht zuhause sei. Da er trotzdem die Thür weiter aufschob, setzte sie hinzu, sie habe die Weisung, in seiner Abwesenheit niemand herein=zulassen. In Wahrheit hatte sich Philipps nie darum gekümmert, aber die um ihre Tugend besorgten Frauen im Hause hatten ihr versichert, daß es sich nicht schicke, wenn sie allein Herrenbesuche annähme.

„Thorheit!" antwortete Klinghart vornehm=iro=nisch. „Glauben Sie, Sie hätten sich vor mir zu fürchten? Ich muß mir aus einem Buche, das er benützt, einige Notizen machen. Lassen Sie mich hinein, und wenn Sie in der Küche zu thun haben, so halten Sie sich nicht weiter auf."

Sie wagte nicht zu widersprechen und ließ ihn eintreten. Kaum war er hinter der Thür ver=schwunden, als die Alte das Gespräch wieder auf=nahm: „Das war natürlich blos eine Komödie — unsertwegen."

„Der ist ja wie ein Weberbaum," sagte die von drei

Stiegen, „vor so einem Liebhaber möchte ich mich fürchten."

„Ja, das hat Fleisch und Knochen, an dem hat sie was. Wissen Sie, ich hab einmal eine Leiche gehabt — naturell so wie der! ein Student war's, ein Pastorssohn, der hatte einen Körper wie Marzipan, und vorn auf der Brust, gerade über dem Herzen, hatten sie ihn geschossen, im Duell, verstehen Sie! ein schwarzes Loch — so groß! So einen schönen Menschen hatt' ich noch nicht gesehn. Der war gerade so, naturell so, ich mußte gleich an ihn denken, wie ich den Doktor sah, auch dieselben gelockten Haare, blos im Gesicht anders."

„Jesus, Jesus!" Der Schöpsenkopf blutete vor Mitleid oder Entsetzen.

„Auch um ein Mädel! Die Leute sind ordentlich verrückt heutzutage," fuhr die Leichenwäscherin fort und kraute sich die spärlichen weißen Haare, die auf dem Hinterkopfe um eine einzige dünne Haarnadel zusammengedreht waren. „Ja, es ist wahr, so einen möcht ich wieder einmal vorkriegen!"

„Aber das ist doch zu gräßlich," meinte der Schöpsenkopf.

„Na warum? Geschäft ist Geschäft! Denken Sie nicht, daß bei so einem auch mehr Vergnügen dabei ist als bei einer verschrumpelten alten Heuschrecke wie ich bin?" Damit nahm sie ihren Tiegel mit Sauerkraut von der Treppenstufe und ging ihrer Thür zu, indes die Kellnersfrau weiterstieg. —

Die Wohnung der Geschwister Philipps war ein bescheidenes Quartier. Zuerst betrat man ein kleines Entree, das zur Hälfte von einem Schrank und einem Korbe mit schmutziger Wäsche eingenommen wurde. Linker Hand lag dann ein mäßig großes zweifenstriges Zimmer mit blaugetünchten Wänden und daneben ein Kabinett, welches das Bett des kleinen Gelehrten enthielt. Durch einen bräunlichen Kattunvorhang, der meist zurückgeschlagen war, konnte man diesen nischenartigen Raum verhängen. Die Möbel waren sehr schlecht, das Sopha mit abgenutztem Ledertuch überzogen. Rechts von dem Entree war die leidlich geräumige Küche, die das notwendigste Wirtschaftsmaterial, zwei Schränke und Nannis Bett enthielt. Es pflegte in diesem Raume nicht besonders ordentlich auszusehen, und während Klinghart drüben schrieb, bemühte sich Nanni, die Küche und sich selbst in einen etwas besseren Zustand zu setzen. Eben war sie wieder an den Ofen getreten, als der Doktor die Thür öffnete und sagte:

„Fräulein, richten Sie Ihrem Bruder aus, daß er die Abschrift der Arbeit recht beeilen möge, die Sache drängt. Ein Exemplar meiner Habilitationsschrift habe ich auf sein Pult gelegt. Ich kann mich wohl darauf verlassen, daß Sie Ihres Bruders Papiere nicht anrühren?" fragte er streng.

„Ja."

„Apropos, noch etwas. Hat Ihnen der polnische

Student, der hier nebenan eingezogen ist, einen
Besuch gemacht?"

„Gestern früh war er hier," antwortete Nanni
und klopfte mit dem Quirl auf den linken Hand=
teller."

„Wie ist er denn?" ließ sich Roderigo herab zu
fragen.

„Ignaz sagt, er wäre gutmütig."

„Und Sie?"

„Verrückt wie alle Männer."

„Das heißt, er hat Ihnen Schmeicheleien gesagt
über Ihr Gesicht?"

„Was denn sonst!"

„Hab ich das auch schon einmal gethan?"

Sie schüttelte den Kopf, ohne ihn anzusehen.

„Also sind doch wohl nicht alle verrückt!" be=
merkte er leutselig. „Sehen Sie mich doch an, Nanni."

Sie that es. Aber er sah erhaben und streng
aus wie immer.

„Sie sind ein albernes kleines Mädchen," sagte
er mit einem kurzen Lächeln, „adieu."

Sie schloß hinter ihm ab und bemühte sich, den
Schritten des Hinabsteigenden zu lauschen. Aber
sie hörte nichts. Nach einer Weile öffnete sie die
Thür wieder ein Ritzchen, jedoch er stand nicht
draußen. Es war ihr unbegreiflich, wie er hinunter=
gekommen sein konnte, ohne daß sie es gehört.

Er war auch in der That nicht gegangen. An
der nächsten Thür — die eine einfache Holzthür war

2*

und direkt in die Stube führte — steckte eine Visiten=
karte, die den Namen Stanislaw von Wielopolski,
stud. med., trug. Hier hatte Doktor Klinghart ge=
klopft und war nach kurzem Warten eingetreten.

Der die Thür geöffnet hatte, war ein schlanker
junger Mann mittlerer Größe, von feinem Gesichts=
schnitt, dunklen Augen und einem melancholischen
Schnurrbart. Er fragte mit sanftem Ausdruck und in
etwas hartem Deutsch nach dem Begehr des Fremden.

„Sie verzeihen. Ich bin der neue Privatdozent
für Kunstgeschichte, Doktor Klinghart."

„Ah!"

„Ich hatte einen lieben, teuren Freund, der Ihren
Namen trug, wir studierten zusammen in Berlin.
Bronislaw von Wielopolski hörte Nationalökonomie.
Ich habe seit Jahren nichts mehr von ihm ver=
nommen; er ging nach Paris, versprach mir Nach=
richten zu geben, aber außer einem kurzen Briefe
bald nach seiner Ankunft habe ich nie mehr etwas
von ihm erhalten, noch sonst von ihm erfahren.
Heut sehe ich hier zufällig Ihre Karte und vermute
einen Verwandten. Sollten Sie vielleicht gar ein
Bruder des Verschollenen sein? Oder können Sie
mir doch etwas von dem verlorenen Freunde mit=
teilen? Sie verzeihen, mein Herr!"

Die Herren hatten sich inzwischen gesetzt. Der
Pole sann nach. „Ich habe gar keine näheren Ver=
wandten, wenigstens keine männlichen. Es gibt
aber viele Wielopolski. Bronislaw sagen Sie?"

„Bronislaw Maria. Es war ein so ausgezeich=
neter Mensch, ein so glühender Patriot, wir haben
so oft geschwärmt von seinem beklagenswerten
Vaterlande, haben Pläne entworfen, konspiriert!
Aber mein Freund war unvorsichtig, es quält mich
der Gedanke, daß er sich verraten, kompromittiert habe
und einem traurigeren Schicksale anheimgefallen
sei, als das ist, in der Freiheit von Befreiung zu
schwärmen."

„Ich kann Ihnen nichts sagen, mein Herr," ant=
wortete der Pole. „Doch wenn Sie ein wenig
warten wollen, ich könnte da einige Papiere durch=
sehen, die mich vielleicht auf eine Spur brächten."

„Ich würde Ihnen sehr dankbar sein."

Der Pole ging an seinen Schreibtisch und zog
einige Schubfächer heraus, aus denen er Papiere
entnahm, die er durchblätterte.

Klinghart musterte indessen die Stube, die mit
ihrem abgetretenen Fußboden, den schadhaften brau=
nen Tapeten und den kleinen Fenstern ärmlich
genug aussah. An den Wänden hingen Gruppen=
und Einzelbilder von polnischen Studenten, Ra=
piere, schäbige Konföderatkas mit kleinen gelblichen
Reiherbüschen und einige schlechte Stahlstiche, die
der Vermieterin gehören mochten. Napoleon und
sein Sohn fehlten nicht, und die weiße Hose
des Imperators sah von Fliegenschmutz wie ge=
sprenkelt aus.

„Ein schlechtes Bild, aber ein großer Mann,"

sagte Klinghart darauf deutend, als der Pole achsel=
zuckend seine Papiere wieder einschloß. „Sie haben
nichts gefunden?"

„Keinen Bronislaw Maria. — Sie meinen Napo=
leon? Er war ein schlimmer Feind Ihres Vater=
landes."

„Man bewundert die Größe auch an dem über=
wundenen Feinde, wenn man nicht engherzig ist.
Er war ein harter Mann, aber er hat durch ganz
Europa die Ideen von 1789 verbreitet."

„Nicht durch ganz Europa!" bemerkte der Pole.

„Das barbarische Land, das er nicht bezwingen
konnte," nahm Klinghart wieder das Wort, „ist da=
durch der Befruchtung mit diesen Ideen nicht teil=
haftig geworden. Vielleicht, daß andernfalls das
Königreich Sobieskis in den Kämpfen seiner Unter=
drücker um eine konstitutionelle Freiheit die nationale
wiedergefunden hätte. Es ist wunderbar, wie die
Ideen der Volkssouveränität und des nationalen
Staates Hand in Hand gehen."

„Sie interessieren sich für Polen?" fragte Sta=
nislaw von Wielopolski.

„Sicher! Und vor allem: ich halte es nicht für
unrettbar verloren."

„Ah!"

„Und zwar, weil es noch eine historische Auf=
gabe hat."

„Wie meinen Sie das?"

„Was ist der Begriff der Staatsidee? Sind die

Staaten etwas anderes als die in die nationale Farbe gekleideten Sicherheitsbeamten der menschlichen Gesellschaft? Die Konzentration des nationalen Elementes in diesem Sinne vollzieht sich immer mehr."

„Sind die Ideen stärker als die Tyrannei?" fragte der Pole.

„Sie kennen nicht genug Geschichte, wenn Sie so fragen können. Oder — Sie sind nicht offen, Sie haben das Mißtrauen Ihres Volkes. Aber ich bin weit entfernt, es zu tadeln, ich ehre es."

„Sie wollten noch etwas zur Vervollständigung Ihres Gedankens hinzusetzen, Herr Professor?"

„Doktor", korrigierte Klinghart.

„Sie sprachen von einer Aufgabe."

„Die Zerstückelung Ihres Vaterlandes wird historisch unmöglich. Wenn die Polen erst ganz begriffen haben, in welcher Weise sich ein moderner nationaler Staat zu konsolidieren hat, werden sie berufen sein, ihn zu bilden. Sie büßen jetzt die Sünden ihrer Väter, aber sie büßen auch für ihre Enkel. Sie sind die edelste slavische Rasse und die Brücke, das Bindeglied zwischen West-Europa und dem barbarischen Halbasien."

„Sie sehen unsere Lage sehr optimistisch an, aber Sie sind ein Doktrinär," sagte der Pole mit einem schwermütigen Lächeln.

„Mein verehrter junger Freund — verzeihen Sie meine vielleicht etwas täppische Freundschaft, sie knüpft an einen teuren Namen und an ein mir sympathisches Volk an — Rußland wird für seine Nachbarn im Westen und Südwesten gefährlich, die polnischen Unterthanen Preußens und Österreichs sind unbequem, ein großpolnisches Reich wäre diesen beiden Staaten der beste Schutz und ein dankbarer Bundesgenosse, wenn sie es rekonstruierten — ah — verstehen Sie?"

„Man könnte das allerdings behaupten, doch ich weiß nicht, wie weit man damit recht hätte. Jedenfalls erscheint dieses Projekt nicht so doktrinär wie Ihre Betrachtungen vorhin. — Sie sind Ästhetiker, ich hätte geglaubt, Sie seien Gesichtsphilosoph."

„Also ich bin Ihnen zu doktrinär! Mag sein. Ihr Herz ist von praktischeren Idealen erfüllt?"

Der Pole lächelte und sagte ausweichend:

„Ich studiere Medizin, ich weiß nichts von Politik."

Klinghart stand auf. „Leben Sie wohl, ich habe Sie schon zu lange aufgehalten, und entschuldigen Sie meine Freimütigkeit. Ich habe bisweilen in diesem Hause zu thun, da ich Herrn Philipps als Abschreiber beschäftige, ich hoffe, wenn ich Ihnen wieder begegnen sollte, daß Sie mich nicht unfreundlich betrachten."

Der Pole ergriff die dargebotene Hand: „Ihre Unterhaltung war mir eine so große Ehre, ich — verzeihen Sie — es ist wahr — ich bin etwas mißtrauisch — im Anfang, aber Sie sagten, Sie ehrten dieses Mißtrauen, das war sehr schön. Ich könnte von Ihnen lernen; wollen Sie gestatten, daß ich Sie wieder spreche?"

„Einem Wielopolski steht mein Herz immer offen!“ sagte Klinghart und trennte sich mit einem biedern Händedrucke.

Drittes Kapitel.

Es war im Mai.

Klinghart kam aus dem Kolleg, zu welchem ihm eine recht ansehnliche Zahl von Hörern zu versammeln geglückt war. Er begab sich von der Universität nach dem Bibliotheksgebäude; als er — die gewünschten Bücher unter dem Arm — die Treppe wieder hinabstieg und dabei einen Blick durch das Flurfenster warf, bemerkte er im Hofraume des weitläufigen Gebäudes ein hageres graues Männchen, das mit den Armen in der Luft herumfuchtelnd wie besessen auf und nieder rannte, Er sah ihm ein Weilchen zu und fragte dann einen vorübergehenden Studenten nach dem Namen des Herrn. Als er erfuhr, daß es Professor Weber sei, ging er eilig weiter, denn er gedachte, sofort die Bekanntschaft eines so interessanten Sonderlings zu machen und sich bei ihm in passender Weise einzuführen. Der Professor schien ihn und seinen Gruß nicht zu bemerken oder sich nicht stören lassen zu wollen. Klinghart geriet einen Augenblick in Versuchung, seine Aufmerksamkeit durch ein ähnliches Gestikulieren zu erregen, aber er unterließ es in der Vorstellung, daß er möglichen Zuschauern ein ebenso lächerliches Bild darbieten würde. Er trat daher dicht an ihn heran und sagte mit gedämpfter Stimme und nur leicht den Hut lüftend:

„Es ist heut schwer, dem Anstürmen des lebendigen Elementes zu widerstehen."

Weber hielt verdutzt inne und starrte einen Augenblick in das ihm fremde aber tiefernste, bedeutsame Gesicht des ihn Ansprechenden.

„Fühlen Sie denn auch," begann er mit einer dünnen hohen Stimme, die einen ängstlich=weinerlichen Klang hatte, „die wunderbare Verdichtung der geistigen Materie? Es ringt und ringt und hat sich mir noch nicht zum Persönlichen losgerungen. Wer sind Sie?"

Klinghart nannte seinen Namen.

„Ach, das ist wahr! Ich habe Ihre Karte gefunden. Ihr Name hat mich die ganze Zeit über verfolgt. Ich glaubte, es sei der Tonfall der Silben, der mich fesselte. Das war's! Sie sind ein Empfindender, Sie haben den Sinn?"

„Ich habe ihn," sagte Roderich Klinghart, „und Sie werden den unüberwindlichen Drang begreifen, der den Empfindenden zu dem Verstehenden trieb."

Weber schob seinen linken Arm unter den rechten des Doktors und die beiden verließen das Bibliotheksgebäude. Draußen auf der engen und dem Verkehr außerordentlich ausgesetzten Kapuzinerstraße wogte ein lebhaftes Durcheinander von Passanten,

und mancher erstaunte Blick blieb an dem unglei=
chen Paare hängen. Der Professor reichte dem Doktor
kaum bis an die Schultern, er fuhr mit den Händen
herum, auch wenn er nicht sprach, wie einer, der
den Veitstanz hat, und zappelte in seinem schlotterigen
aschgrauen Anzuge hin und her. Das Merkwürdigste
aber war sein Gesicht. Ein spitzes Näschen stand
schief zwischen runden bartlosen Wangen und oben
drauf ritt eine große blaßblaue Brille. Die Lippen
waren schmal und etwas herabgezogen, das Haar
semmelblond. Sein Alter zu bestimmen wäre schwer
gewesen, er konnte ebenso gut für 50 als für 30
gelten, es war etwas Welkes und doch Unentwickeltes
in den Zügen, das diese Frage ganz unentschieden ließ.

„Haben Sie Zeit, mich nachhause zu begleiten,
Verehrtester?" fragte er kläglich.

„Ich habe immer Zeit für Sie, Herr Professor.
Erlauben Sie mir zu bemerken, daß ich nur, um
in Ihrer Nähe zu sein, mich hier habilitiert habe.
Ich hatte die günstigsten Verbindungen und Aner=
bietungen am Rheine, man hat es mir sehr übel
genommen, daß ich sie in den Wind zu schlagen die
Kühnheit hatte."

„Wir werden zusammen arbeiten," sagte die kleine
Stimme. „Was haben sie eigentlich für ein Fach?"

„Kunstgeschichte, Ästhetik."

„Das ist mir freilich sehr abliegend. Aber haben
Sie, lieber Freund, Aufschlüsse vom Jenseits erhalten,
die Sie für Ihr Fach verwertet haben?"

„Aufschlüsse? Ich möchte vielleicht lieber sagen: Andeutungen, Inspirationen."

„Das ist es," seufzte der Spiritist, „direkte Aufschlüsse sind so selten. Aber ich muß sagen, daß die Wissenschaft sowohl, als die Frage nach den vornehmsten Lebensbedingungen die Förderung, die sie durch meine Wenigkeit erfahren, ihre Beantwortung — eben jenen Aufschlüssen verdanken."

„In der That, ich vermutete das!"

„Na, das heißt, was ich bisher veröffentlicht habe, trägt nun eigentlich den, sozusagen, revolutionären Stempel noch nicht, erst dasjenige, was ich vorbereite. Es ist zum Teil fertig, und nur die Furcht vor dem Eklat, den die Sache machen wird, hat mich da bis jetzt abgehalten — aber das ist unmännlich, nicht wahr, es ist unmännlich?"

„Herr Professor gehören nicht zu den Rabulisten, und die vom Jenseits gesättigte Ruhe ist Ihnen adäquater als das Geschrei der unberufenen Kritik," sagte der Adept. „Es giebt Gelehrtenseelen, die der Mimose gleichen" —

Entzückt drückte Weber den Arm, an dem er zappelte. „Die vom Jenseits gesättigte Ruhe, Gelehrtenseelen, die der Mimose gleichen — o wie Sie das so schön sagen. Ich fasse Vertrauen zu Ihnen, Schönster, Vertrauen, ich möchte Ihnen — mein Museum zeigen und erklären. Wollen Sie?"

„Wenn es Ihnen nur heut nicht zu spät damit

werden wird, Herr Professor, die Mittagstunde ist nicht mehr fern," gab der andere zu bedenken.

„O, Sie speisen mit mir! Das heißt mein Küchen=zettel," kicherte der kleine Revolutionär, „ist besonderer Art, er hängt mit meiner wissenschaftlichen und biologischen Richtung zusammen."

„Himmel, jetzt ist der Narr auch noch Vegetarianer, der Botaniker, natürlich!" dachte Klinghart, den es nach den Fleischtöpfen seines Hotels gelüstete, und den ein Schauder vor Sellerie und Schrotbrot überkam.

„Sie sollten ein Anhänger des Vegetarianismus sein?" fragte er bedeutungsvoll.

Aber der Kleine kicherte noch lebhafter. „Ein Gegner, ein Gegner, mein Lieber! Ich verschmähe es ja eben, mit den Objekten meiner wissenschaft=lichen Forschung mich zu mästen. Ganz unter uns gesagt: ich bin ausschließlich Karnivore. Fett wird man nicht dabei," setzte er wieder weinerlich hinzu. „Aber die Pflanze, sehen Sie, — o ich verrate Ihnen schon die Fülle meiner Offenbarungen, — die Pflanze hat doch eine Seele. Manche haben es vermutet, aber ich, der Pflanzenphysiolog, habe es gefunden. Sehen Sie, wie umgekehrt der Psycholog jetzt weiß, daß er ohne Physiologie den Stein beackert, so der verständige, der erleuchtete Physiologe, daß die Seele — auch der Pflanze — nicht schlechthin ein Resultat, das Ergebnis der Lebebewegungen, sondern ein Substrat, verstehen Sie, ein Substrat ist."

„Das ist ja ganz großartig."

„Nicht wahr, Freundchen? Ich habe den Zu=
sammenhang des äußeren und inneren oder freien
und latenten Geistes entdeckt; des äußeren freien,
den nur wir Gottbegnadeten, mit dem sechsten Sinne
Begabten empfinden, und des latenten, an die Ma=
terie gehefteten, den die animale Welt (wozu ich
die unwissenschaftliche Menge rechne) besitzt. Aber
nicht nur diesem Zusammenhange nachzuspüren ist
mir geglückt, auch die Pflanzenseele wissenschaftlich
zu bestimmen ist mir beschieden gewesen." —

Endlich saß man bei Tische. Es gab zum Entree
Kalbsniere mit Sardellen, dann gespickten Hirsch=
lummer mit Ochsenmaulsalat und zuletzt Rinderbrot
(eine Erfindung des Karnivoren) mit Fleischkäse.
Da der Wirt nicht ohne Verlegenheit einen guten
Burgunder dazu auf den Tisch setzte, ließ sich Kling=
hart das kleine Diner wohl gefallen und hütete sich,
den Professor inbetreff des Weines auf die arge
Lücke in seinem Prinzip aufmerksam zu machen.
Es hätte sich leicht behaupten lassen, daß der Wein
nicht nur Seele, sondern sogar Geist enthalte, aber
der Gast nahm sich in Acht, Weber mit einer solchen
Betrachtung in Verlegenheit und sich selbst in die
Lage zu versetzen, bei ferneren Froschschenkeln mit
Buttermilchsauce oder frikassierten Katzenschwänzen
eines guten Trunkes entbehren zu müssen.

Ein anderer Widerspruch aber lag ebenso nahe,
und ihn zu berühren, glaubte Klinghart wagen zu

dürfen, da der Professor ihn sicher bereits durch ein biologisches Prinzip ausgeglichen.

„Wenn ich mir eine Frage erlauben dürfte, hoch= verehrter Meister," begann er beim Nachtisch, der aus Austern, mit Schafmagensäure beträufelt, bestand, „warum verschmäht Ihr Küchenzettel so konsequent alle vegetabilische Zuthat in Rücksicht auf das seelische Substrat des pflanzlichen Organismus, da doch das animale Leben eben dieses Substrat in noch entwickelterem Grade besitzt?"

„Wenn ich könnte, so würde ich meinen Leichnam mit Steinen sättigen, aber es geht nicht, wie Sie wissen, es geht nicht! Wenn ich mich nun auf das Animale beschränke, so geschieht es, weil wir hier nur potenziertes, individuelles Leben haben, während die Pflanze den unzerrissenen Zusammenhang mit der allgemeinen Geisteswelt, der großen Geistes= materie hat. Die Pflanze hat den ausgebildetsten sechsten Sinn, freilich mit Verkümmerung der anderen Sinne, sie empfindet, wofür die Masse stumpfsinnig ist, und ist eins mit dem Ganzen."

„Das ist überraschend," bemerkte der Doktor, der dem Burgunder fleißig zusprach, aber ein Schäl= chen Naschwerk aus kondensiertem Milchzucker mit zerquetschtem Fischrogen dankend ablehnte, „ich weiß noch nicht recht, wie ich mich dazu stellen soll, sehr überraschend. Und wie Sie verstehen, so reiche Abwechslung in Ihr Menü zu bringen. Ihre Kö= chin —"

„Hat leider gar wenig Hingabe für die Sache
und noch weniger Phantasie." Und es klang wieder,
als wenn ein Kind weinte. „Nun bin ich aber ein
bischen Gourmand und muß doch auch die Ein=
gebungen verwerten, die ich vom Jenseits habe, da
bereite ich denn einiges von den Sächelchen selbst.
Lachen Sie nicht und verraten Sie mich nicht."

Klinghart drückte seine Verwunderung über die
Vielseitigkeit des Professors aus, als dieser plötzlich
aufsprang, seine Arme an jenem hinauf auf die
Schuldern legte und flüsterte: „Wollen Sie mein
Vertrauter, mein Freund sein?"

„Ich will es," war die feierliche Antwort.

„So lassen wir heut die Geister noch aus dem
Spiel, die Materie hat sich ohnedies fast verflüch=
tigt —"

„Nicht so ganz," bemerkte der Doktor bedeutsam.

„Ich fühle fast nichts mehr, bei Gott, nichts.
Sollten Sie begabter, empfänglicher sein als ich?"

„Ich habe nur die starke Sensibilität, und ich
wage, ihr nur Ihnen gegenüber Ausdruck zu geben,
da ein Wunsch, ein Befehl vom Jenseits mich ver=
pflichtet, anderen davon zur Zeit zu schweigen."

Jetzt richtete sich der Professor ganz auf die Zehen
und, den Mund freundlich spitzend, züngelte er nach
Roderichs Lippen mit einem Bruderkusse. Nach voll=
brachter That sagte er: „Kommen Sie in mein Mu=
seum!" Damit öffnete er eine Thür und die beiden
betraten einen großen, lichten Raum, dessen Wände

ringsum mit hohen Glasschränken bedeckt waren,
während ähnliche gleich den Vitrinen in öffentlichen
Museen die Mitte des Zimmers besetzten. In all
diesen Schränken standen sauber und zierlich auf
schwarzpolierten Holzgestellen kleinere und größere
Glaskrausen und Büchschen, deren Inhalt der Doktor
nicht recht zu bestimmen wußte; hatte er eine Samm=
lung von Samen und Samenkapseln vor sich oder
was sonst? Ein wunderlicher Mißduft erfüllte den
Raum.

„Es ist leider noch sehr unvollständig, sehr, sonst
würde diese Sammlung Säle erfordern. Aber recht
viel Wertvolles habe ich doch, genug jedenfalls, um
Studien zu machen und, der Spur der Naturgesetze
folgend, sie bestimmen zu können. Sie stehen hier
gerade bei den Lurchen, Tieren, die von seiten der
Menschen eine unverantwortliche Unterschätzung er=
fahren; sie sind in der That liebe, seelenvolle Wesen,
deren Produkte ich mit besonderer Sorgfalt und
Liebe gesammelt habe. Ich habe überhaupt alles
selbst gesammelt, oft mit viel Gefahr und Mühe.
Da sehen Sie mal den Riesenmolch, den Axolotl und
hier die Wabenkröte —“

„Ja aber mein Gott, hochverehrter Herr Pro=
fessor,“ begann Klinghart, beklommen von dem wider=
lichen Geruche und in völliger Ratlosigkeit, „meine
eigene Wissenschaft hat leider so wenig Berührungs=
punkte mit der Natur und ihren Erscheinungen —“

„Ah so, Sie wissen nicht,“ unterbrach ihn Weber,

der wie eine hungerige Hyäne zwischen den Kästen
auf und ab rannte und dabei mit dem kleinen Näs=
chen gierig herumschnupperte, „das sind ja Seelen=
düfte, Liebster! Ich bin nicht ausschließlich Bota=
niker. Wer den Zusammenhang der Erscheinungen
entdecken will, muß die ganze Natur beherrschen.
Seit ich die Pflanzenseele bestimmt habe, gilt mein
rastloses Streben und Forschen dem einen großen
Ziele: das Wesen und die Beziehungen der Seele
in der ganzen lebendigen Welt zu erkennen. Ich
habe Ihnen vorhin schon über die Unterschiede zwischen
latenter und freier Geistesmaterie gesprochen. Der
Spiritismus bestätigt den Zusammenhang zwischen
den terrestrischen Erscheinungen und dem in höheren
Regionen sich darstellenden allgemeinen Geistesleben,
in letzter Linie mit der Weltseele. Der Zusammen=
hang dieser mit der Pflanzenseele ist ein innigerer
als mit der animalen. Um nun aber auch dem
potenzierten, individualisierten Geist — ich ge=
brauche Seele und Geist in ganz kongruenter Be=
deutung — also um dem potenzierten, individuali=
sierten Geist, wie er an das Fleisch und seine ver=
gänglichen Spuren geknüpft ist, besser nachspüren zu
können, habe ich diese Sammlung angelegt. Sie
werden erstaunen, wenn Sie erfahren, wie außer=
ordentlich dieselbe mich bereits gefördert, welche Ent=
deckungen ich auf diesem Wege schon gemacht habe."

„Sie sehen mich auf das höchste erstaunt, Herr
Professor —"

„Hier dieses Alles ist die Tierseele, dort die Menschenseele, so sehen Sie sich doch um, Sie müssen doch merken, um was es sich handelt. Treten Sie näher: hier dies ist ein Nubiermädchen, dort ein holländischer Apothekergehilfe, hier ein französischer Marquis, das — bin ich selbst — als Vertreter der deutschen Gelehrsamkeit — sehen Sie mal, hier sind die Kinder!" sagte er zärtlich, denn er war ein Kinderfreund.

„Dies ist also eine Sammlung von —"

„Koprolithen, freilich, mein Lieber!"

„Die Wissenschaft darf nicht wählerisch sein in ihrem Material! das ist wahr! Doch nun meinen Dank, meinen bewundernbsten Dank!"

„Ich besuche Sie bald, liebster Doktor, recht bald. Wir wollen Freunde sein!" antwortete Weber.

Klinghart machte, daß er die Treppe hinunter kam. Es war ihm, als müsse er an der Haltbarkeit des ganzen Mittagessens zweifeln.

Viertes Kapitel.

Die Sommersonne hatte inzwischen über Gerechte und Ungerechte, über Gelehrte und Ungelehrte ge= schienen, ohne daß etwas Merkwürdiges in Burg geschehen wäre. Die Universitätsferien, die den großen akademischen Körper auseinandergerissen und seine Glieder nach allen Weltgegenden hin ver= trieben hatten, näherten sich ihrem Ende, der Okto=

ber rief die Verstreuten wieder zurück. Die Theater wurden eröffnet, die Biergärten geschlossen. Burg rüstete sich zur Winterkampagne. —

In einem elegant eingerichteten Salon des Hotel Behrisch saß eine Dame nachlässig in einen der Fauteuils gelehnt und putzte ihre rosigen Fingernägel. Sie trug einen weißen Morgenanzug aus eitel Stickereien und Falbeln und sah anscheinend gedankenlos auf ihre Kammerfrau, die damit beschäftigt war, einige Toilettengegenstände zusammenzutragen.

„Handschuhe: schwarz, Armband: einfachen Goldreif, schwarzen Fächer, den neuen Pariser Modellhut."

„Es ist alles bereit, gnäd'ge Frau", sagte die Dienerin, die in ihrem gesucht einfachen Anzug und dem verhaltenen Ausdruck im Gesicht beinahe wie eine Diakonissin aussah.

Die Dame stand auf. Sie war über Mittelgröße, breitschulterig und voll. Sie ließ die luftige Hülle in die Hände der Dienerin gleiten, um die prachtvollen weißen Glieder in ein schwarzes Gewand zu zwängen, das zwar von Atlas und Perlen krachte, aber von Naïde — einer Bulgarin von Abstammung — als Wollenkleid bezeichnet wurde.

„Großer Gott, wie eine englische Pensionsgeberin! was würde Seine königliche Hoheit sagen, wenn er Sie so sähe, gnädige Frau Baronin"; bemerkte die Kammerfrau, in deren Betragen ein eigentümliches Gemisch von Demut und Dreistigkeit war.

„Seh' ich denn schlecht aus, Naïde?"

„Ach! die gnädige Frau! aber es ist so unge=
wohnt, so sehr solide."

„In Philisterlanden braucht man Philisterröckchen.
Sieh nach, ob die Droschke unten steht! Ja? nun
gut. Trage die Schatulle hinunter."

Naïde ergriff ein Kästchen, das in einem Leder=
überzug stak. Obgleich es nicht klein war, stand
seine Größe doch in keinem Verhältnis zu der ko=
lossalen Schwere. Sie hatte offenbar Mühe, es hin=
unter zu tragen.

Die Dame fuhr zunächst nach der königlichen
Bank, um dieses Kästchen dort zu deponieren, und
die Bezeichnung, welche sie den Beamten von dem
Inhalte desselben machte, sowie die Okularinspektion,
welcher es von diesen unterzogen wurde, war eine
so verblüffende, daß diese Herren sich kaum davon
erholen konnten.

Es war eben märchenhaft.

Von der Bank aus fuhr die Dame nach dem Georgi=
platz, wo sie in einer Wohnung des dritten Stockes den
berühmten Professor der Philologie Otfried Weihrauch
aufsuchte. Der Herr Professor, der zum Glück seit
einigen Tagen aus dem nahegelegenen Seebade zu=
rückgekehrt war, brütete eben über den Scholien zu
Aristophanes; er nahm die Karte, die ihm herein=
gebracht wurde, ärgerlich in die Hand und las kopf=
schüttelnd: Baronin Florescu, Therese geb. von Bühl.
„Mein Gott, was soll das nun heißen? Führen Sie

die Dame in den Salon!" Der Herr Professor ver=
tauschte sein Stubenröckchen, das gleichzeitig die Stelle
eines Tintenwischers versah, mit einem etwas repu=
tierlicheren Gewande und begab sich in das anstoßende
Zimmer. Hier blieb er einen Augenblick stehen und
starrte die Fremde an. Ja was war denn das?
wo hatte er diese pompöse Figur, dieses klassische
Antlitz denn schon gesehen?

„Meine gnädige Frau, ich weiß nicht, ob ich be=
reits die Ehre hatte?"

„O nein, es ist eine ganz Fremde, die Sie zu
stören wagt."

Der große Philologe geriet in einige Verwirrung
und bat die Dame Platz zu nehmen.

Sie hielt ihm darauf einen kurzen Vortrag mit
der wohllautendsten Stimme von der Welt und im
reinsten Deutsch, das aber einen gewissen exotischen
Klang verriet. Sie sprach von einem neunjährigen
Neffen, den sie habe und der einen deutschen Er=
zieher erhalten solle. Sie bemerkte, daß es ihr un=
möglich sei, durch ein Vermittlungsbüreau eine so
wichtige Persönlichkeit zu beziehen, und daß sie da=
her sich an einen der Koryphäen der Wissenschaft
zu wenden erlaube, den sie bäte, ihr unter seinen
Schülern einen jungen Mann von eben den Eigen=
schaften zu empfehlen, die zur gewissenhaften Er=
ziehung und Ausbildung eines zukünftigen rumä=
nischen Magnaten wünschenswert erschienen. Pro=
fessor Weihrauch antwortete seiner schönen Besucherin,

daß es keine Schwierigkeiten machen würde, einen Gou=
verneur für den jungen Edelmann zu finden, da bei
der Überfüllung, die jetzt im philologischen Fache
herrsche, tüchtige junge Männer geneigt sein wür=
den, eine Hauslehrerstelle anzunehmen, die so große
Vorteile böte — in der That hatte Frau von Flo=
rescu ein bedeutendes Jahresgehalt ausgesetzt —
und daß er sich erlauben würde, der gnädigen Frau
einen jungen Mann zuzuschicken, mit dem sie dann
das Nähere verabreden könne. Er bat deshalb um
ihre Adresse.

Die Dame sagte, daß sie vor der Hand in Hotel
Behrisch logiere, sich aber nach einer Wohnung um=
sehe, da sie den Versuch wagen wolle, sich in Burg
heimisch zu machen. Sie habe keinen einzigen Be=
kannten hier und verhehle sich nicht im mindesten
die Schwierigkeit, die es für eine alleinstehende Frau
haben würde, Bekanntschaften anzuknüpfen und sich
einen Kreis zu bilden.

Der Herr Professor erlaubte sich die Frage,
warum die gnädige Frau eine ihr bisher völlig fremde
Stadt, die, wenn immerhin durch schöne Lage
und reges geistiges Leben ausgezeichnet, doch der
Metropole erheblich nachstünde, zu ihrem Aufent=
haltsorte wähle, eine Stadt, in der Konzerte und
Theater doch nicht auf der Höhe stünden, um ihr
die Genüsse bieten zu können, die sie sich von Ber=
lin oder Wien versprechen dürfte.

Frau von Florescu erzählte, daß sie — Nord=

deutsche von Geburt — durch ihre Verheiratung mit einem rumänischen Offizier ihrem Vaterlande für eine Zeitlang entfremdet, nach dem Tode ihres Gatten von der lebhaftesten Sehnsucht erfaßt worden sei, nach Deutschland zurückzukehren. Speziell habe die Hauptstadt der heimatlichen Provinz, in der ihr Vater Grundbesitzer gewesen, die größte Anziehungskraft für sie, und sie hege die Hoffnung, in Burg einige Namen aufzufinden, die an ihre früheren Verhältnisse anknüpften, und deren Träger vielleicht geneigt sein dürften, ihr ihre Salons offen zu halten."

Diese Wendung fand der Professor für eine so reiche und vornehme Dame außerordentlich bescheiden.

„Es ist sehr schlimm für eine alleinstehende Frau, in einer fremden Stadt festen Fuß zu fassen, aber ich bin nun einmal darauf angewiesen und muß versuchen, inwieweit vertrauenerweckend man mich findet, um einen Versuch mit mir zu machen."

Sie sah dabei in den Schoß, seufzte ein wenig und spielte etwas schwermütig mit ihrem Fächer.

Der Professor fühlte ein inniges Mitleid mit dieser reizenden Frau, die so jung allein stand.

„Ach die Herren haben es soviel besser! wenn sie nicht durch ein bestimmtes Amt in den kollegialischen Kreis Gleichgestellter eingeführt werden, so ist es für sie doch immerhin leicht, Bekanntschaften zu machen, und der ungezwungenere Ton unter ihnen ist der natürlichste Vermittler geziemender Verbindungen."

Damit erhob sie sich und hielt dem Professor
die kleine Hand hin, indem sie sich mit all den ver-
bindlichen Redewendungen empfahl, die das Lexikon
des guten Tons in diesem Falle vorschreibt. —

Als Professor Weihrauch seiner Gattin, Frau
Euphrosyne geb. Ulrici, und seiner Tochter Corinna
bei Tisch von dem Besuche der Baronin erzählte,
gerieten die Damen in eine gewisse neugierige Erregtheit. Fräulein Corinna, eine etwas mager geworden aussehende junge Dame um die Neunund-
zwanzig herum schwärmte für klassische Formvollendung; als Tochter eines Philologen kannte sie die
Galerien antiker Schönheiten sehr genau, und sie
hatte eine ebenso vollständige Sammlung von alten
Aphroditebildern als von Raphaelschen und Muril-
loschen Madonnen, die sie nicht minder verehrte;
alles in echten Zehnpfennig-Photographieen. Sie
bedauerte daher außerordentlich, die Baronin nicht
gesehen zu haben, von der der Vater behauptete,
daß sie irgend einem Venusbilde ähnlich sein müsse.
Er war übrigens Grammatiker und überließ die Archäologie seiner Tochter und seinem Unter-Kollegen Lustig.

Die Frau Professorin war im Grunde von der
Frau Baronin ebenso elektrisiert, wenn auch aus
anderen Rücksichten. Es war seit einiger Zeit in
akademischen Kreisen ein sehr vornehmer Ton eingeführt. Die Professorsfrauen waren im Laufe
der letzten Jahre sämtlich zu gnädigen Frauen
avanciert. Es gab jetzt vornehme und reiche junge

Universitätslehrer, die adelige Gemahlinnen besaßen
und selber die Gardeleutnantsallüren in akademischen
Gesellschaften einzuführen für passend erachteten.
Das hatte sich eben so gemacht! Nun produzierten
die adlig geborenen Frauen nicht selten ihre Mütter,
Rassedamen, die hin und wieder zur Wochenpflege
in Erscheinung traten, Schwestern oder Kousins,
und es entwickelte sich ein stillschweigender Wett-
eifer im Aufgebot adeliger Namen in den Abendgesellschaften. Frau Euphrosyne Weihrauch geb.
Ulrici war die Tochter eines hochberühmten, aber
schlichten, demokratisch denkenden Gelehrten, dessen
Tod vor einer Reihe von Jahren alle Zeitschriften
mit pomphaften Nekrologen überflutet. Sie war
sich vollständig der Bedeutung dieser Abstammung
bewußt und teilte durchaus die akademische Auffassung von der schlechthinigen Anundfürsichheit der
gelehrten Kreise, in denen ein gewisses Hegelsches
Buddha-Bewußtsein lebendig zu sein pflegt — sie hütete
sich daher sehr wohl, das Interesse durchblicken zu
lassen, das sie an der Frau „Baronin" nahm, und
wußte es sehr geschickt hinter der Teilnahme an der
„Einsamen" zu verstecken.

„Die arme junge Frau", sagte sie, nachdem Corinna
ihre Bemerkungen abgeschlossen. „Ich glaube, es ist
Menschenpflicht, daß wir uns ihrer etwas annehmen. Die Bühls sind ja zweifelsohne, also eine Gefahr liegt da nicht vor. Wir wollen ihr etwas die
Hand bieten. Es ist nichts so bedauerlich als eine

liebenswürdige Frau, die, auf sich selber angewiesen, den Eingang in geschlossene Kreise suchen soll. Ich bin der Ansicht, lieber Mann, daß Du sie persönlich aufsuchst, um ihr Antwort zu bringen, und ihr bei dieser Gelegenheit sagst, daß wir ihr unser Haus gern offen halten. Ich würde mich freuen, ihre Be= kanntschaft zu machen, darfst Du ihr versichern."

„Du bist ein braves, edles Weib," sagte Weih= rauch und hielt ihr gerührt seine Hand hin.

„Wir Ulricis haben immer ein offenes Herz ge= habt für die Verlassenheit," antwortete Frau Eu= phrosyne mild und legte ihre Rechte in die des Gatten. —

Die arme Verlassene fuhr indessen in einem Ge= fährt erster Gattung langsam durch die vornehmsten Viertel der Stadt, ließ den Kutscher überall da hal= ten, wo an einem vorzüglich eleganten Hause ein Wohnungszettel aushing, betrachtete nach einander sechs Quartiere und mietete schließlich eines von fünf Zimmern in der Bel=Etage der Fürstenstraße 1 für den Preis von zweitausend vierhundert Mark, nach wel= cher anstrengenden Thätigkeit sie sich in das Hotel Behrisch zurückbegab, um mit den reizendsten Zähnen der Welt ein opulentes Diner einzunehmen und dar= auf einen kleinen Mittagschlummer zu halten. Dann fuhr sie, von Naïde begleitet, nach Burghof, einem nahegelegenen Vergnügungspark, um den herrlichen Oktober=Nachmittag zu genießen, und brachte schließ= lich die Abendstunden in einer Loge des Stadt=

theaters zu, wo sie Gelegenheit hatte, die Meininger im Wallenstein mit allen historischen Details zu bewundern und sämtliche adlige, hochbürgerliche und jüdische Operngucker auf sich zu lenken.

Als sie in der ersten Zwischenpause ihr eigenes Glas zur Hand nahm, das sie nach den Malereien des Vorhangs richtete, bemerkte sie einen hochgewachsenen, blondgelockten jungen Mann, der in der ersten Reihe des Parkets den wolkenumblähten Musen den Rücken zudrehte und mit verschränkten Armen zu ihr hinaufstarrte. Die schöne Frau streifte ihn einen Moment lang, vertiefte sich dann in den Anblick der niedlichen Putten, die mit erheblicher Mühe Larven und Lorbeerzweige auf den Wolkenballen herumschleppten, und nahm dann ihren Fächer zur Hand.

„Es ist ja ganz leidlich, dieses Burg," murmelte sie, sich behaglich zurücklehnend. In diesem Augenblicke schwebten die Musen und Genien langsam wieder in die Höhe.

Fünftes Kapitel.

Richard Muge war kürzlich vom außerordentlichen zum ordentlichen Professor befördert worden. Er verdiente diese Auszeichnung vollständig. Als Sohn eines reichen Papierfabrikanten hatten ihm die Mittel zur Verfügung gestanden, mehrfache Reisen nach Italien zu unternehmen, welches ge-

segnete Land sich außer durch Goldorangen und un=
zählige Heiligenbilder auch durch den Besitz einer be=
deutenden Menge alter Codices auszeichnet. Hier
hatte Muge Jahr für Jahr lateinische, provençalische
und altitalienische Verse aus dem 12., 13. und spä=
teren Jahrhunderten abgeschrieben, um den wohler=
schwitzten Schatz dann im Vaterlande mit Noten und
Einleitungen zu versehen und den so der Wissen=
schaft unentbehrlich gewordenen abdrucken zu lassen.
Herr Muge hatte sich außerdem persönlich beliebt
zu machen verstanden. Zwar gab es Leute, die ihn
einen unausstehlichen Menschen nannten, ihn als
schlecht erzogen, anmaßend und geldstolz bezeichneten,
aber das waren vermutlich nur solche, die sein aka=
demisches Verhältnis nicht berührten; an maßgeben=
der Stelle hatte er immer für bescheiden, erkennt=
lich und durch die feinsten Manieren ausgezeichnet
gegolten. Diese liebenswürdigen Eigenschaften hatten
ihm denn auch die Hand einer Ordinarientochter,
der jüngeren Schwester Corinna Weihrauchs, einge=
tragen, einer jungen Dame, die sich trotz der Schlicht=
heit der häuslichen Verhältnisse, wie man sie bei
älteren Professoren noch manchmal findet, mit der
den Frauen eigenen Versatilität sehr glücklich darein
gefunden hatte, ein großes Haus zu machen. Die
Mugenschen „Abfütterungen“ waren als glänzende
bekannt.

Auch zur Feier seiner Ernennung veranstaltete
der liebenswürdige Romanist eine größere Abend=

gesellschaft. Der Herr Papa Papierfabrikant, der besonders in Tapeten Erhebliches leistete, hatte die Wohnung des Herrn Sohnes mit den stilvollsten Renaissancemustern auskleben lassen, das Eßzimmer wurde durch die unerläßlich gewordenen Borde mit Schüsseln und Näpfen ausgestattet, der Salon erhielt einen neuen Kronleuchter, und die Frau Professor gab für den Abend das sogenannte Mojolika-Service heraus, das ebenfalls zur Standeserhöhung angeschafft worden war.

Gegen neun Uhr versammelten sich die Koryphäen und Nichtkoryphäen der philosophischen Fakultät in Burg mit ihren Gemahlinnen.

Die Damen reihten sich um den Sophatisch und kritisierten stillschweigend ihre Sammet- und Atlastoiletten, während sie sich gegenseitig des Wohlbefindens der akademischen Nachkommenschaft mit rührender Teilnahme versicherten und vorzüglich an der Ammenfrage ein hervorragendes Interesse an den Tag legten.

Muge, ein hübscher, rotbackiger Herr, der wohlfrisiert und kostümiert etwa wie ein Adonis von den farbigen Kupfern für Herrenschneider aussah, machte den angenehmsten Wirt. Hatte er es auch nicht mehr nötig, den ganz Ergebenen zu spielen, so war er als Gastgeber doch von kollegialischer Aufmerksamkeit, er ging von einem zum andern und horchte alle Universitätsneuigkeiten zusammen, welche Beschäftigung mit außerordentlicher Grandezza erledigt wurde.

Zu den vornehmsten und achtunggebietendsten unter den anwesenden Gelehrten gehörten zwei Herren, die sich in einer Fensternische zusammengefunden hatten: der Historiker Geheimrat Überschär und der Germanist Rübschäler. Aber sie besprachen kein gelehrtes Thema; es war die Poesie, die echte, reine, historische, die Professorenpoesie, die sie vereinigte. Der Herr Geheimrat, der an der Universität die Geschichte der Assyrer vortrug — im Falle nämlich, daß er Zuhörer hatte — war stark in der Abfassung historischer Dramen, kleiner dialogisierter assyrischer Idyllen, die er bei seinen Abendgesellschaften aufführen ließ, wie z. B. das Liebeswerben Salmanassars um die schöne Asurbelnisisie oder der tragisch zugespitzte Einakter: das Ende des Dichters Marubuk-belibbin, der mit seinen eigenen Freiheitsgesängen gesteinigt wurde, die er unvorsichtigerweise in Keilschrift auf Ziegelstein veröffentlicht hatte, zu welcher Rolle sich nach schweren Bedenken ein verarmter, vor dem Examen stehender Student bereit gefunden hatte. Rübschäler dagegen, der sonst ein großes Werk über die deutsche Syntax herausgegeben hatte, verfertigte Völkerwanderungsromane, mit denen er seinem berühmten Vorbilde Felix Dahn erheblich Konkurrenz machte. Es kann gar nicht genug beklagt werden, daß das Geräusch, welches das Klappern der Theetassen, das Plaudern und Lachen verursachte, einen, der sich für das Wesen der Poesie interessiert hätte, verhinderte, den orakelhaften Aussprüchen

Rübschälers über die erhabene Kunstleistung des
archäologischen akademischen Kostüm = Romans zu
lauschen und sie der Welt später mitzuteilen. Daher
kommt es denn, daß jeder noch so strebsame Adept
die Regeln dieser Kunst aus den betreffenden Werken
herausdestillieren muß, was die Übung und fernere
Verbreitung derselben natürlich nicht eben erleichtert.
Und es steht doch außer Frage, daß wir archäo=
logische Romane noch lange nicht genug besitzen; sie
sollten als deutsche Spezialität noch eifriger gepflegt
werden, es ist zweifellos immer noch ein kleiner
Wegreist, bis diese Kunstgattung den Gipfel des Par=
nasses, wie wir ihn in Lohensteins Arminius und
Thusnelda so leuchtend liegen sehen, erreicht hat. —

„Na Sie sehen ja aus wie'n Hühnchen, dem noch
die Eierschalen anhängen," sagte Lustig, der Extraordinarius für klassische Philologie, speziell für Ar=
chäologie, zu dem Mathematiker Pietsch, der kürzlich
aus dem Heiligsten in das Allerheiligste der Wissen=
schaft getreten, d. h. ziemlich zugleich mit Muge
Ordinarius geworden war. Es ist wahr, Pietsch, ein
junger Herr, der noch vor drei Jahren Student gewesen
aber sozusagen geborener Professor war, da er nicht
weniger als vier Universitätslehrer und einen hohen
Verwaltungsbeamten unter seinen nahen Verwandten
zählte, starrte so blöde und verwundert in die Welt
und trug seine Würde noch so linkisch zur Schau,
daß er den Spott seines Unterkollegen herausfor-
derte; aber der Blick, den er dem Spötter zuwarf,

ließ ahnen, daß der halbflügge Vogel vielleicht kein
harmloses Hühnchen sei. Lustig biß sich auf die
Lippen. Wie oft hatte er seinen Freimut schon be=
reut, er sagte sich selbst, daß er weit besser zum
Gymnasiallehrer gepaßt — welche Klasse von Herren
zwar Vorgesetzte haben, aber zu ihrem Avancement
keine Gönner brauchen — aber nun war er einmal in
der verwünschten akademischen Karriere drin, und wenn
er dahinging und mit den Ordinarien schlechte Witze
machte, so konnte er noch lange die Strafpredigten
seiner Gattin über sich ergehen lassen, die es nachge=
rade satt hatte, in zweiter Linie zu stehen, und die voll=
ständig das Silberzeug und die seidnen Kleider be=
saß, um eine Ordinarienfrau abzugeben.

Von einem Kreise jüngerer Universitätslehrer
umringt, als ebenso vielen Anbetern seiner Hoheit,
ragte als eine der Hauptzierden der Salons des
Fabrikantensohnes der große Philosoph Bickert her=
vor, der besonders berühmt war durch sein Werk
über die Ethik, betitelt: „Der Wille zum Guten",
in welchem er nachgewiesen, daß der Altruismus
einen weit größeren Faktor der menschlichen Kultur
abgegeben habe als der Egoismus. Dieser bedeu=
tende Mann, ein magerer Herr mit langwallendem
Haar, der fast das Aussehen eines Jesuitenpaters
hatte, vertrat nichtsdestoweniger die protestantische
Philosophie. Für die Weltweisheit war in Burg
überhaupt ausgezeichnet gesorgt, nicht weniger als
fünf Professoren hielten die Schleppe dieser Königin

der Wissenschaften. Da war außer Bickert noch
Professor Proskauer, ein wohlgenährter, schwärzlicher
kleiner Jude, und der Aristoteliker Muftig, ein frommer
Katholik, der ursprünglich von Bickerts Antipoden
Neuffert nach Burg gebracht, sich ganz an den
großen Altruisten angeschlossen, seit er die etwas
isolierte Stellung Neufferts erkannt. Die Anwesen=
heit Bickerts schloß die seines Antipoden natürlich
aus, der zudem auch von Muge nicht eben geliebt
wurde. Professor Neuffert, der Verfasser einer be=
rühmten Geschichte des Materialismus, war ein
Mann, der neben durchdringendem Scharfsinn und
rücksichtslosem Wahrheitsgefühl eine große Schlicht=
heit des Wesens besaß und außerdem wegen der
Ironie, mit welcher er einer Anzahl von Vor=
urteilen und Prätensionen zu begegnen pflegte, von
manchen als höchst unbequem empfunden wurde,
während man über die Konflikte, in die seine wissen=
schaftlichen und politischen Ansichten ihn verwickelt
hatten, gern die Achsel zuckte. Dieser Mann, der
übrigens durch die männliche Art, mit der er solche
Konflikte zu erledigen pflegte, sich zum Abgott der
akademischen Jugend gemacht hatte, die er durch
glänzende Vorträge und warme persönliche Teil=
nahme festzuhalten wußte, wurde von Bickert auf
das nachdrücklichste gehaßt, seit er den „Willen zum
Guten“ einer vernichtenden Kritik unterzogen und
Bickerts Verhältnis zur Philosophie mit dem eines
Sophisten zu Sokratischer Weisheit verglichen. —

Der fünfte der Philosophen war der Herbartianer Mehrholz, ein älterer Extraordinarius, der niemanden einlud und deshalb auch nie geladen wurde. —

Geheimrat Bickert war aber nicht nur ein großer Gelehrter und berühmter Weltweiser, er war auch ein zärtlicher Vater. „Auf ein Wort, verehrter Herr Kollege", wandte er sich, seinen Kreis verlassend, leise an Weihrauch. „Haben Sie schon gehört, daß die Fakultät in Straßburg damit umgeht, unsern Behrends, den Privatdozenten, zu berufen? an Stelle von Strauß, wissen Sie."

„Oh, ob ich davon weiß! Strauß hat selbst an mich geschrieben, um sich nach Behrends zu erkundigen."

„Was denken Sie zu antworten?"

„Ich will ihn empfehlen. Er ist hier etwas deplaziert, man könnte ihn auf diese Weise wegloben."

„Warum deplaziert?" fragte Bickert.

„Weil der Minister nicht mehr als sechshundert Thaler für ein neues Extraordinariat auswerfen würde. Das ist für Behrends ja doch nichts. Er hat Frau und eine Menge Kinder. Wir können uns unmöglich so ein akademisches Proletariat hier großziehen."

Bickert zuckte die Achseln. „Der Mann kann ja Gymnasiallehrer werden. Er schulmeistert ohnehin überall herum. Ich würde Sie bitten, verehrter Herr Kollege, Behrends nicht zu empfehlen. Wenn Sie die Aufmerksamkeit der Fakultät lieber auf

4*

Doktor Linhart in Leipzig leiteten. Er ist ein
Schüler meines Sohnes und hat kürzlich den Doktor
bei ihm gemacht."

„Es sind mir noch keine Publikationen dieses
Herrn vor Gesicht gekommen", bemerkte Weihrauch.

„Er trägt sich aber mit bedeutenden Plänen",
sagte der Mann mit dem „Willen zum Guten", „ist
ein vorzüglich begabter Mensch, der sich ganz an
meinen Sohn anschließt, ein Mensch, von dem man
thatsächlich das Beste erwarten kann, ja erwarten
muß. Mein Sohn ist nun zwei Jahre Extraordi=
narius in Berlin, er wünscht natürlich etwas Schule
zu machen. Ich hoffe, Sie werden es mir nicht
ausschlagen, ihn darin zu unterstützen!"

Weihrauch, der kürzlich eine nicht nur glänzende,
sondern vielmehr vergötternde Rezension seines letz=
ten Buches von dem jungen Bickert gelesen, sah
allerdings ein, daß es die höchste Zeit sei, daß ein
so vorzüglicher Geist anfinge „Schule zu machen".

Er nickte deshalb bedächtig ein paarmal mit dem
Kopfe, während er ein Stück Kuchen schmauste, und
zog die Sache in ernstliche Erwägung.

„Was sind wohl Doorens Absichten mit Beh=
rends?" fragte der Altruist.

„Ei, er wäre ihn wohl gern hier los geworden, weil
er für Klinghart sehr eingenommen ist, indes hat er mir
ganz freie Hand gelassen. Nun, verehrter Herr Kollege,
Sie sind mir bei Beförderung meines Schwiegersohnes
so nützlich gewesen — es versteht sich von selbst —

eine Hand wäscht die andere. Für Behrends wird sich schließlich auch noch etwas finden. Ich werde ihn auffordern, um eine Remuneration beim Mini= ster einzukommen, und das Gesuch unterstützen. Der Mann hat ja einige sehr gute Sachen geschrieben, und die Studenten lernen viel bei ihm."

Damit trank er seinen Thee aus, denn die Haus= frau bat jetzt die Gäste zu Tisch.

Das Menü war vorzüglich und der Wein wenig= stens trinkbar, ausgezeichnet aber war die Unterhal= tung. Zuerst war es der Stil des neuen Tafelgeschirrs, der die Gäste beschäftigte, allerdings erfolglos. Da keiner der Herren Ästhetiker war — die vorhandenen Philosophen lasen, wie oben bemerkt, andere Fächer, und für die Philologen kam Modernes nicht in Be= tracht — so ließ sich die Stilart dieses Musters, das in blutrotem Rande abwechselnd Sumpfvögel mit ausgereckten Hälsen und zerbrochene Schieß= scheiben zeigte, absolut nicht feststellen. Man dispu= tierte, man eruierte, man zitierte und mußte sich doch schließlich begnügen, es als „apart" zu bezeichnen und die Frage von der Tagesordnung abzusetzen.

„Das heißt, eigentlich müßten Sie doch hier ent= scheiden können, gnädiges Fräulein," sagte der große van Dooren, der berühmte Lehrer für alte Geschichte, zu Fräulein Corinna Weihrauch.

„Ach, Herr Professor," sagte die Dame geschmei= chelt ablehnend, „ich beschäftige mich nur mit Ma= donnen und Venussen."

„Fräulein Corinna weiß sehr gut, daß die Ein=
seitigkeit die Mutter der Erkenntnis ist. Nur der
Einseitige kann Gründliches und Tüchtiges leisten,“
bemerkte Pietsch mit den Eierschalen, der allerdings
schwer ein Kaninchen von einer Ente und absolut
nicht einen Ahorn von einem Haselstrauch unter=
scheiden konnte. „Da nehmen Sie mal Behrends,
der zersplittert seine Kräfte in allerlei! Historie und
Kunsthistorie, das ist zuviel.“

„Sie waren neulich dort eingeladen“, bemerkte
seine Tischnachbarin, die Tochter van Doorens, die
den schönen Vornamen Elpis trug und ihre Hoff=
nungsfreudigkeit eine Zeitlang auf Professor Pietsch
gesetzt hatte. Sie sagte es mit ihrem weiblichsten
Lächeln, denn sie war echt weiblich und noch dazu
aus Prinzip. „Sie waren neulich dort eingeladen,
Herr Professor, was hat er denn für Leute zum Um=
gang? man kennt ihn in akademischen Kreisen kaum“.

Professor Pietsch zuckte die Achseln. „Mein Gott
ja, er hat sozusagen gar keinen Umgang; ich traf
einen Arzt dort und einen Gymnasiallehrer mit
ihren Frauen und dergleichen. Ich begreife den
Menschen nicht. Nicht eine einzige Persönlichkeit,
die ihm nützen könnte“, sagte er mit naivem Cy=
nismus.

„Er ist auch nicht mehr der jüngste Privatdozent“,
setzte Rübschäler etwas verächtlich hinzu.

„Eigentlich kommt Klinghart Behrends recht ins
Gehege. Sie lesen doch ganz dieselben Fächer.“

„Allerdings ja. Nun Behrends ist wohl über=
haupt nicht recht am Platze. Die akademische Thätig=
keit erfordert eine volle Kraft, und der Mann geht
im Schulmeister unter."

„Eigentlich ein Wahnsinn, ohne Mittel, ohne Em=
pfehlungen, ohne das Geschick, sich an eine bestimmte
Schule oder an hervorragende Persönlichkeiten an=
zuschließen, sich zu habilitieren. Schließlich glaubt
er durch eine Reihe von Vorlesungen uns die Ver=
pflichtung auferlegt zu haben, ihn zu befördern",
sagte der Assyrer.

„Ja es gilt hier in der That, zurückhaltend zu
sein. Der akademischen Karriere muß durchaus die
Beweglichkeit und Freiheit bewahrt bleiben, die unsere
deutschen Hochschulen zu ihrer Höhe gebracht haben",
fügte Muge hinzu.

„Apropos, wie macht sich denn Klinghart?"
fragte Proskauer Professor van Dooren.

„Na recht gut, sehr gut! Er ist ein ebenso tüch=
tiger Philologe als Ästhetiker. Ich freue mich über
den Mann. Ich habe neulich seiner Vorlesung bei=
gewohnt — Klinghart hätte uns auch Ihr Service
klassifizieren können, gnädige Frau — er spricht sehr
gut und hat eine so feinsinnige Art in der Grup=
pierung des Materials."

„Und Doktor Klinghart ist gar nicht einseitig,
Herr Professor", sagte Elpis zu dem Mathematiker.
„Er ist musikalisch, er deklamiert wundervoll, ver=
steht unglaublich viel Sprachen und gruppiert alles

so feinfinnig. Dabei soll er doch ein sehr tüchtiger
Gelehrter fein."

„Meinetwegen", antwortete Pietsch barsch. Seit
er sein Ziel erreicht hatte, war er merkwürdig kurz
ab gegen die Ewig-Weibliche.

„Haben Sie schon gehört, daß Klinghart eine
neue Rekonstruktion der Venus von Milo beabsich=
tigt?" fragte Muftig, der die Behandlung altchrift=
licher Denkmäler lieber gesehen hätte.

„Oh — ich verspreche mir etwas davon," ant=
wortete Dooren.

„Das ist höchst interessant!" sagten die Damen.
Wo es auf den Kultus der alten Göttinnen ankommt,
haben sie alle eine Art von persönlicher Teilnahme.

„Hat er Ihnen etwas verraten?"

„Nichts. Aber ich erwarte das Beste. Ich halte
Klinghart wirklich für einen recht bedeutenden
Menschen."

„Ist er denn gereift?"

„Oh, er kennt Italien wie Sie selbst, Kollege
Muge, er hat lange in Rom gelebt und wie es scheint
tüchtig dort gearbeitet."

„Er ist wohl auch ein vermögender Mensch?" fragte
der Sohn des Papierfabrikanten mit einem Anflug
von Hochachtung.

„Ich weiß das nicht. Er war vier Jahre lang
Reisebegleiter des Großfürsten Sergei Iwanowitsch."

„Was Sie sagen! Das habe ich ja gar nicht
gewußt. Wo stammt er eigentlich her?"

„Er ist Kurländer."

„Pfui, das ist eine eklige Sorte!" rief Lustig.

„Ich muß Sie doch sehr bitten, Ihre Ausdrücke etwas zu mäßigen, Herr Kollege. Klinghart ist ein sehr tüchtiger Mensch und ein sehr lauterer Charakter und — er kennt Italien. Ich muß denn doch sagen, daß es für mich zur Beurteilung eines Menschen von Belang ist, ob er in Italien gewesen ist oder nicht", entschied van Dooren.

Ja, Italien! corpo di bacco, jetzt kam die Unter=haltung in Fluß!

„Waren Sie denn dort, Kollege Rübschäler?" fragte Weihrauch.

„Ich habe die Stätten, die ich in meinem histori=schen Romane „Alarich" schildere, alle selbst gesehen. Ich war mehrfach dort", antwortete der Germanist mürrisch.

„Ja so! ich erinnere mich, wie herrlich Sie das beschreiben. Ravenna besonders mit dem Grabmal der Galla Placidia."

„Ah! dieses Grabmal ist sehr interessant!" rief Muftig, der zeigen wollte, daß er auch nicht immer bei Muttern gehockt habe, „eins der wichtigsten Denk=mäler altchristlicher Kunst. Sie haben wohl Italien nicht besucht?" wandte er sich an den Mathematiker.

„Ich war in Venedig."

„Pah, das ist gar nichts! 'n hübscher Trümmer=haufe, weiter nichts. Und zuviel Fremdes. Da sehen Sie nichts von echt italienischem Leben!" rief Lustig.

„Es roch auch immer greulich dort nach faulen=
den Fischen. Ich gehe nicht wieder dahin“, sagte
Pietsch grämlich, „ich war eigentlich nur da, weil
man jetzt immer wie 'n Lump dasteht, wenn man
nicht in Italien war.“

Die Anderen lachten.

„Es war in Rom“, begann Dooren so feierlich,
als wolle er eines Ereignisses von größter histori=
scher Wichtigkeit gedenken, „am Grabmal der Cäcilia
Metella, wo ich die Bekanntschaft von Freund Meyer
in Tübingen machte. Dies hat die ewige Stadt
meinem Herzen noch näher gebracht. Ich äußerte
etwas über das Grabmal gegen den mir Unbe=
kannten. Darauf sagte er: das kann nur van Dooren
aus Burg sein! Am andern Tage trafen wir uns
auf der Piazza Montenara. Sie liegt in der Nähe
des tarpejischen Felsens, ist sehr schmutzig und sehr
interessant für das Studium des Volkslebens.“

„Haben Sie denn von Rom einmal einen Ab=
stecher nach Palestrina gemacht, dem alten Präneste?
nicht? schade! dort oben, von der alten Burg
aus —“

„Die noch über dem Palazzo Barberini liegt!“

„Hat man einen wundervollen Ausblick —“

„Jawohl! über Latium und Tuscien.“

„Da sehen Sie rechts den Sorakte liegen —
vides ut alta stet nive candidum Soracte —“

„Und bei klarem Wetter Rom, wie mit einer
Dunstschicht bedeckt.“

„Weiterhin die Albanerberge, da und dort blühende Ortschaften —"

„Weiße Kalksteinfelsen —"

„Zwischen grünen Weinbergen —"

„Es ist herrlich!"

„Herrlich!"

„Man trinkt dort übrigens einen famosen roten Landwein und ißt dazu Obst, namentlich Feigen und Trauben, mit Käse, frutti con formaggio", setzte Rübschäler hinzu.

„Ach das ist ja gar nichts", sagte Weihrauch, „das läßt sich ja mit Capri gar nicht vergleichen! Sind Sie mal nach Ana=Capri hinaufgestiegen — fünfhundertsechzig Stufen — und haben dort oben unter blühendem Oleander Ziegenkäse gegessen und den Mädchen beim Weben zugesehen? Das ist noch echt althomerisch!"

„Ja, das ist sozusagen ein Stück Prähistorie", bemerkte Muge sehr überlegen zu Proskauer, dem einzigen, der sich an der Unterhaltung nicht beteiligte, dem einzigen, der noch nicht „dagewesen" und sich deshalb einer schnöden Nichtbeachtung ausgesetzt sah, die er in mißtrauischer Verbissenheit seiner Abstam= mung zuschrieb. „Direkt ein Stück Prähistorie!" Da= mit wandte ihm Muge wieder den Rücken, da Muftig eben eine hübsche Geschichte erzählte, wie er mal den Vesuv bestieg. Fürchterlich anstrengend! schreck= liche Hitze! vorher unten italienische Zwiebeln ge= gessen! Und wie er dann, oben angekommen, sich

über den Rand des Kraters beugt und ihm —
wupps! dasselbe passiert, was dieser unmanierliche
Berg sonst so gern thut.

> — — — — Bezeug' es Jeder,
> Der zum Rand abschüssiger Kratertiefe
> Staunend emporklimmt,

bemerkt Platen augenscheinlich hierzu.

Es währte etwa noch anderthalb Stunden, bis
sich der furor italicus legte und die Herren mit
dem Bewußtsein schieden, alle sehr große Männer
zu sein und sich ein paar Stunden lang glänzend
anrenommiert zu haben.

Sechstes Kapitel.

Wenn man die Ledergasse hinuntergeht, gelangt
man an eine platzartige Straßenerweiterung, die
der Klosterweg heißt. Die Fluchtlinie der Häuser
tritt an einer Seite zurück und läßt dadurch einen
kleinen Platz frei, auf dem sich gewöhnlich eine
Menge dürftig gekleideter Kinder herumtreiben. Die
Gebäude, die ihn fast im Halbkreis umschließen, sind
ein ehemaliges Kloster der Augustiner-Chorherren,
das jetzt eine Verwendung als Zeughaus gefunden,
eine Elementarschule und mehrere riesige schmutz-
getünchte Kaufmannsspeicher, die mit ihren kahlen
Mauern, ihren zahllosen kleinen Fenstern die Nachbarschaft in trostloser Nüchternheit angähnen. Es
ist der Reichtum, der hinter diesen blinden, spinn-

webenüberzogenen Scheiben aufgestapelt liegt, der sich mit prosaischer, brutaler Häßlichkeit über die Nachbarhäuser erhebt, sie um Luft und Licht betrügt und dem kleinen Platz den verzweifelten Charakter eines Gefängnishofes gibt, ein Reichtum ohne Reiz und Anmut, langweilig, unerträglich, entsetzlich in der erdrückenden Einförmigkeit seiner geschäftsmäßigen Öde. Am Bürgersteig entlang zieht sich eine Anpflanzung kleiner Bäumchen, die in dem schlechten Boden, darin sie wurzeln, dem beständigen Zugwinde und Sonnenmangel nur kläglich vegetieren und ein trauriges Bild von Verkommenheit darbieten. Der Boden besteht aus festgestampftem Ziegelschutt, aus welchem, statt eines gleichmäßigen Rasens, hie und da dürftige Grasbüschel hervorsprießen, welche den Eindruck des Ärmlichen und Verwahrlosten der ganzen Anlage noch erhöhen.

Dem alten Kloster, einem äußerst geschmacklosen Bauwerk des 17. Jahrhunderts, gerade gegenüber steht das Haus Klosterweg 8, ein drei Fenster breites, schmutziges Gebäude. Im ersten Stock befindet sich ein kaufmännisches Büreau, im zweiten wohnt einer der fleißigsten und gelehrtesten Männer der Welt, der Doktor Behrends.

Seine Wohnung erfreute sich nicht des modernen Vorzugs eines Entrees. Aus einem langen, finstern Flur führten drei Thüren hinein: die eine in das sogenannte gute Zimmer, die zweite in die Küche, die dritte in die Kinderstube.

Diese letztere war ein gelbgetünchter, mittelgroßer
Raum, der ein Fenster nach dem engen, übelriechen=
den Hofe hatte. An den Wänden standen drei kleine
Bettstellen; in der Nähe des Fensters, das augen=
blicklich, um dem eindringenden Zuge zu wehren,
mit einem dunklen Tuche verhängt war, saß an
einem viereckigen Tische ein kleiner Bursche, der
beim Scheine einer Lampe auf seiner Schiefertafel
ein ohrenzerreißendes Gekritzel vornahm. Auf einer
alten Stubendecke in der Mitte der Diele hockte ein
etwas größeres Mädchen, das einem dicken, wider=
spenstigen Kinde von ein paar Monaten einen weißen
Brei unter tausend aufmunternden Redensarten,
welche die Güte des Dargebotenen versicherten, in
den Mund praktizierte, ein Unternehmen, das einen
Aufwand von Geduld erforderte, da das Kleinste
mit einer Herzhaftigkeit und Beharrlichkeit schrie,
die ein gutes Zeugnis für seine Lunge ebenso wie
für seine Charakterkonsequenz ablegte. Der Lärm
in der halbdunklen, heißen Stube erreichte seinen
Höhepunkt, als jetzt ein Topf, der auf dem Feuer
stand, überzukochen begann und sich eine Flut bro=
delnder weißer Suppe mit fürchterlichem Qualm,
Gezisch und Geruch über die rotglühende Ofenplatte
ergoß.

Ellen, die arme bedrängte Älteste, fühlte sich
verpflichtet, auch hier mit Rat und That beizu=
springen.

„Ach, die Suppe, die Suppe!“ rief sie, „lauf doch

Fritzchen und rufe Mama, schnell! sie ist in der Wohnstube, klopfe und rufe: die Suppe läuft!"

Da aber der kleine Herr sich eben beschäftigte, den Dampf, der die Stube erfüllte, in flottester Künstlermanier auf seiner Tafel wiederzugeben, blieb Ellen nichts übrig, als das Jüngste auf die Decke zu setzen und selbst zu gehen.

Die Mama war über die Störung und den Grund derselben wenig erbaut. Sie befand sich zur Zeit dieses Ereignisses in einem der beiden Vorder=zimmer, das sie nur mit einer Kerze erhellt hatte, und war dort damit beschäftigt, einen Monolog der Maria Stuart zu deklamieren. Sie kehrte jedoch mit großer Schnelligkeit aus dem Reiche der Kunst in das der Wirklichkeiten zurück, ergriff mit lautem Wehklagen um die schöne Suppe einen Lappen, zog den Topf vom Feuer, verschloß den Ofen, öffnete Thür und Fenster, so daß die ganze Gesellschaft plötzlich in einem naßkalten Zuge saß, las dann das zappelnde Baby auf, das umgefallen war und sich seiner Hüllen entledigend die nackten Beinchen wohl=gemut in die Höhe streckte, setzte es in sein Bettchen und deckte die der anderen Kinder ab. Dazwischen drangen durch den dicken Qualm und das Gejohle der Kleinen zwei Stimmen, eine sonore, die in singendem Tone Verse zitierte, und eine andere et=was schärfer klingende, welche die schnöde Umgebung der unglücklichen Königin von Schottland anredete.

„Ach, meines Geistes Schwingen sind gelähmt —"

„Geh, Ellen, und schließe die Fenster wieder, es kommt nichts als Nebel herein."

„Nicht Größe lockt mich mehr —"

„So, jetzt kannst Du Fritzen ausziehen und zu Bett bringen."

„Nicht Größe lockt mich mehr, Ihr habts erreicht.
Ich bin nur noch der Schatten der Maria.
Gebrochen ist —"

„Ja, Suppe gibts nun heute nicht, es ist nur ein bischen im Topfe geblieben. Schnell Fritz, räume den Baukasten ein!"

„Gebrochen ist in langer Kerkerschmach
Der edle Mut — Ihr habt das Äußerste an mir
Gethan, habt mich zerstört in meiner Blüte."

Unterdem trat eine dummaussehende Magd mit einer nassen Schürze und verwaschenen Händen herein, um einen Stoß Teller auf den ungedeckten Tisch zu stellen, welche sie indes bis auf einen wieder hinausnehmen durfte. Mit einigen patzigen Redensarten über den Gestank und die gelaufene Suppe zog sich die Fee wieder in die Küche und an ihr Waschfaß zurück, indes die Frau Doktor mit Hilfe ihrer Ältesten die kleinen Kinder zu Bett brachte, nicht ohne gegen das Geschrei und die Unarten mit den Worten der Königin:

„O Gott, Gott, gib mir Mäßigung!"

anzukämpfen; darauf erst goß sie sich ihre Mehlsuppe auf, setzte sich damit an den Tisch, brockte ein Stück Brot hinein und fing an zu essen.

Wer sie jetzt aus der Dämmerung, die im Zimmer herrschte, sich dem Lichte hätte nähern gesehen, wäre erstaunt gewesen über die schlanke, zierliche Gestalt, die trotz der groben Kleidung günstig her= vortrat, das edle, feingeschnittene Profil der jungen Hausmutter, über die schwärmerischen, großen, blauen Augen und das sonnige Gekräusel von rotblondem Haar, das ihr Gesicht umrahmte. Das war die Gestalt einer Bajadere, der Kopf einer Kamee. Sie verzehrte ihr frugales Abendbrot schnell und an= scheinend mit gutem Appetite, legte rasch die herum= liegenden Kleider in Ordnung und gab jedem Kinde einen Gutenachtkuß. Die Große, die an der Wiege des Baby saß und geduldig sang und schaukelte, bekam einen Auszeichnungsapfel.

„Seid nun artig, Kinder, ich will schnell nach Kinderzwiebäcken gehen. Ellen bleibe hier, Karoline wird manchmal nachsehen kommen."

Sie zündete ihre Kerze wieder an und ging in das Vorderzimmer, einen sehr bescheiden möblierten, ziem= lich engen Raum. Hier prüfte sie zunächst ihre Bar= schaft, rechnete und zählte und steckte endlich das Geld wieder ein. Das Resultat dieser finanziellen Mani= pulationen schien indes kein sehr erfreuliches zu sein, denn die Thränen traten ihr darüber in die Augen. Es sage nun aber niemand, daß es nicht eine sehr nützliche Gewohnheit sei, Verse zu zitieren, denn bei den Worten:

> „Meine güldenen Dukaten,
> Sagt, wo seid ihr hingeraten?

* * *

Mensch, verspotte nicht den Teufel,
Kurz ist ja die Lebensbahn,
Und die ewige Verdammnis
Ist kein bloßer Pöbelwahn.

Mensch bezahle deine Schulden,
Lang ist ja die Lebensbahn,
Und du mußt noch manchmal borgen,
Wie du es so oft gethan."

schien sich etwas von Heineschem Leichtsinn und glücklicher Lebensironie ihrer Seele mitzuteilen, sie ergriff einigermaßen getröstet ihren Hut, den sie sorgfältig vor dem Spiegel aufsetzte, und langte eben nach einem weiten Abendmantel, als der Doktor hereintrat.

Behrends war ein großer, hagerer Mann von etwa fünfunddreißig Jahren, mit etwas gebückter Haltung und einem scharfgeschnittenen Gelehrten=gesicht, das eine Brille auf der großen Nase trug. In der Hand hielt er ein Tablet, auf welchem etwas Brot, Butter und Käse stand und das er auf den Tisch setzte.

„Guten Abend, Kind, willst Du noch ausgehen?" fragte er mit einer tiefen, etwas verschleierten Stimme.

„Ja, ich muß noch eine Kleinigkeit besorgen."

„Schicke doch das Mädchen."

„Die hat die Wäsche."

„Ja so, ich bemerkte das soeben und bringe mein Abendbrot daher selbst herüber."

„Ich glaubte, Du seiest aus," sagte die Doktorin
und schob ihm das Licht näher hin. Es war immer=
hin noch eine sehr ungemütliche Beleuchtung.

„Ich bin vor wenigen Minuten wiedergekommen.
Warte doch noch etwas. Der Käse sieht nicht be=
sonders aus."

„Ich habe nur Suppe und trockenes Brot gehabt."

„Ich hoffe, es wird nun bald besser werden,"
entgegnete er nach einer kleinen Pause.

Frau Amanda Behrends, die sich inzwischen in
Hut und Mantel auf einer Stuhlecke niedergelassen
hatte, verzog ihre Mundwinkel zu einem spöttischen
Lächeln. „Stehst Du wieder einmal am Vorabende
großer Ereignisse? Hat Dir der Minister geschrieben
oder van Dooren Dir die Hand gedrückt? Mein
Guter, ich glaube nicht mehr an Dich und Deine
großen Aussichten. — Ich habe übrigens nur noch
vier Mark siebenundzwanzig Pfennige."

„Was? das ist ja doch gar nicht möglich!"

„Nicht? soll ich etwa noch schlechter zu Abend
essen?"

Behrends seufzte. „Gott ja, es ist sehr schlimm.
Denkst Du denn, daß ich es nicht empfinde?"

Die Frau Doktorin lachte bitter. „Ach, ich bitte
Dich, Du befindest Dich ja doch sehr wohl."

„Es könnte mir noch wohler sein."

„So? Du glaubst ja wieder einmal an irgend
etwas, Beförderung oder Remuneration. Oder hast
Du eine neue wissenschaftliche Entdeckung gemacht?"

„Ich bitte Dich, laß nun endlich den gereizten Ton, Du solltest mir das bischen Abendessen nicht damit verderben. — Ja, ich habe da etwas recht Bedeutsames gefunden. Ich habe ja immer behauptet, daß die Renaissance in Mitteldeutschland mehr von italienischer Kunst beeinflußt worden, als selbständig gewonnen ist. Nun habe ich ein altes Kirchenbuch aufgestöbert, das Rechnungen über geleistete Bauthätigkeit aufweist. Da finden sich unter den Baumeistern nicht weniger als drei italienische Namen. Auch veröffentlicht Naumüller ein altes Journal aus Dresden, das aufs deutlichste darthut, daß schon Ende des vierzehnten Jahrhunderts italienische Künstlernamen sich in Mitteldeutschland finden. Das fügt ein neues Glied in die Kette meiner Untersuchungen. Es ist nur schlimm, daß wir hier an Ort und Stelle in architektonischer Beziehung so vernachlässigt sind.“

„Ich finde das besonders in bezug auf unsere Wohnung außerordentlich zutreffend. — War das übrigens alles, worauf sich Deine optimistischen Erwartungen gründeten?“

„Bickert war heute sehr freundlich zu mir; er versicherte mir, daß nun bald etwas für mich geschehen solle. Ich glaube, daß er es redlich meint.“

„Hast Du nicht neulich selbst gesagt, daß die Herren da immer am freundlichsten sind, wo sie ein schlechtes Gewissen haben. Sieh nur zu! sie werden

den neuen Privatdozenten poussieren und Dich mit leeren Worten abspeisen."

„Klinghart versicherte mir neulich selbst, daß es nicht seine Absicht sei, meine Wege zu kreuzen. Sei doch gut, Weibel, es geht uns ja jetzt schlecht, aber es werden ja bessere Zeiten kommen, das sollst Du sehen, und vor allem — laß Dich die Misere des Lebens nicht so sehr anfechten, vergiß nicht darüber das Ideale —"

„Das Ideale!" sie lachte. „Spiele doch diesen Trumpf nicht mehr aus. Das Ideale, mein Guter, ist ein Götzenbild, eine Puppe für die reifere Jugend. Das heißt: vielleicht habe ich auch ein Ideal — in Poesie und Kunst, aber das Deine, das imponiert mir nicht mehr. Was ist es andres als Narrheit, als dumme, handwerksmäßige Spielerei, die sich zur Wissenschaft aufbläht, tausend Rücksichten, tausend Opfer verlangt, mit gravitätischem Schritte daher= trottet, anmaßend und lächerlich in den Augen des Vernünftigen —"

„Es gibt eine solche Wissenschaft," sagte Behrends mit stoischer Ruhe. „Aber sie ist von der wahren so verschieden, wie das Götzenbild von Ephesus von der Diana der Athener."

„Ich kenne hauptsächlich die erstere, der jährlich Hekatomben von Menschenopfern gebracht werden — oder ist die Verzerrung des Menschlichen zu einseitiger Gelehrsamkeit keine Opferung wahren Menschen= tums? — die alle verhungern läßt, die nicht mit

vollem Magen und voller Tasche ihr zu dienen kom=
men? Meinst Du, daß Deine die andere ist, so laß
sie es beweisen! Und nun laß mich mit Deinen
Phantasmagorien zufrieden! laß mich fort! ich muß
gehen solange die Kinder schlafen. Die Welt ist mir
hier zu enge!"

Der Doktor fuhr sich stumm durchs Haar.

„Warte noch einen Moment, ich werde Dich be=
gleiten," sagte er dann.

„Nein, nein, ich bitte Dich, gehe an Deinen Götzen=
dienst, setze Dich über Deine Bücher und laß mich
einen Augenblick allein draußen frische Luft atmen
und zu vergessen suchen den Wahnsinn und das Elend
des Lebens." Damit eilte sie hinaus.

Der Doktor lehnte sich an den ausgekühlten Ofen,
er rang mit unsäglicher Bitterkeit. Warum wußte
er ihr nichts zu entgegnen? — Nicht, daß sie das
alles so hart, so bitter sagte — das war nicht das
Schlimmste — daß es wahr, beinahe ganz wahr ge=
wesen. Und selbst wenn sie unrecht gehabt — er
wußte längst, daß es nichts nützte, sie widerlegen
zu wollen, er hatte es aufgegeben, ihr das Evan=
gelium der Entsagung, das herrliche Leben der Ar=
mut zu predigen und sie von dem Werte der theo=
retischen Wissenschaft zu überzeugen. — Wie war
er einst stolz und froh gewesen, eine Frau von so=
viel Verstandesschärfe und so lebhaftem Geist zu be=
sitzen. Aber die geistreichen Frauen werden leicht
unbequem, sie kehren den Spieß gegen Einen selbst.

„Sie ist schön und lebhaft und klug, und sie hätte
es besser verdient," murmelte er, „aber — ich selbst
vielleicht auch!"

Dann ergriff er das Licht, ging durch den Alko=
ven, der ihm und der Gattin als Schlafzimmer diente,
in die Kinderstube, beleuchtete einen Augenblick die
rosigen Gesichter seiner Kleinen und begab sich dann
zu seinem Götzendienst — seinen Büchern.

Siebentes Kapitel.

Amanda Behrends eilte mit fliegenden Schritten,
als verfolgten sie die Gespenster von Not und Kinder=
geschrei, über den dunklen Platz. Es war neblig
und naß, und die Straßenlaternen erhellten die Wege
nur notdürftig mit ihrem trüben, verhüllten Lichte.
Sie bog in eine schmale Gasse ein und wanderte,
von dem schlüpferigen, nassen Boden bald zu lang=
sameren Schritten genötigt, immer weiter dem Mit=
telpunkte der Stadt zu, wo breite, schöne Straßen
sich kreuzten und hellerleuchtete bunte Schaufenster
lockten.

Amanda war noch jung, sie war heißblütig, ehr=
geizig und lebenslustig, und ihrer Phantasie Zügel
anzulegen war sie nicht gewöhnt. Sie träumte gern
von plötzlich sich erschließenden Geldquellen, von glän=
zenden Toiletten, schönen Hauseinrichtungen, Putz und
Spielsachen für die Kleinen, einer angesehenen Stellung

und vornehmer Geselligkeit, in der man ihre Schön=
heit und ihren Geist bewunderte. Solche Vorstell=
ungen hatten etwas Fieberhaftes, das alles ringsum
vergessen ließ, sie glichen einem künstlichen Rausche,
in dem sie auf Weg und Steg kaum achtete. So
immer schneller dahin eilend, bemerkte sie mit einem=
male, daß sie sich dem Stadttheater gegenüber befand.
Dies weckte schmerzlich=frohe Erinnerungen in ihr.
Sie war Schauspielerin gewesen, ehe sie sich mit
Behrends verlobte. Er hatte sie zuerst auf der
Bühne gesehen und entzückt von ihrer Schönheit und
dem Klang ihrer Stimme, wurde er von dem Wunsche
erfaßt, sie zu besitzen. In dem Egoismus dieses
Begehrens nahm er die mangelnde Gewandtheit der
Anfängerin für Talentlosigkeit und verfolgte er sie so
lange mit den Versicherungen einer leidenschaftlichen
Liebe und der ausgezeichneten wissenschaftlichen Kar=
riere, die er nach seinem eignen Glauben machen
mußte, wußte er sie so eindringlich zu überreden,
daß ihre Anlagen sie nicht auf das Bühnenleben hin=
wiesen, das er ihr in den düstersten Farben zu malen
verstand, bis er den Sieg davongetragen hatte.
Sie trat von der Bühne zurück und heiratete den
Doktor. Aber es war ein Pyrrhussieg. Die aka=
demische Laufbahn, die Ehren und das Ansehen, das
er erwartete, hatten sie mehr bestochen als seine
Person — nun alles das ausgeblieben und die Sorge
um das tägliche Brot, die Mühe mit den Kindern
ihr dafür geworden, fühlte sie sich grenzenlos un=

glücklich, die Überzeugung, daß sie als Schauspielerin all die entbehrten Güter hätte erlangen können, der Glaube, daß ihr Talent zu Unrecht unterdrückt und mißachtet worden, trugen das ihrige dazu bei, die Zuneigung zu dem Gatten zu untergraben; und die moralische Herrschaft, die er jahrelang über ihr Empfinden durch seine „schulmeisterlich=philisterhaften" Anschauungen ausgeübt, waren ihr zur drückenden Tyrannei geworden. Während sie zu den dunklen Mauermassen aufsah, in denen das Spiel der Musen begonnen, aus deren Bereich sie für immer verbannt war, ließ sie ihren leidenschaftlichen Gefühlen freien Lauf. Es war die Wollust des Schmerzes, in der sie wühlte, die für phantasievolle Naturen durch ihr seltsames Gemisch von Empfindungen einen so geheimnisvollen Reiz hat.

Als sie sich umwandte, fiel ihr ein Schaufenster auf, das besonders hell erleuchtet war. Sie trat hinzu und sah, daß es die Ausstellung eines Porträtmalers enthielt, der einige kleinere Köpfe um das lebensgroße Brustbild eines jungen Mannes gruppiert hatte. Das Licht fiel voll auf ein sprechend gemaltes, ausdrucksvolles Antlitz, das bartlos, aber von kurzem goldblonden Gelock umgeben war. Amanda fand die Züge regelmäßig und interessant, und was sie am meisten anzog, sie belebten ihre jüngst erwachten Künstler= und Jugenderinnerungen aufs neue. Ehe sie Behrends kennen lernte, hatte sie ein kleines Verhältnis mit einem jungen Schauspieler ge=

habt, an deſſen Züge ſie das Porträt gemahnte. In=
dem ſie vergangener ſonniger Tage dachte, verſtrickten
ſich ihre Sinne ſo ſehr in das Bild, daß ſie das
Antlitz des andern nicht mehr davon loslöſen konnte
und er ihr völlig derſelbe zu ſein ſchien. Und ſo
wunderlich und jäh waren die Übergänge in dieſer
merkwürdig ſchillernden und fluktuierenden Natur,
daß ſie plötzlich zu den Tönen eines Leierkaſtens,
der eine der neueſten Operettenmelodieen ſpielte, leiſe
vor ſich hin zu ſingen und das Haupt in rhythmi=
ſchen Bewegungen zu wiegen begann, indes ihre
Augen leuchteten und blitzten. Verſunken war rings
die klägliche Welt. Licht, Muſik und Schönheit um=
fluteten ſie, und um die Lippen zuckte es übermütig.

Ach, damals, damals war ſie froh geweſen und
ſo kannte ſie es doch wenigſtens, das Glück, und durfte
in heimlichem Erinnern ſich berauſchen. Ihr war's,
als ob ſie in einen Abgrund von Glanz und Selig=
keit hinabblicke — und aus dieſem Abgrund ſtieg es
herauf und ſtahl ſich in ihr Herz und durchloderte
es mit heißen Flammen: „Daß ich noch einmal lie=
ben dürfte! noch ein einziges Mal! ohne Gegenliebe!
gleichviel, nur einmal noch in dem Strudel der Ge=
fühle mich wiegen! Doch ach — das Glück, ein=
mal entſchlüpft, kehrt nicht wieder.”

In dieſem Augenblicke fielen Regentropfen ihr
ins Geſicht.

Dies gab ſie der Gegenwart wieder, ſie holte
tief Atem, als ob ſie aus einem Traum erwachte,

dann kräuselten sich ihre Lippen zu einem ironischen Lächeln, und den schöngeformten entflohen die Worte: „Grenzenloser Dummkopf."

„Darf ich Sie fragen, mein Fräulein, was dem Gemälde, das Sie mit einer gewissen Teilnahme zu betrachten geruhten, plötzlich so herbe Worte aus so schönem Munde eintrug?" fragte eine Stimme neben ihr.

Sie wandte sich um und wurde blutrot, als sie dem neben ihr Stehenden ins Gesicht sah. Es war zweifelsohne das Original des Bildes, das sie so aufmerksam betrachtet, und der Zug von Selbstgefälligkeit darin, der ihr nicht entgangen, war in diesem Momente auf dem lebendigen Antlitz noch deutlicher zu sehen.

„Lassen Sie mich vorbei!"

„Wollen Sie mir nicht gestatten, daß ich Ihren Schirm trage? Sie werden mich nicht ohne Antwort gehen lassen. Geben Sie nicht selbst zu, daß die wenig schmeichelhafte Apostrophe, die Sie an mein Bild richteten, auf mich zurückfällt, und nötigt Sie nicht Ihr Gerechtigkeitssinn, sich für so schnöde Worte zu verantworten? Wodurch habe ich Ihre Unbill verdient?"

Amanda lächelte jetzt. Er sprach mit einem sehr einschmeichelnden Organ und im Tone leichten Scherzes.

„Nun ja denn," sagte sie, ohne etwas gegen seine Begleitung einzuwenden, „ich sehe ein, Sie mußten sich für grundlos beleidigt halten. So will ich Ihnen denn gestehen, daß die inkriminierte Bezeichnung nicht Ihnen, sondern mir selbst galt."

„Aber mein gnädiges Fräulein! Übrigens ist die Sache nach dieser Erklärung ebenso rätselhaft. Wenn Sie einen Vorwurf oder Tadel gegen sich selbst ausspre= chen wollten, warum knüpfte er sich gerade an die Be= trachtung meines Porträts? Sie sehen, Sie sind mir noch immer eine Aufklärung schuldig, schönes Rätsel".

„Und wenn ich sie nun nicht geben will?" antwortete sie launig und ihre Augen blitzten ihn spöttisch an.

„Dann muß ich mir selbst eine machen."

„Wer weiß, was Sie sich da zusammenreimen! Ich will Ihnen denn meinetwegen zu Ihrer Be= ruhigung ein Bekenntnis ablegen. Sie sehen einer Persönlichkeit ähnlich, an die sich meine goldigsten Jugenderinnerungen anknüpfen, und im Andenken des Glückes, das ich fahren ließ, um Sorge und Ent= täuschungen einzuwechseln, beehrte ich mich mit dem Ausdruck von reuevoller Selbsterkenntnis, den Sie glaubten, auf sich beziehen zu müssen. Das ist die Sache. — Aber viel größer sind Sie," setzte sie in einem andern Tone hinzu, „und wenn Sie sprechen, verliert sich überhaupt viel von der Ähnlichkeit."

„Möchte dieser zufällige Umstand, der unsere Be= kanntschaft vermittelte, immerhin erheblich genug sein, mich Ihnen günstig zu insinuieren. Sie gestatten doch, daß ich Sie nachhause begleite?"

„Wenn Sie recht artig sein wollen, meinetwegen!"

„Musterhaft," antwortete er.

Sie mußten einigemale Vorübergehenden aus=
weichen. Er bog deshalb in eine stille Seitenstraße ein
und sagte plötzlich: „Wissen Sie, daß Sie sehr schön sind?"

Sie zuckte die Achseln. „Es mag sein, es ist mir
wenigstens schon oft gesagt worden."

„Und mit dieser Gestalt, diesem Kopfe, mit diesen
Augen können Sie unglücklich sein? können Sie von
Sorgen und Enttäuschungen sprechen?"

„Wie? soll uns das Bewußtsein eines guten Aus=
sehens für verlorenes Lebensglück entschädigen?"

„Die Schönheit der Frauen, mein Fräulein, ist
eine zweischneidige Waffe. Wer sie besitzt und in dem
großen Kampfe ums Dasein — der zum Losungs=
worte unserer Zeit geworden ist — die Kriegführung
versteht, dem kann es niemals mangeln."

Sie sann einen Augenblick nach. „Was soll das
heißen? wofür halten Sie mich?" rief sie dann ent=
rüstet und griff nach ihrem Schirm. „Ist das Ihr
musterhaftes Betragen?"

„O, Sie mißverstehen mich! Nicht der Schatten
eines Verdachtes gegen Sie selbst stieg in mir auf.
Ich erlaubte mir, Sie ‚Fräulein‘ anzureden, Sie sind
auch noch so sehr jugendlich, aber offen gesagt, halte ich
Sie für eine junge Frau, für eine unbefriedigte, unver=
standene und für eine hochgebildete Frau. Wie hätte ich
mich unter dieser Voraussetzung unterstanden, meinen
Worten eine beleidigende Deutung unterzulegen?"

„Zum mindesten haben Sie sich dann sehr un=
klar und zweideutig ausgedrückt."

„Tausendmal Verzeihung, meine gnädige Frau!
Verdammen Sie mein Ungeschick, aber zweifeln Sie
nicht an meiner Hochschätzung! — Was ich sagen
wollte, war so ganz anders, so ganz ideal gemeint.
Was sind Talent und Geist? Was die Güte des
Herzens? Geschenke der Natur, welche die Menschen
hinnehmen ohne eignes Mitwirken, Gewinne in der
großen Lotterie des Lebens, die Tausende leer aus=
gehen läßt, Tausende kümmerlich bedenkt und auf
eine kleine Anzahl Auserwählter die Fülle ihrer
Gaben ausgießt. So auch die Schönheit! Und wer
sie besitzt, dem öffnen sich alle Herzen, dem jauchzen
die Seelen zu, und an ihrem Feuer entzündet sich
die Fackel des wahlverwandten Genius im Gefühle
gleicher himmlischer Abstammung, beide gottbegnadet
unter einer dumpfen Menge, die das herrlichste
Schauspiel, die Beziehung zwischen Geist und Schön=
heit, nicht einmal begreift. Darum, meine ich, ist
eine schöne Frau nie ganz unglücklich zu nennen,
auch wenn das Leben mit unwirscher Hand ihr Dor=
nen auf den Weg streut. — Bitte, geben Sie mir
Ihren Arm“, setzte er dringlich hinzu.

„Warum?“

„Weil dies eine Gegend ist — und eine Zeit —
in der man — Sie verstehen mich wohl!“

„Nein, ich verstehe Sie nicht.“

„Nun denn: dieses Viertel ist um diese Zeit der
Ort — wo die Halbwelt sich aufsucht. Geben Sie
mir lieber den Arm.“

Sie wurde rot und sagte: „Ich hatte keine Ahnung von diesem Umstande. Aber ich wüßte nicht, warum ich Ihnen deshalb den Arm geben sollte. Entweder man kennt mich — und dann würde man sich nur wundern, warum ein anderer als mein Mann mich führte, oder man kennt Sie — und dann ist es ja möglicherweise immer noch besser für meine Beurteilung, wenn jeder Schein von Intimität vermieden wird — oder endlich man kennt uns beide nicht, und dann denkt überhaupt niemand über uns nach."

„Ich sehe, daß Sie ebenso scharfsinnig als schön sind, meine Gnädige. Und nun ist die bedenkliche Gegend auch ziemlich passiert, wo ist es Ihnen gefällig, jetzt zu gehen?"

„Ich danke für Ihre fernere Begleitung. Ich werde jetzt allein nachhause gehen".

Er sah sie mit dem Ausdruck eines treuherzigen Kummers an und sagte mit einer wie von Empfindung vibrierenden Stimme:

„Habe ich Sie denn beleidigt? Ich bitte Sie um Verzeihung! Ich würde vor Ihnen knieen, wenn es hier anginge. Um jener glücklichen Ähnlichkeit willen — lassen Sie mich doch mitgehen!"

Sie lächelte. Dann zog sie den Schleier tiefer über das Gesicht und schob ihre Hand ein klein wenig in seinen Arm, den er ihr wieder anbot. Er drückte diese Hand an sich und sah sie unverwandt an; so gingen sie lange schweigend nebeneinander, nur manchmal unterbrach er dieses stumme Spiel durch einige geflüsterte Worte wie: „Welcher Glückstag heute! Glauben Sie, daß ich diese Nacht schlafen werde? Schlafen, nachdem ich Sie gesehen? Sehen Sie mich doch einmal an, nein nicht so, lächelnd wie vorhin, mit den Nixenaugen!" Endlich sagte er:

„Wie kommt es, daß Ihr Gatte Sie um diese Zeit allein fortgehen läßt? Wie kann man eine solche Frau vernachlässigen?"

„Wir leben nebeneinander und sind uns fremd", erwiderte sie, zaudernd ob sie noch mehr sagen sollte, und fuhr endlich leidenschaftlicher fort: „Die Männer sind wunderlich, sie glauben alles zu verstehen, und keiner versteht die Seele seiner Frau. Sie nehmen uns die Freiheit des Denkens, die Freiheit des Berufes, die Wahl des Umgangs, die Freiheit zur Behauptung unserer Individualität, zur Entfaltung unserer Talente! Sie leugnen unsern Genius, und wenn Sie das nicht können, verspotten sie ihn und treten ihn mit Füßen, damit kein anderer je das Recht habe, ein Wesen zu schätzen, das sie allein nicht nur besitzen, sondern auch wollen würdigen können. Und dann — versagen selbst die Humansten und Gebildetsten den kärglichen Lohn ihrer Wertschätzung der hungernden Seele und stoßen sie hinaus auf die Gasse mit dem von Sehnsucht, Lebensdrang und Lebensüberdruß zerissenen Herzen, indes die gemeinen Engrosnaturen unter den Weibern ihre Dreipfennigseelen wohlgefällig an dem schalen Tranke der Alltäglichkeit laben!"

Er sah sie an, betroffen von der leidenschaft=
lichen Bitterkeit ihrer Worte. „Sie sind eine ori=
ginelle Frau!" sagte er und drückte einen Moment
die Hand, die auf seinem Arme lag. Sie selbst
schwieg verwirrt. Woher stammte das Vertrauen
zu dem Fremden, das sie so reden ließ? Sie wußte
es nicht. Die ganze Situation war ihr fremd und
abenteuerlich und hatte vielleicht eben darum einen
Reiz für sie. Sie kamen jetzt an den Fluß. Es
hatte aufgehört zu regnen, auch die Nebel hatten
sich gelöst, nur hier und da wallte es noch am
Ufer wie weißlicher Dampf zwischen den november=
lichen Büschen, und durch die Wolken brach auch
schon hin und wieder ein Stern hervor. Sie traten
an das Geländer am Wege und sahen in den Strom
hinab.

„Wir haben es so selten, das Glück," sagte sie
leise, „aber manchmal einen stillen Widerschein da=
von, wie der Stern, dessen Glanz in das Wasser
taucht und nicht verlischt, sondern aus der dunklen
Tiefe fast noch glänzender heraufstrahlt. Freilich
ist das Menschenherz oft wie ein wilder, brausen=
der Strom, der allen Glanz, alles Licht in sich
hinabschlingt, ohne ein Bild zu geben von Erden=
glück und Erdenschöne, die anderen leuchtet und
lebt. — Sehen Sie, wie herbstlich öde und dunkel da
alles liegt, der Fluß und rings das Gefilde — und
die müde Stadt."

Er faßte ihre Hand. „Sie sind eine Dichterin, ob Sie nun in Verse bringen, was Sie empfinden, oder nicht — aber Ihre Gedanken und Worte sind Poesie, echte tiefe Poesie, und nun weiß ich es auch, was mich so wunderbar zu Ihnen hinzieht — nicht die Schönheit ist es allein — die wahlverwandte Harmonie der Seelen, die Gleichheit des Empfindens. Oder ist es nicht merkwürdig, wunderbar, daß ich im Anblick eines stillen, abendlichen Stromes so ganz gleiches einst gedacht und gedichtet habe. Darf ich Ihnen die Verse sagen?“

Amanda nickte.

„Die Nebel löste schimmernd
Von ihrem Haupte die Nacht.
Ich lauschte den Ruderschlägen,
Sie gingen melodisch und sacht.

In leichtem Wellengekräusel
Wälzte dahin sich der Strom,
In dunklem Spiegel zerbröckelnd
Ufer, Brücke und Dom.

Und durch die herbstlichen Kronen
Ging flüsternd die Abendluft
Und warf die letzten Blätter
Hinab in die nasse Gruft.

Vom Himmel sogar die Sterne
Stürzten sich in die Flut,
Schon glaubt ich, ich höre sie zischend
Hinschmelzen in funkelnder Glut —

> Doch still und groß und ewig
> Sahn sie mich aus der Tiefe an —
> O Glück, so ruhst du im Herzen,
> Wo kein Weh dich verlöschen kann."

Er hatte es schön deklamiert, einfach, mit leiser, tiefer Stimme. Amanda sah ihn mit thränenglänzenden Augen an. „Das ist unheimlich! es ist ja fast dasselbe, was ich vorhin aussprach — nur, daß Sie es so viel schöner sagen. Wer sind Sie denn eigentlich?"

„Ich heiße Roderich."

„Leben Sie wohl, ich will Sie nicht wiedersehen. Gehen Sie! Mir graut's vor dieser geistigen Doppelgängerei." Sie wandte sich und begann ihrer Wohnung zuzulaufen. Als sie bald darauf in einen Thorweg einbog, wo ein heftiger Zugwind ihre Kleider faßte, legte sich plötzlich ein Arm um ihre Schulter und wickelte sie fester in ihren Mantel ein.

> „Und säh ich auf der Heide dort
> Im Sturme dich, im Sturme dich,
> Mit meinem Mantel vor dem Sturm
> Beschütz' ich dich, beschütz ich dich!

Übrigens haben Sie Ihren Schirm in meinen Händen gelassen. Ich mußte Ihnen nacheilen, Ihnen Ihr Eigentum zurückzubringen."

Sie nahm ihm den Schirm ab und ging jetzt wieder still neben ihm. Nach wenigen Minuten waren sie auf dem Klosterweg, und plötzlich stand sie still.

6*

„Dies ist mein Haus," sagte sie, „gute Nacht."

Er trat etwas von dem Trottoir zurück und sah an dem Hause hinauf.

„Welche Fenster?"

„Die des zweiten Stocks."

„Es ist alles finster. Werden Sie nicht erwartet?"

„Es ist ja selbstverständlich, daß ich nach Hause komme."

Er fuhr sich über die Stirn. „Sollte ich nicht in diesem Hause schon gewesen sein? Ja, sicher. Wohnt nicht ein gewisser Doktor Behrends hier?"

„Kennen Sie ihn?" fragte Amanda dagegen.

„Nur flüchtig. Er ist —"

„Ein junger Gelehrter von der Universität. Er lebt sehr für sich. Wir kennen ihn kaum," sagte sie schnell.

„Wann sehe ich Sie wieder?" fragte ihr Begleiter. „Darf ich Ihnen einen Besuch machen?"

„Nein," antwortete sie, „es ist nicht hübsch da oben, da ist die Prosa und die Sorge. Vielleicht — treffe ich Sie wieder einmal. Gute Nacht."

„Und unter welchem Namen darf ich Ihrer gedenken?"

„Ich heiße Amanda."

„Amata", sagte er schnell, riß den Hut herunter und verschwand im Schatten, während die Frau Doktor das Haus betrat.

Er ging mit großen Schritten über denselben

Weg zurück. „Miserable Gegend,“ sagte er für sich, indem er den Rockkragen in die Höhe schlug und die Hände in die Taschen steckte. Als er an den Fluß kam, blieb er einen Augenblick an derselben Stelle stehen und sah hinab. Dann spuckte er in das Wasser und sagte: „Das Herbstlied hattest du vorhin nett angebracht, Roderigo caro! Bin neugierig, wie weit ich mit ihr kommen werde. Schönes Weib! Unverstandene Gattin! Kenne das Genre. „Vielleicht treffe ich Sie wieder einmal!“ Nun, sie wird ja wohl wieder zu dem Heiligen in der Theaterstraße wallfahrten!“ Damit sprang er in einen Pferdebahnwagen.

Achtes Kapitel.

Roderigo Klinghart, der große Römer, war einer der Männer, deren Naturell in hohem Grade auf das andere Geschlecht zugespitzt ist. Ebenso wie er selbst für das Ewig=Weibliche außerordentlich empfänglich war, lag ein gewisses Etwas in seinem Wesen, das den Sinnen und Gemütern der Frauen leicht gefährlich wurde. Er war sich dieser Schwäche und dieser Stärke wohl bewußt, d. h. er betrachtete die Schwäche ebenfalls für eine Glanzseite seines Ichs, denn eine kraftvolle, begehrliche Sinnlichkeit machte nach seiner Meinung erst den Mann und war vorzüglich das Zeichen eines ebenso entzünd=

lichen genialen Geistes. Sein Verhältnis zu der schwächeren Hälfte der Menschheit war daher so= zusagen ein polygamisches; sein Genius erforderte das völlige Ausschöpfen oder Austrinken der weib= lichen Natur in ihren verschiedensten Erscheinungs= formen. Huldigte er auch für gewöhnlich nicht mehreren zugleich, so entsprach doch der Vielseitig= keit seines Geistes ein häufiger Wechsel der Be= ziehungen; selbstverständlich kam es ihm aber auch nicht darauf an, neben der Unterhaltung einer eigentlichen „Liaison" noch eine Schaar verliebter kleiner Vögel an der Leimrute zappeln zu lassen, deren zarte Empfindungen durch Anmunterung lebendig zu erhalten, ihm durchaus angemessen er= schien. Er hatte eben das Bedürfnis, sich seiner Unwiderstehlichkeit überall zu versichern, und da es zu allen Zeiten menschliche Verhältnisse gibt, in denen die Erreichung eines unverrückt vor Augen stehenden Zieles nicht unwesentlich gefördert wird durch die Wertschätzung, die das andere Geschlecht dem Strebenden zu teil werden läßt, so ist es Roderigo nicht zu verdenken, wenn er von der Macht seiner Persönlichkeit überall den Gebrauch machte, der ihm geboten schien. Mit einem Worte, er war ein wenig Don Juan, aber nie ein unbe= sonnener — ja, er war es bisweilen aus Berech= nung und eventuell mit Todesverachtung.

Roderigo hatte in Professor van Dooren einen Mann von Einfluß und den Vater einer erwachsenen

Tochter kennen gelernt, Veranlassung genug, ihn nicht nur in seiner Studierstube aufzusuchen, sondern wenigstens alle vierzehn Tage die drei hohen Treppen zu seiner Wohnung hinanzuklimmen, um beim Schein einer Astrallampe höchst harmlosen Thee zu trinken, des Herrn Professors breiten Redefluß anzustaunen und seiner Gemahlin aufzuwarten, die in ihrem milden, flüsternden Wesen immer etwas an eine leutselige alte Königin erinnerte. Seine Hauptaufgabe aber war an diesen Abenden, mit Fräulein Elpis van Dooren zu philosophieren.

Die äußere Erscheinung dieser jungen Dame konnte nicht eigentlich anziehend genannt werden. Zwar waren die Züge nicht schlecht geschnitten, aber sie waren ohne Anmut, und der gutgeformte Kopf saß auf einem Kleiderträger, bei dessen Anblick man unwillkürlich an den „Sack voll Kochlöffel" erinnert wurde, mit dem Grimmelshausen eine sehr ehrwürdige alte Dame ihre Figur vergleichen läßt. Doch dafür war Elpis gebildet, tugendhaft, charaktervoll und edel, und zwar aus Grundsatz. Überhaupt war sie keins von den landläufigen jungen Mädchen, sie war komplizierterer Art. Es gehörte zu ihren Anschauungen, daß einer deutschen Jungfrau nichts so gut ließe; als jene echte Weiblichkeit, die in Bescheidenheit und demütiger Bewunderung der überlegenen Weisheit der Männer ihren Ausdruck findet. Da sie aber außerdem ein freilich sehr berechtigtes Be-

wußtsein ihrer Zugehörigkeit zu den Kreisen der
geistigen Aristokratie und ebenso das ihrer persön=
lichen Vorzüge besaß, so verband sich ein gutes Teil
Selbstschätzung mit dieser mädchenhaften Bescheiden=
heit. Zum Glück gab es ein drittes Moment, das
diese Gegensätze ausglich und ihrem Wesen den
Stempel vollkommener Einheit aufdrückte. Elpis
hatte sich nämlich der unter dem Namen der
„freien Gemeinde" bekannten Religionsgesellschaft
angeschlossen, deren Leiter in Burg der Bruder
ihrer Mutter war, ein ehemaliger Theolog, jetzt
Käsehändler und Gemeindeprediger. Dieser Mann
galt für einen großen Propheten und wurde von
Elpis außerordentlich verehrt; ebenso wie seine
Gattin, eine impulsive Frauennatur, die auf dem
Gebiete der Plastik Großes geleistet und eine höchst
gefällige neue Butterform erfunden hatte, welche
die alten mit dem pfäffisch angehauchten agnus dei,
die in Burg sehr verbreitet waren, ersetzen sollte.
Den offiziellen Eintritt in diese Sekte hatte Pro=
fessor van Dooren seiner Tochter nicht gestattet,
aber dies that ihrer Begeisterung für die Sache
keinen Eintrag, im Gegenteil, sie gefiel sich infolge=
dessen in einer Art Märtyrertum, mußte sie doch
nun als eine ergebene Anhängerin dieses tiefsten,
mystischsten aller Religionsbekenntnisse gewissermaßen
immer im Vorhofe des Tempels stehen bleiben.
Aber der Gedankenreichtum, die Fülle innerer Wahr=
heiten, die tiefe Symbolik des von ihr erkorenen

Kultus war ihr ganz und voll aufgegangen, sie
fand ihre seelische Befriedigung und den Schwer=
punkt ihres moralischen Ichs in einem Bekenntnisse,
das es verstanden hat, die Negation zum Positiven,
zum Dogma und den Unglauben zur Religion zu
machen. Aber nur, wo sie sich sympathisch berührt
fand, pflegte Elpis ihre Grundsätze offen zu be=
kennen; sonst gefiel sie sich in einer gewissen Zurück=
haltung, ein stilles Lächeln, von dem niemand recht
wußte, ob es mehr Bescheidenheit oder mehr Ge=
ringschätzung war, auf den jungfräulichen Lippen.
Auch Roderich Klinghart begegnete sie anfänglich
mit Mißtrauen, hatte er sich's doch zu schulden
kommen lassen, einigemale im Laufe des Gesprächs
den Namen Gottes auszusprechen, bis er von Elpis
zur Ordnung gerufen und bedeutet worden war,
daß es nicht schicklich sei, ein gegenstandsloses Ab=
straktum, was Gott in Wahrheit sei, in autorita=
tiver Weise anzurufen. Es war Roderigos Sache,
wie er sich der intensiven Geistesrichtung dieser Dame
gegenüber stellen würde, um ihr Vertrauen zu ge=
winnen. Sicher gehörte schon eine gewisse Mann=
haftigkeit dazu, bei einem Wesen von diesen Voraus=
setzungen den Courmacher spielen zu wollen; viel=
leicht weniger was den Erfolg betrifft, wenn man
sich einer so gewinnenden Persönlichkeit rühmen
durfte, wie sie Klinghart besaß, als die Ausdauer
anlangend, die notwendig war, um in der An=
betung dieser Dame auszuharren und die Geschicklich=

keit, die es erforderte, die daraus erwachsenden
Hoffnungen der Familie Dooren so weit zu steigern,
um davon Nutzen zu haben, und nicht weiter, um
mehr als moralisch verpflichtet zu sein.

Die Abende im Doorenschen Hause pflegten sich
in einer bestimmten Weise abzuspielen. Zuerst redete
der Professor und die anderen schwiegen bewundernd.
Dann begab sich der große Historiker in sein Arbeits=
zimmer, da er regelmäßig von sechs Uhr morgens
bis zwölf des nachts zu arbeiten pflegte, und ließ
die anderen allein.

Die leutselige Königin hielt weit weniger aus.
Wenn die Uhr neun geschlagen, begann sie über
ihrem Strickstrumpf zu nicken, und während sie die
ersten Abende halb aus geselliger Rücksicht, halb
aus mütterlichem Pflichtgefühl sich wieder ermuntert,
ließ sie späterhin der Natur freien Lauf; man war
vertrauter geworden, und sie hatte sich hinlänglich
überzeugt, daß Doktor Klinghart nie die Grenze
unterthänigsten Privatdozententums ihrer Elpis
gegenüber verletzte.

Wenn die Lampe dann, das altväterische Kirsch=
baummeublement in traulichem Schatten lassend,
die buntgeblümte Tischdecke, den von Elpis in
echtem Farrenkrautstil kunstvoll gespritzten Lampen=
teller und das schöne Haupt Roderigos beschien,
überkam die Professorstochter oft eine gewisse be=
geisterte Beredsamkeit. So hatte sie sich eines
Abends über die Unerschöpflichkeit des menschlichen

Geistes, über die Herrlichkeit des Weltalls und die Bedeutung der Naturwissenschaften in glücklichem Redeflusse ausgesprochen.

Klinghart hörte ihr bewundernd zu.

„Wissen Sie, mein gnädiges Fräulein — oder darf ich Fräulein Elpis sagen? es ist der schönste Name, der mir je vorgekommen, es liegt so viel Anmutendes in seinem Klange und Sinne — darf ich?"

„Wenn es Ihnen Freude macht!"

„Wissen Sie, daß mir Ihre Worte wie eine neue Offenbarung sind?"

„Als wenn ich nicht vielmehr wüßte, daß Sie all' das, was ich angedeutet, soviel besser ver= stehen," antwortete Elpis bescheiden.

Er schüttelte das Haupt.

„Fräulein Elpis, ich hasse niedere Schmeichelei; wenn ich Sie bewundere, so geschieht es aus tiefster Seele. Ich bin viel herumgekommen in der Welt und ich kenne die Frauen, das heißt, ich glaubte sie zu kennen. Ich habe als Primaner für die Einfalt einer kleinen Pastorstochter geglüht, ich habe für die klassische Schönheit der Römerinnen geschwärmt, ich habe die Damen der Aristokratie und die Kinder des Volkes studiert — aber Sie lassen mich doch eigentlich erst die deutsche Jung= frau, die hochgebildete, edle Frau kennen und ver= ehren lernen. Sie denken zu groß, um sich nicht sagen zu können, daß ein junger Mann, der führer=

los in das Studenten= und Reiseleben hineinge=
schleudert wird, nicht bisweilen Verirrungen unter=
liegt, aber was je Rohes und Gemeines das Leben
des Mannes streift, es wird geläutert und gesühnt
durch die Hand einer edlen Freundin."

„O, Herr Doktor, Sie ehren mich hoch."

„Ich bin nicht schlecht genug, um Sie minder
ehren zu können, als Sie es verdienen."

Elpis erglühte in schöner Tugendfreude. Ihr
Rest von Mißtrauen und Zurückhaltung — in dem
bekannten Sinne — dem Doktor gegenüber schwand,
sie sahen sich an wie zwei Menschen, die plötzlich
fühlen, daß sie sich geistig nahe getreten. —

In diesem Augenblicke erwachte die Frau Pro=
fessorin und blickte verwundert um sich. Es be=
durfte einiger Sekunden, ehe sie sich in die Situation
fand, da der junge Gelehrte plötzlich aus Veran=
lassung eines heruntergefallenen Knäuels ihr zu
Füßen lag. Gott sei Dank, „es behielt ihn nicht!"
die Astrallampe goß ihr Licht förmlich wollüstig
über sein Goldgelock, als er das Haupt wieder aus
der Tiefe der Finsternis heraufhob.

„Mama," fragte Elpis mit einer gewissen Be=
fangenheit, doch ermutigt durch des Doktors letzte
Apostrophe — „Mama, darf ich Herrn Klinghart
etwas aus meinem Prinzipienbuch mitteilen?"

„Gewiß, teile ihm doch Deine Gedanken mit.
Elpis pflegt ihre Betrachtungen immer aufzu=
schreiben, sie denkt ungemein scharf!"

„Sagen wir nicht scharf, Mama, das klingt so unweiblich!"

Der Doktor stärkte sich an einem kühlen Trunk zu dem Bevorstehenden, suchte seine langen Beine bestmöglichst unter dem Tisch unterzubringen, ohne die Damen zu inkommodieren, und ergab sich in Demut, da Elpis bereits mit einem Goldschnitt= Oktavbüchel antrat, in welchem Moment die Mama wieder einschlief.

Neuntes Kapitel.

&

Idealistische
Grundgedanken über das menschliche Sein.
Aphorismen
von Elpis van Dooren.

„Die menschliche Seele zerfällt in Moralität und Immoralität," begann Elpis ihre Lektüre.

„Unsere Welt ist die beste der Welten, aber nur durch den Willen zur Tugend.

„Gott verdichtet sich zum Persönlichen in der sittlichen That des Menschen. Seine Existenz hängt also von uns ab. Wir schaffen ihn, indem wir gut sind. Ich werde mich stets bemühen, zur Gott= schöpfung beizutragen."

„Ich erstaune ob Ihrer Kühnheit, mein Fräu= lein! Übrigens sind Sie ja vollständig Philosophin,

eine neue Hypatia!" sagte Klinghart und sah sie
erstaunt an.

„O nein, dies sind nur bescheidene Ausflüsse
des gesunden Menschenverstandes," erwiderte Elpis
verschämt.

„Bitte, fahren Sie fort."

„Sie lachen doch nicht etwa, Herr Doktor?"

„Aber mein gnädiges Fräulein, mißbrauchen
Sie doch nicht sogleich die überlegene Position, die
Sie behaupten, indem Sie mich gänzlicher Ver-
ständnislosigkeit zeihen."

Diese Phrase gefiel Elpis außerordentlich, sie
war auch sehr hübsch für einen Privatdozenten.
Sie schenkte daher Klinghart einen warmen Blick,
nippte an ihrem Glase und fuhr fort:

„Es genügt nicht, daß man das Gute thut,
man muß es auch setzen. Die sogenannten Pessimisten sind daher nicht nur Gottesleugner, sondern
wie jeder Verbrecher beschränken sie die ideale
Existenz Gottes, soweit man überhaupt die Existenz
eines Abstraktums beschränken kann."

„Das ist sehr tiefsinnig," bemerkte Klinghart,
der seine Oberlippe malträtierte, als wolle er aus
dem sterilen Boden durchaus einen Schnurrbart her-
vorlocken. „Bei Gott — Pardon! — sehr tiefsinnig."

„Zum wahren Wesen der Moralität gehört die
Konsequenz. Nichts muß schrecklicher sein, als wenn
man seiner Überzeugung untreu geworden ist, und
fürchterlich müssen die Qualen der Reue sein! Ich

freue mich), sagen zu können, daß ich absolut konse=
quent bin."

Klinghart sprang auf. „Fräulein Elpis, wenn
Sie das behaupten können, so sind Sie eine Heilige!"
Er ging mit aufgeregten Schritten auf und ab in
dem wohlthätigen Rembrandtschen Clairobskure des
Zimmers. „Können Sie das wirklich behaupten?"

„Bitte, setzen Sie sich wieder, Herr Doktor!"
sagte die Grausame. „Ja, das kann ich behaupten."

„Das ist bewunderungswürdig!"

„O gar nicht! Sie dürften sich nur vornehmen,
auch ganz konsequent zu sein, so würden Sie es
können. —

„Gott ist weder Weltschöpfer, denn in der natür=
lichen Schöpfungsgeschichte Häckels erfahren wir, wie
sich alles nach Naturgesetzen von selbst macht; noch
ist er Welterlöser, denn unser Erlöser ist unser
eigener freier Wille, und er ist auch nicht heiliger
Geist, denn der Geist ist eine Erscheinungsphase
bewegter Materie." Sie sah ihn hier herausfordernd
an; so etwas wird einem doch am Ende nicht alle
Tage geboten, und da hört denn doch die be=
scheidenste Bescheidenheit auf.

„Danach wären Sie, die Idealistin, eine voll=
ständige Materialistin," bemerkte der Privatdozent.

„O nein, das bin ich nicht. Ist der Geist auch
bewegte Materie, die Tugend ist es nicht. Ich stelle
die Tugend höher als den Geist."

„Wie definieren Sie nun eigentlich die Tugend?"

„Das kommt eben jetzt! Tugend ist der Drang zur Gottschöpfung."

„Ah!"

„Nicht die kleinste Handlung des täglichen Lebens kann aus dem Rahmen des Ethischen herausfallen."

„Gehen Sie da nicht zu weit, Fräulein Elpis?"

„Herr Doktor, hier bin ich unnachsichtlich. Wir müssen auch im kleinsten an treuer Pflichterfüllung festhalten; bitte, verlassen Sie niemals den mora= lischen Standpunkt!" setzte sie im Tone herzlicher Ermahnung hinzu.

Klinghart schien vollständig niedergeschmettert zu sein. Doch schon wurde er neuer Weisheit ge= würdigt.

„Die Bildung ist das edelste Geschenk der Kultur. Aber noch edler als gebildet sein, ist Bildung be= fördern. Darum ist die Universitätskarriere die schönste für den Mann. Überhaupt ist der Mann besonders zur Förderung der Wissenschaft berufen, das Weib zur Ausübung des Edelschönen. Und hier wieder vor allem die deutsche Jungfrau. „Deutsche Frauen, deutsche Treue, deutscher Mut und deutscher Wein." Das ist ein herrlicher Vers, der uns beweist, daß die deutschen Frauen die besten sind. Wenn nun das Weib überhaupt die Krone der Schöpfung ist, so steht an der Spitze dieser Krone die deutsche Jungfrau, d. h., wenn sie gebildeten Kreisen angehört."

Der Doktor konnte hiergegen natürlich keinen

Widerspruch erheben, er fand es für gut, sich immer igelartiger in sich zusammen zu rollen. Elpis fuhr fort:

„Es liegt im Begriffe der Jungfräulichkeit etwas außerordentlich Reines und Erhabenes, wenn ich es auch selbst nicht fassen kann."

„Das verstehe ich nicht. Wie sollten Sie sich selbst nicht fassen können?" fragte der Doktor.

„Nun z. B., ich wollte neulich Shakespeare lesen," erklärte Elpis, „Mama gab es aber durchaus nicht zu. Sie sagte, das wäre nur für verheiratete Frauen, es kämen zu viel Gemeinheiten darin vor. Sie war so gütig, mir einiges vorzulesen, das mich entzückte. Doch ich verstehe nicht, warum Frauen Gemeines eher lesen dürfen als Jungfrauen! Sollte man da nicht denken, daß die Pflege der Kinder, dieser holden, duftigen Menschheitsblüten, die selbständige Leitung des Haushaltes und der gegenseitig erhebende und bildende Verkehr mit dem Manne den Schmelz der Reinheit von der weiblichen Seele abstreifen könnten?"

„Ich kann mir das auch nicht erklären," sagte Klinghart mit einem unnachahmlichen Schafsgesicht. „Haben Sie noch eine Bemerkung über diesen Punkt?"

„O ja. — Ich kenne das Mysterium der Ehe nicht, aber ich glaube, daß es ein herrliches ist. In ihm muß die goldene Pflicht und das Glück des Weibes liegen. Die Liebe ist der Zaubergarten,

in dem diese Früchte reifen. Nur der Edle sollte sie
brechen dürfen."

„Das wäre allerdings das großartigste Prinzip
der — natural selection!" Er wollte nicht gerade
sagen: Zuchtwahl.

„Der was?"

„Natural selection."

Da sie nicht scheinen wollte, als ob sie nicht
soviel Englisch wüßte, sagte sie lächelnd: „Gewiß,
da haben Sie sehr recht! —

„Ich hasse die Lüge. Ich würde nie lügen,
außer wo es dringend notwendig wäre oder Mama
es wünscht.

„Wenn ich ein Mann wäre, und es wäre mir
nicht beschieden, die Wissenschaft zu fördern, so
möchte ich Regierungsrat werden. Es muß herrlich
sein, unsern Kaiser in dem schwierigen Regierungs=
geschäfte zu unterstützen. Auch klingt Frau Re=
gierungsrätin sehr hübsch.

„Die Sozialdemokratie ist doch gewiß bloß aus
Mangel an Bildung unter dem gemeinen Volke
entstanden. Wenn das Volk durch geeignete popu=
läre Schriften gebildeter würde, so wäre es ein
Leichtes, die Arbeiter davon zu überzeugen, daß sie
sehr nützliche Mitglieder der menschlichen Gesellschaft
sind, und dieses Bewußtsein würde entschieden auch
bei Entbehrungen ein so erhebendes sein, daß sie
gern die reineren Freuden ehrlicher Armut einem
wüsten Prasserleben vorzögen.

„Wenn ich es nicht unweiblich fände, Bücher zu schreiben, so würde ich Schriftstellerin werden. Schwer kann es unmöglich sein.

„Ich habe in der ‚sittlichen Weltordnung‘ von Moritz Carriere gelesen. Das ist das schönste philosophische Buch, das ich kenne. Es gibt in der That nichts im Weltall, das nicht sittlich und schön wäre. Ach, Universitätsprofessoren schreiben doch zu schöne Bücher!

„Wenn ich eine recht edle Handlung vollbracht habe, z. B. einen Korb voll Strümpfe gestopft, so ist es mir immer, als ob ich Flügel hätte. Ich glaube, daß es dieses merkwürdig beglückende und freie Gefühl ist, das bei den Alten den Mythus der Engel hervorgebracht hat. Ich will immer in dieser Weise dem Zusammenhange zwischen dem Psychologischen und dem Mythologischen nachspüren.

„Oft, wenn ich so für mich dahin wandle, ist es mir zu Mut, als ob ich das Gute in mir selbst anbeten solle. Maria schenkte nach der christlichen Sage der Welt den Erlöser, aber jedes Menschenherz gebiert sich durch seinen freien Willen täglich seinen Erlöser selbst. Darum ist die Welt ein Paradies, aus dem der Unedle sich selbst verstößt, indes der Edle sich zum Tempel des Göttlichen macht.“ —

Elpis klappte hiermit ihr Büchlein zu und, mit einem madonnenhaften Ausdruck die Augen gesenkt haltend, gönnte sie dem ihrer Offenbarungen Ge-

7*

würdigten den stillen Anblick ihres tugendumflossenen Wesens.

Der erschütterte Adept, nachdem er die ersten großen Seelenschauer überwunden, sprang auf, ergriff ihre Hand und stammelte: „Gönnen Sie mir den einzigen Ausdruck der Verehrung, den ich jetzt finden kann." Damit küßte er ihr die Hand. „Oder war das ‚Tempelschändung'?"

In Elpis' Augen glänzte es feucht.

Da ein neben ihr stehender Stuhl durch Klinghart Ungeschick oder Erregtheit beinahe umfiel, erwachte in diesem Augenblicke die Professorin zum zweitenmale, blickte sich wieder erstaunt um, sah ihre Tochter und den jungen Hausfreund in einer gewissen Befangenheit ihr gegenüber stehen und lächelte mild, mütterliche Gewährung verheißend. Klinghart bat um Verzeihung wegen der Störung, die Dame um Entschuldigung wegen ihres Schlafes, und darauf verabschiedete sich der Doktor, den Elpis beinahe hatte verdürsten lassen in der stillen Voraussetzung, daß er hinlänglich durch das Manna ihres Geistes gestärkt sei. —

„Viel fehlte nicht, so wäre mir das ganze tugendhafte Knochengerüst mit samt seinen Gottesgeburten in die Arme gefallen," brummte er, als er unten um die Ecke bog. „He, holla! Huberlein, warten Sie doch!"

„Ei, wo kommen Sie her, Schönster?"

„Von Doorens."

„Brav Cour geſchnitten? was?“

„Na, hören Sie, ich dachte, ich kenne die Weiber, aber eben iſt mir eine neue Spielart vorgekommen. Donnerwetter, ja! Kommen Sie mit in ein Café, Sie können mich karikieren, als was Sie wollen. O, Sie Glücklicher, Sie ſind ein freier Mann, Sie wiſſen nicht, was es heißt — Privatdozent ſein!“

„Hehe, warum da erſt karikieren, Verehrteſter? ich kann Sie ja als das nehmen, was Sie ſind,“ kicherte der Zeichner.

„Ah, Sie ſind ein Grobian, ein Boshafter, aber es iſt mir ganz gleich. Kommen Sie mit ins Im= périal, mein Hals iſt trocken, wie ’ne Nachmittags= predigt! Oder nein, noch beſſer: ins Pſchorrbräu, da iſt die Guſti, das reizende dralle Frauenzimmer. Ach, was hab’ ich ausgeſtanden den Abend!“

„Armer Märtyrer der Wiſſenſchaft!“

Litterar-politisches Intermezzo.

Es war in den frühen Nachmittagsstunden im Januar. Nach andauernder Kälte war unerwartet Tauwetter eingetreten, zahllose Arbeiter kratzten und schaufelten den häßlichen grauen Schneeschlicker fort, der noch auf den Straßen lag; von den Dächern tropfte es in eintönigem Geplätscher oder glitten ganze Massen tauenden Schnees herunter. Am Eingange zum Café Impérial fluchte der Hausknecht über die miserable Witterung und die vierfache Arbeit, die er dadurch habe, und in den schönen Räumen drin war es leer. Die Kellner saßen und standen schläfrig um einen Tisch herum; in dem trüben grauen Lichte sahen sogar die dekolletierten Oeldruckschönheiten an den Wänden übernächtigt und fahl einander an oder begnügten sich, statt mit karrierten Weinreisenden und rotblonden Gutsbesitzern mit dem Aasgeier und seinen Genossen zu kokettieren. Der schöne Ludwig hatte schon elfmal gegähnt, bis endlich Fritz eine famose Geschichte erzählte, die er der Lektüre eines Kolportageromans verdankte.

Wie nämlich der Wiener Zahlkellner Schani Am=
rainer unter die Grafen gegangen war; wie ihn
ein Bischof zur Tafel gezogen, er eine reiche Witwe
um zehntausend Mark beschwindelt und vier adlige
Jungfrauen verführt hatte, und was der Ereignisse
mehr gewesen, bis er zuletzt als derjenige, dessen
Namen er sich angemaßt, meuchlerisch erschossen
worden. Es war eine herrliche Geschichte, und die
Zuhörer im Hochgefühle der wahrhaft noblen
Stellung, die sie einnahmen, und der fashionablen
Manieren, die sich darin lernten, lohnten den Er=
zähler mit dem vornehmsten Beifallsgelächter und
den elegantesten Witzen. Der schöne Ludwig wollte
eben die köstliche Anekdote aufwärmen, wie er ein=
mal in einem Friseurgeschäft beständig „Herr Baron"
genannt worden, als das hübsche Plauderstündchen
gestört wurde, da zwei Gäste das Lokal betraten.

Es waren ein Herr und eine Dame. Die beiden
gingen durch alle Räume, entschlossen sich dann
für die altdeutsche Bierstube mit ihren biderben
Bauernschemeln, den Butzenscheiben und den Kraft=
und Kernsprüchen an den Wänden, und bestellten
eine Maß Löwenbräu. Es war so dunkel in dem
Raume, daß der fesche Fritz, obgleich es erst halb
vier Uhr war, das Gas anzünden mußte, das
einem muschelartigen Horn in den Händen eines
an der Decke schwebenden Meerweibchens entströmte.
Ja, es war alles sehr stilgerecht! auch der braune
Kachelofen und die roten Tischdecken. Nur nicht

der Spucknapf, der die bekannte Form der Schild=
kröte hatte, jedoch mit dem besondern Pfiff, daß,
wenn man der Bestie auf die Schwanzgegend trat,
sich nicht bloß der Deckel öffnete, sondern das
seelenvolle Tier auch noch: „Ach, ich hab' sie ja
nur auf die Schulter geküßt", vortrug. Kurz, es
war ein Spucknapf mit Musik! und es ist gar nicht
zu sagen, welchen Zulauf das Lokal in den ersten
sechs Wochen hatte, und wie oft dieses würdige
Reptil, dessen Riesenstammmutter nach dem Glauben
mancher Völker die Erde auf dem Rücken trägt,
Fußtritte bekommen. Aber wie gesagt, bis auf
diese modische Verirrung war das Lokal sehr stilvoll.

- Die Dame war eine hagere, blonde Frau, die
sich trotz der achtunddreißig Jahre, die sie zählen
mochte, noch recht gut ausnahm. Sie hatte so=
genannte Ponies oder Simpelfransen auf der Stirn
und ein blasses, kluges Gesicht, trug einen sehr
modischen dunkelbraunen Anzug mit Federbesatz,
Goldschmuck an Armen und um den Hals und
war stark parfümiert. Ihr Begleiter war wohl
um acht Jahre jünger. Er war kaum mittelgroß,
aber regelmäßig gebaut, häßlich von Gesicht, mit
strohgelbem Haar und ebensolchem Schnurrbart,
trug einen Rock wie Pfeffer und Salz, stahlblaue
Kravatte und goldnen Zwicker, dessen Schnur er
hinter das Ohr gelegt hatte.

„Es ist in der That recht hübsch hier," sagte
er mit scharf betonender Sprechweise. „Ja, früher

gab es dergleichen nicht in Burg. Die Stadt hat sich in den letzten sechs Jahren merkwürdig verschönert und vervollkommnet. Recht großstädtisch geworden!"

„Ich danke Ihnen nochmals, Herr Doktor, daß Sie sich hierher bemüht haben, wir sitzen hier doch ungestörter und angenehmer als in Ihrem Redaktionslokale," erwiderte die Dame.

„Ja, das ist leider finster und muffig. In den großen Berliner Büreaus ist das ganz anders eingerichtet! Ich bin nämlich erst seit einem halben Jahre wieder hier. Aber sehr angenehme Stellung!"

„Ah! die Großmacht Presse!"

„Ich meinte das mehr spezieller. Ich habe mit dem Chef der Zeitung, müssen Sie wissen, gar nichts zu thun, redigiere das Feuilleton ganz selbständig."

„Deshalb erlaubte ich mir eben, mich an Sie zu wenden, Herr Doktor."

Herr Journalist Karl Pfumfel, der als Dichter Egon von Waldheim-Wahlfeld hieß, sich aber mit diesem wohlklingenden Namen nicht gut in der Prosa des täglichen Lebens konnte anreden lassen, daher wenigstens gern den Allerweltsehrendoktor hörte, zündete sich eine Zigarre an, that ein paar tüchtige Züge und grunzte dann einiges vor sich hin, wovon seine Gefährtin, trotzdem sie ihm die Worte von den Lippen abzulesen sich bemühte, nichts verstand. Dann nahm er eine andere

Zigarre heraus und sagte, nachdem er sie in Brand gesteckt:

„Na also, jetzt die Sache möglichst schnell abgewickelt! Sie haben schon einiges gedruckt? wo denn?"

„In ‚Auf der Höhe' und ‚Von Ost zu West'."

„Was haben Sie für 'ne Tendenz?"

„Tendenz?" lachte die Dame. „Wer nach Tendenzen schreiben will, findet kein Unterkommen für seine Sachen, Herr Doktor. Dergleichen druckt niemand; es muß für alle passen. Aber wenn Sie eine bestimmte Tendenz wünschen, so kann ich ja mit ein paar Federstrichen etwas Entsprechendes hineinbringen. Sonst vermeide ich politische und religiöse Fragen am liebsten."

„Hm!"

„Die Hauptaufgabe für den Schriftsteller ist heutzutage gesunde Prosa, gefällige und zugleich spannende Darstellung realer Verhältnisse und Vertiefung des psychologischen Moments."

Sie sprach nicht sehr laut, aber sehr glatt und immer verbindlich lächelnd.

„Ganz gut, ganz gut! wie hießen Sie doch? ich habe mir's, offen gestanden, nicht gemerkt."

„Ich bin die Frau von Rollfink, mein Schriftstellername: Thekla von Rothelm."

„Richtig. Stehen auch im kleinen Kürschner?"

„In den zwei letzten Jahrgängen."

„Haben Sie die Sachen mit?"

„Ich erlaubte mir, sie Ihnen auf der Redaktion einzuhändigen."

„Ja so! hoffentlich Titel gut gewählt, darauf kommt heute das meiste an. Wie heißt's denn?"

„‚Klippen und Untiefen‘. Oder gefiele Ihnen ‚Im Hafen gescheitert‘ besser?"

„Lieber das letztere."

In diesem Augenblicke servierte Fritz ein feines Diner.

„Ah, was machen Sie für Geschichten, meine Gnädige! darauf war ich nicht gefaßt."

„Sie müssen mir schon die Freude machen, heute mit mir zu speisen," sagte die Schriftstellerin.

„Das ist ja echte Turtle=Sup. Brillant." Der Kellner stellte ein paar Flaschen Niersteiner dazu.

Karl Pfumfel war nicht unangenehm berührt. Wer Ideen und Empfindungen zum besten des ganzen deutschen Vaterlandes produzieren soll, bedarf der Zufuhr gesundes Blut und den nötigen Phosphor erzeugender Nährstoffe.

„Was wollten Sie noch sagen, meine Gnädige?"

„Ich hätte Sie gern noch etwas mit meinen Prinzipien vertraut gemacht. Ich bin der An= sicht," sagte Frau von Rollfink, „daß eine Schrift= stellerin sich in ihren Arbeiten nicht auf Gebiete wagen soll, die naturgemäß die Domäne des Mannes sind. Es ist doch nun einmal Thatsache — und wir müssen uns immer an das Aktuelle halten — daß der Mann das Weib an Geist und

Kenntnissen überragt, es bleibt uns Frauen ja doch noch das große Feld des Gemütslebens, der feinsinnigen Betrachtung kleiner Züge und das liebevolle Versenken in das Leben der beseelten Natur."

„Ja wohl, ja wohl! Sie bemerken das sehr richtig. Es ist immer gut, wenn eine Schrift=stellerin sich der Grenzen, die ihrem Schaffen ge=steckt sind, klar bewußt ist, wie Sie, gnädige Frau. Innerhalb dieser Grenzen kann die schreibende Frau dann sehr Tüchtiges leisten. Wir haben jetzt recht hervorragende Schriftstellerinnen," sagte Karl Pfumsel und verschlang dazwischen eine Portion Mayonnaise. „Namentlich ist es für einen Schriftsteller, gleich=viel welchem Geschlecht und welcher Sphäre er an=gehöre, wichtig, daß er sich immer an das Aktuelle halte. Das bemerkten Sie sehr richtig. Immer an das Aktuelle! Wenn Sie Ihre Grundsätze in Ihren Arbeiten befolgen, Frau von Rollsink, so können diese ganz brauchbar sein. Ich will sehen, daß ich Ihnen die Spalten unseres Feuilletons öffnen kann, wenn die Erzählung sich dafür eignet. Das heißt — versteht sich: ich kann Ihnen da nichts Bestimmtes versprechen, ich muß eben erst prüfen, sichten."

„Es wäre möglich," sagte die Dame mit ihrem süßesten Lächeln, „daß Sie einige Ausstellungen zu machen hätten. Ich weiß, es fällt kein Meister vom Himmel."

„Hahahaha! Nein! da haben Sie recht!"

„Wenn Sie also in meinen Arbeiten Spuren
eines echten Talentes finden, das Ihrer Förderung
wert erscheint und Sie wären geneigt, etwaige
Fehler zu beseitigen oder Zusätze anzubringen, so
würde ich Ihnen äußerst dankbar dafür sein. Natürlich müßte alles innerhalb des Weiblichen, Reinen
gehalten —"

„Wissen Sie was? Ah, dieser Rehbraten ist ganz
köstlich — wissen Sie was, Frau von Rollfink, das
geht nicht gut an. Ihr Zutrauen ist mir sehr
schmeichelhaft, aber sehen Sie — ich habe früher
auch so historische Novellen, Familiengeschichten und
dergleichen für gangbare Journale geschrieben —
was will man machen, man muß leben, und man
muß schreiben, was Absatz findet. Als Redakteur
wiederum muß man nehmen, was man dem tausend-
köpfigen Ungeheuer Publikum bieten darf. Sie bemerkten das vorhin schon selbst sehr richtig. Von
Tendenz und dergleichen darf da nicht die Rede
sein. Die Sachen müssen auf jedem Familientische
liegen können, dürfen in keiner Weise Anstoß erregen. Aber — nun meine äußere Lebensstellung,
wie ich hoffe, gesichert ist, und nachdem ich zum Teil
doch auch andere Anschauungen über die Aufgaben
der modernen Kunst gewonnen habe, werde ich
mich hüten, in jenem Genre meine Kräfte zu ver-
geuden."

„Sie wollen Ihr schönes Erzählertalent doch
nicht brach liegen lassen, Herr Doktor?"

„Hahaha! nein, das nicht, meine liebe Frau
von Rollfink! — darf ich Ihnen nicht eingießen? —
Aber sehen Sie, ich stehe jetzt auf eignen Füßen —
ich werde von nun ab nach meinen eignen Über=
zeugungen schreiben, werde die Erfahrungen und
Anschauungen, die ich in einer etwas wild ge=
nossenen und geistig reich bewegten Jugend ge=
sammelt habe, verwerten. Mit einem Worte, ich
schließe mich der neuen, von Zola' inaugurierten
großen Ära des Naturalismus an.“

„Ah, Egon von Waldheim ist der Mann seiner
Zeit! Ich gratuliere, Herr Doktor!“

Karl Pfumfel stürzte ein Glas Niersteiner auf
einen Ruck hinter die stahlblaue Kravatte, schnalzte
und schwatzte, putzte sich den Bart und langte dann
nach der Mehlspeise mit Sauce à la reine.

„Es ist demnach sehr unbescheiden,“ fuhr die
Schriftstellerin etwas zaghaft fort, „einem so kraft=
genialen Manne die Erzeugnisse meiner Mußestun=
den zur Durchsicht und Korrektur zu unterbreiten,
und ich sehe ein, daß ich Ihnen zu viel zugemutet
habe.“

„Nicht doch, nicht doch, meine liebe Frau von
Rollfink. Unterscheiden Sie: ein anderer ist der
Dichter, der dem Gotte in seiner Brust, ein anderer
der Redakteur, der dem Geschmacke des Publikums
Rechnung trägt. — Stoßen wir an: hoch die Poesie!
darüber haben wir uns ja vereinigt. Oh, ich
werde — ich werde Ihre Sachen mit Interesse

lesen, mit Begeisterung, meine verehrte Frau von
Rollfink!"

„Darf ich hinzufügen," lispelte die Dame noch
einige Grade freundlicher und präsentierte ihm das
Kompot, „daß, wenn ich der Ehre teilhaftig werde,
eine Korrektur von Ihrer berühmten Feder zu er=
fahren und meine Arbeiten in Ihrem weitverbreiteten
Blatte aufgenommen, vielleicht sie dem Besitzer der
Zeitung, Herrn Buchhändler Mierauer, zur Buch=
ausgabe empfohlen zu sehen, ich auf eine Hono=
rierung der Sachen selbstverständlich keinen An=
spruch erhebe, ja im Gegenteil für Ihre Mühwal=
tung Ihnen in jeder Weise erkenntlich zu sein denke."

Karl Pfumfel verbeugte sich. „Ah, soso! na,
wie gesagt, Sie sollen mich jederzeit zu Ihren
Diensten finden, ich werde alles thun, um Ihr
schönes Talent zu fördern und Ihnen die Wege
zum Ruhme zu bahnen. Ja — wenn alle Schrift=
stellerinnen so klar, so scharfsinnig wären! — Aber
wahrhaftig, es ist unverantwortlich, Sie selbst trinken
fast gar nichts, und ich bin bald mit der zweiten
Flasche fertig."

„Darf ich eine dritte kommen lassen?" fragte
die Dame und drückte auf den Knopf der Klingel.

„Ah, meine schönste gnädige Frau, beileibe nicht,
ich küss' die Hand."

Aber der Kellner erschien schon. Frau von Roll=
fink bestellte also wenigstens eine Chartreuse für
Herrn von Waldheim.

„Ich hoffe, öfter die Freude Ihres belehrenden und geistig fördernden Umgangs zu haben, Herr Doktor von Waldheim," sagte die Schriftstellerin, „ich habe mir erlaubt, meinem Manuskripte meine genaue Adresse beizufügen. Sie werden mich doch besuchen, nicht wahr?"

„Ich werde nicht verfehlen, verehrte Frau," antwortete er, sich verbeugend, nahm eine von den feinen Zigarren, die ihm der Kellner präsentierte, und füllte sich das Glas. „Auf Ihr ganz spezielles Wohl, meine schöne Frau, und auf gute Kameradschaft!"

Die Dame, die einen Augenblick daran gedacht, aufzubrechen, sich aber überlegt zu haben schien, daß man das Eisen schmieden soll, so lange es warm ist, sagte nach einer kleinen Pause: „Und nun noch etwas, Herr Doktor!"

„Schießen Sie los, meine liebe Baronin!"

„Ich habe da einen sehr interessanten Stoff, den ich zu bearbeiten gedenke. Wenn ich meinen Roman: ‚Im Hafen gescheitert‘ glücklich bei Ihnen untergebracht sehe, so bekommen Sie das neue Werk auch: ‚Streifzüge auf der Balkanhalbinsel‘ mit der eingeflochtenen Novellette ‚Eine Metze Diamanten.‘ Ich habe nämlich einen Kousin, der Gesandtschaftsattaché bei der Pforte war, — gegenwärtig ist er an einem anderen Hofe akkreditiert — und der mir seine tagebuchartigen Aufzeichnungen übergeben hat, damit ich sie in diskreter Weise schriftstellerisch verwenden könne."

8*

„Famos, ganz famos! Warum macht das der
Herr nicht selbst? das müßte recht frisch und pikant
gehalten sein!"

„Er behauptet, weder Zeit noch Neigung dazu
zu haben. — Da ließen sich nun hochinteressante
Reisebilder herstellen, Mitteilungen über türkische
und rumänische Zustände enthaltend."

„Bulgarien müßte da auch hineingezogen wer=
den, das steht jetzt im Mittelpunkt des Interesses!
Bulgarien! Hören Sie!"

„Bulgarien, ja wohl!" sagte Frau von Rollfink.
„Ah — und dann ist eine köstliche Geschichte von
einer Frau von — na sagen wir Florentin, der
bildschönen Gattin eines rumänischen Offiziers, die
zwei Jahre lang die Mätresse eines Vetters von
Sultan Hamid gewesen, eines märchenhaft reichen
und schönen orientalischen Fürsten, des Prinzen
Jussuf."

„Prinz Jussuf ist gut, sehr gut! Der Niersteiner
ist gut, aber Prinz Jussuf ist auch gut!"

„Es wurde viel gefabelt über die Sache, er=
zählte mir mein Kousin noch persönlich, z. B. daß
der Prinz seiner Geliebten, als er ihr auf Befehl
des Sultans — gelegentlich seiner Verheiratung
mit einer cirkassischen Prinzessin — den Abschied
geben mußte, eine ganze Metze Diamanten in den
Schoß geschüttet."

„Warum nicht bald einen Scheffel? Hahaha!
das schmeckt doch ein bischen nach Tausendundeiner

Nacht, hören Sie! Scheffel Diamanten sagten Sie? was? Gott, der Wein ist verdammt stark! Tausend= undeine Nacht sag' ich Ihnen!"

„Und soll vollständig authentisch sein. Was aber das Pikanteste bei der Sache ist, so versicherte mir der Verfasser der Aufzeichnungen, als er mich vor vierzehn Tagen besuchte, daß er die Dame hier, im Theater gesehen habe."

„Donnerwetter! das wäre! Ja hören Sie, die schlachten Sie ein, deuten Sie das letzte auch an. Das ist ganz brillant! Wenn Sie das hübsch machen, so ist Ihr Ruhm sicher!"

„So kann ich mich auf Sie verlassen?"

„Wie auf Gold. Das nehm' ich unbedenklich! — Sie werden doch nicht gehen wollen, meine Gnädige? Es plaudert sich so allerliebst mit Ihnen! Ich bin entzückt von Ihrer Bekanntschaft! Haben Sie nicht noch mehr auf dem Herzen? Sie sind eine reizende Frau!"

„Ich bitte Sie, ich habe schon so viel gesprochen. Warum erzählen Sie mir nichts? Sie haben mir noch gar nicht gesagt, wie Ihnen die jungen Mäd= chen in Burg gefallen."

„Ah!" — stöhnte Karl Pfumpfel alias Egon von Waldheim = Wahlfeld, „schöne Frauenzimmer hier, göttlich schön! Kleines Verhältnis angeknüpft!"

„Sehen Sie mal. Das müssen Sie mir er= zählen."

„Ah, das ist nichts für Sie, Frau Baronin.

Sie würden das gar nicht verstehen, aber —" er
küßte sich auf den Zeigefinger der linken Hand
und schleuderte dann den Kuß graziös an die
Decke.

„Warum denn? wer ist sie denn?" fragte Frau
von Rollfink aufgeräumt, denn sie hatte das Be=
wußtsein, jetzt Oberwasser zu haben.

„Ja, das ist es ja eben! Bildhübsch, d. h. nicht
gerade schön, aber so — chic — so fesch — pikant,
wissen Sie, voll und kußlich. Aber was? — was,
was ... was wollte ich doch sagen! „Ah so —
na ja!" und er zog sich die Weste herunter, als
wenn sein geistiger Schwerpunkt in diesem Kleidungs=
stücke säße. „Na ja! Sehen Sie, wir Anhänger der
neuen Richtung haben mit dem alten Gerümpel,
dem Minnig=Sinnigen, gründlich aufgeräumt. Die
Winselei mit der höhern Töchterliebe — das hat
nun „a End". Wir suchen das reife, gesättigte
und doch liebebedürftige Weib auf, am liebsten
unter dem Volke, bei der Arbeit, verstehen Sie,
Frau von Rollfink! da ist ein frischer, kecker Zug,
Lebensdrang und Lebenskraft mit Verachtung des
lumpigen Schnickschnacks jener widerlichen Töchter=
schulbildung und angeheuchelten oder andressierten
Sittsamkeit. Da ist pulsierende Glut! das quillt
und schwillt von Kraft und Frische! das — na,
lassen Sie am Ende doch noch eine Flasche kommen!"

Frau von Rollfink drückte abermals auf die
Klingel und bestellte die dritte Flasche Niersteiner.

Sie saß ihm gegenüber, die Arme vor sich auf den Tisch gelegt, und betrachtete lächelnd den modernen Halbgott, der, ihr das Profil zukehrend, den rechten Arm aufstützte, um so die Zigarre besser halten zu können, indes er mit der Linken in der Luft herumfuchtelte.

Endlich hatte sie gefunden, was sie brauchte! Lange genug hatte es gedauert. Lange genug hatte sie bei Buchhändlern antichambriert, in Redaktionen gewartet, war hier abgewiesen, dort hinauskomplimentiert worden und hatte mit der Zähigkeit einer Ameise und der Unverfrorenheit eines Weinreisenden sich's nicht verdrießen lassen, ihre Sachen immer wieder anzubieten. Denn Frau von Rollfink betrachtete die Welt als einen Bazar, in dem alles verkäuflich und auch käuflich wäre, wenn man sich nur die Mühe nähme, seinen Mann zu suchen. Jetzt hatte sie gefunden, was ihr not that, den Edlen, der ihren Roman „bringen" würde, der ihr einen Verleger verschaffen, Reklame=Artikel für sie fabrizieren, ihre Biographie, ihr Bild erscheinen lassen würde. Mochte ihr der Ruhm immerhin etwas kosten — es war eben auch etwas wert, eine anmutige Erzählerin zu heißen wie die Gräfin von Arnsfeld und die Frau von Warnerode=Tippelstein.

Frau von Rollfink lehnte sich behaglich in ihren Stuhl und sagte, während der fesche Fritz die neue Flasche entkorkte: „Sie sind ein Originalmensch, Herr Doktor!"

„Haha! da haben Sie vielleicht nicht unrecht, meine Gute! Originalität, wissen Sie, das ist heute die Losung! doch dabei ernste Arbeit! ernstes Studium! das Studium der Volksseele! Die große poetische Aufgabe der Gegenwart ist die Schilderung des Volkselends; in der Form: Breite, kolossale Breite und — absolute Naturwahrheit! Ist jetzt Modesache, wissen Sie. Und man muß da verstehen mitzumachen, d. h. auf der Zinne seiner Zeit stehen! Verstehen Sie wohl? Aber das ist Männersache, natürlich. Ich schreibe also — 'nen Roman ‚Die Kanaille‘ — d. h. vor der Hand ganz entre nous — da werd' ich mal unserer faulen Kultur die Eingeweide herauszerren, etsch! da sollen Sie Zola überzolat und Kretzer überkretzert finden! Wer das Buch lesen kann, ohne daß ihm übel wird — à la bonne heure! Also natürlich studiere ich das Volk, nun: meine Geliebte ist zugleich die Heldin in der ‚Kanaille!‘ Großartig! wie? Aber denken Sie nicht etwa an schmachtende Hingabe, — hol mich der Teufel, eine kleine drollige Wildkatze ist es — brr! ich weiß nicht, ich muß mal 'nen Schluck Wasser nehmen. — Was sagt' ich doch gleich? Wildkatze? Was? sprachen wir von Wildkatzen, Sie?“

„Von Ihrem Schätzchen, Herr von Waldheim.“

„Ja so! ja, das ist 'n reizender Käfer! Allerdings, wenn ich sie so des Abends abhole, dann umwittert sie wohl zuerst etwas von dem leichten Mißduft, der ihrer Arbeit anhaftet, aber das verfliegt, wenn wir durch die frische Nachtluft wandeln."

„Wo ist sie denn am Tage beschäftigt?" fragte die Baronin.

Der Originalmensch klappte plötzlich mit beiden Händen auf den Tisch und neigte sich dabei mit seinem heißen, aufgedunsenen Gesicht gegen sie, daß sein weinduftender Atem sie anwehte. „Ja," sagte er kichernd und grinsend, „die Bertha rollt halt Rollmöpse, meine schöne Dame! famose Roll= möpse mit Pfeffer und Zwiebel! Haben Sie schon 'mal Kater gehabt? so'n ganz kleines, niedliches Käterchen? Da kann ich sie Ihnen empfehlen. Ja, daß dich das Mäusel beiß! hahaha!" Dabei legte er seinen Arm um die Schulter seines Schütz= lings.

Die Dame stand auf und erwiderte lächelnd wie immer: „Es war mir sehr interessant, Herr Doktor, bitte, lassen Sie sich nicht stören, ich muß nun leider fort."

Aber Pfumfel stand mit auf, umarmte die Baronin von neuem und sagte, sie etwas scheu von unten herauf ansehend, mit schwerer Zunge: „Ach, meine schönste, angebetetste Baronin, wären Sie doch noch etwas geblieben! Sie sind eine reizende Frau! Ich könnte Sie lieben, wahrhaftig, ich könnte Sie lieben, aber ich kann Sie nicht lieben, denn — Sie sind mir eine zu anständige Frau!"

Frau von Rollfink drückte ihm die Hand, nickte ihm zärtlich zu und lispelte: „Leben Sie wohl, Herr Doktor!"

Darauf verließ sie eilig die stilvolle Bierstube, indes Pfumfel nach einigen Bücklingen auf seinen Stuhl zurücksank, eine Weile vor sich hinstarrte und auf dem Tischtuch hin und her kratzte. Endlich raffte er sich etwas auf und sagte: „Na ja, jetzt läuft sie weg, das zimperliche Frauenzimmer, die gute Baronin! Als ob ich was Anstößiges gesagt hätte! hat mich ja lange genug gedrängelt, die adlige Gans, nun waren ihr die Rollmöpse nicht recht. Adlige Gans gut, Rollmöpse gut, Niersteiner auch gut! Dein Wohl, Bertha!"

(Ende des Intermezzos.)

Zehntes Kapitel.

Stanislaw von Wielopolski hatte Besuch. Die beiden Herren saßen an dem etwas wackeligen, ovalen Tische, der vor dem Sopha stand, und Wielopolski kochte auf seiner kleinen Stürzmaschine erst dem Fremden, dann sich selbst Kaffee, wozu Zigarretten geraucht wurden. Die Unterhaltung wurde polnisch geführt. Der Gast war ein mittelgroßer Mensch mit länglichem Kopf, struppigem, semmelblondem Haar und stechenden, blaugrauen Augen. Seine Wäsche war etwas unsauber, aber seine Kleider ziemlich gut. Er hatte eine scharfe, hastige Art. Das slavisch-tatarische Gepräge war unverkennbar und stach unangenehm ab gegen Wielopolskis bei aller Armseligkeit vornehmes, geschmeidiges Wesen und seinen rein polnischen Typus.

„Sie glauben noch immer nicht, daß wir es ehrlich meinen?" sagte Iwan Kasaikow. „Ich sehe eine Mißtrauensfalte zwischen Ihren Augenbrauen."

Der Pole strich mit der Hand über die Stirn, als wolle er die Falte glätten. „Verzeihen Sie,

Sie wissen, es ist ein vielhundertjähriger Antago=
nismus, das ist so furchtbar schwer überwunden,
Iwan Dimitrowitsch."

„Ich bitte Sie, welche Gewähr soll ich Ihnen
noch geben, wenn Sie die Solidarität der In=
teressen nicht für eine solche halten? Wollen wir
uns mit Phrasen aufhalten? Aber das ist der
Unterschied: Wir — wir Russen — steuern dem
Neuen entgegen, Ihr Polen hängt an dem Histo=
rischen, dem Alten."

„So geben Sie selbst zu, daß das Interesse
unserer Rassen im Grunde genommen kein solida=
risches sein kann."

„Aber um Gotteswillen, mein Bester, habe ich
denn schon versucht, mich oder Sie zu täuschen?
sicher ist es so. Was wollen Sie? Wir sind augen=
blicklich Verbündete; wenn unsere Enkel Feinde sein
wollen, wir werden es in keiner Weise hindern
können. So lassen Sie doch einmal den alten Quark,
die verblichene Königsherrlichkeit und das kindische
Woiwodentum aus den Augen. In der Weise geht
es doch nicht wieder, das hat Ihnen der alte Jean
Jacques Rousseau schon dargethan. Sie sind über=
haupt alles, nur kein Politiker, mein Herr. Diese
Verse und Aufsätze" — der Russe schlug mit der
flachen Hand auf einen Stoß beschriebener Blätter,
die neben ihm lagen — „sind ja recht hübsch, sehr
hübsch, wie ich Ihnen schon bemerkte; ich unter=
schätze die Macht, die Sie in der Gewandtheit des

poetischen Ausdrucks besitzen, keineswegs, ja sie hat einen wesentlichen Anteil an der großen Propaganda, der wir dienen. Aber —"

„Aber so sehr das Schicksal meines Vaterlandes mir am Herzen liegt, diese mehr unpersönliche Förderung seiner Interessen ist nicht nur meinen Anlagen, auch meiner Geistesrichtung im allgemeinen analoger. Ich zögere, mitten in das Getriebe der Verschwörungen einzugreifen."

„Sie kommen von den leidigen Sentiments nicht herunter."

„Gewiß, ich bin mehr Schwärmer und Sie mehr Fanatiker."

Iwan Kasaikow zuckte die Achseln.

„Sollte Ihre Schwärmerei sich indes immer nur in Worten Genüge thun? Thaten sind es, was wir brauchen? Auch Worte können Thaten sein — aber wenn Ihnen — wie hier — geboten ist, auch in anderer Weise der großen Sache zu dienen, so zerstiebt der Wert schwärmerischer Verse wie Flittergold."

Wielopolski antwortete nicht. Er schien zu überlegen. Der andere fuhr fort:

„Halten Sie sich doch an die Gegenwart, an das vom Augenblick Geforderte. Warum wollen Sie zaghafter sein als andere Ihrer Landsleute, die mit uns gemeinsame Sache machen gegen den gemeinsamen Feind? Sollte das, was Alexander Herzen schon vor dreißig Jahren anerkannte und

predigte: ein konstitutionelles Rußland neben einem
freien Polen noch immer nicht Glauben bei unſern
polniſchen Brüdern finden? Soziale Reform und
politiſche Selbſtändigkeit der Stämme gehen Hand
in Hand. Dies iſt die Loſung der zweiten Hälfte
unſeres Jahrhunderts.“

„Ich hörte früher einen Bekannten Ähnliches
behaupten.“

„Sehr gut. Aber Sie ſollten dann einſichts=
voller ſein. Ich reiſe hin und her. Heut Paris,
morgen London, übermorgen Berlin. Es iſt meine
Aufgabe, mit den polniſchen Unzufriedenen zu ver=
handeln — aber Schwierigkeiten an allen Seiten!
Indes wir haben eine Miſſion und wir werden ſie
erfüllen. Seien Sie ſicher, daß wir ſie erfüllen
werden! Doch während wir Sie zu Ihrem Glücke
zu zwingen ſuchen, wünſchen Sie und Ihre Freunde
in unſeliger Verblendung den Zeitpunkt zu ver=
geſſen! Sehen Sie nicht ein, daß, wenn wir ohne
Ihre Hilfe fertig geworden ſind, Sie auch keinen
Anſpruch mehr auf unſern Dank haben? Fangen
Sie doch endlich an, die Sache praktiſch zu be=
handeln!“

„Sie ſagten ſehr richtig, unſer Blick ſei auf
das Vergangene gerichtet und der Ihre in die
Zukunft,“ erwiderte der Pole nachdenklich, ſcheinbar
mit Übergehung der letzten Ausführungen Kaſai=
kows. „Sehr richtig! Unſer Standpunkt iſt der
nationale, Ihrer der ſoziale.“

„Halten Sie das nochmals zu erklären für nötig oder wollen Sie es nur namentlich in Erinnerung bringen, um besondere Konsequenzen zu ziehen? — Allerdings ist es so," fuhr Kasaikow fort, da der andere zögerte, „aber in jedem Falle sind wir beide Revolutionäre."

„Gegen verschiedene Prinzipien!"

„Bei allen Heiligen! aber verschiedene Prinzipien in Personalunion! Wo hinaus wollen Sie?"

„Ich nehme alle Ihre Vorschläge an, Iwan Dimitrowitsch," sagte der Pole, „wir machen gemeinschaftliche Sache, gut! ich wollte weiter nichts, als die Zufälligkeiten dieser Verbindung und die Verschiedenheit der Grundlagen derselben nachdrücklich konstatieren."

„Man merkt, daß Sie lange unter Deutschen gelebt haben," sagte der andere spöttisch. „Wir sind jetzt eine halbe Stunde oder mehr auf ein paar Phrasen um eine Wüste Karussell gefahren. Da haben Sie die Unfruchtbarkeit Ihrer Ideen! Also zum Wesentlichen: Wollen Sie mir die Adresse der polnischen Edeldamen nennen, die auf Ihre Empfehlung die Keller ihres Schlosses zu einer nihilistischen Druckerei öffnen würden, so erhalten Sie die Liste unserer Agitatoren und die Bezeichnung ihrer Aufenthaltsorte. Pfand gegen Pfand."

Stanislaw Wielopolski warf einen letzten unsicheren Blick auf das wenig einnehmende Gesicht des Russen, strich sich nochmals über die Stirn

und händigte ihm dann ein Papier ein, worauf
er schnell einige Worte geschrieben, um dafür ein
anderes Dokument aus den Händen seines Gastes
in Empfang zu nehmen.

„So wäre die Sache in Ordnung," sagte Kasaikow. „Den Handkoffer lasse ich Ihnen ebenfalls
hier. Sie sind vollkommen überzeugt, daß er ganz
sicher bei Ihnen ist?"

„Vollkommen."

„Und nun noch eins: ich habe eine Weisung
aus London, daß sich hier in der Stadt ein Sub-
jekt befindet, das, vermutlich weniger aus politischen Antrieben als aus Ergebenheit gegen eine
gewisse vornehme Dame, die Prinzipessa da Fualti
in Rom, sich zum Spione unserer Regierung hergibt. Aber man hat den Namen nicht ermitteln
können oder thörichterweise vergessen. Die Sache
beruht überhaupt mehr auf Kombinationen. Vielleicht könnten Sie zufällig auf eine Spur kommen,
zum mindesten seien Sie vorsichtig. Doch zum Mißtrauen darf man Sie kaum ermahnen."

„Ich kann nur vorsichtig sein," erwiderte der
Pole lächelnd. „Das Talent zur Spionage geht
mir ab, wie sollte ich Spione ausspionieren können.
Ist der Betreffende Ihr Landsmann?"

„Es soll ein Deutscher sein, ein Künstler oder
dergleichen. Haben Sie einige Verbindungen in
solchen Kreisen?"

„Nein, aber ich kenne einen jungen Gelehrten,

einen sehr gescheiten und liebenswürdigen Men=
schen, der viel Teilnahme für mich hat. Vielleicht,
daß ich durch ihn etwas erfahren könnte, und daß
es mir somit glückte, Licht in diese Angelegenheit
zu bringen."

„Wer ist der Herr?"

„Doktor Klinghart, ein durchaus zuverlässiger
Mann. Er ist Privatdozent an hiesiger Univer=
sität."

„Hm! na, wie gesagt, könnten Sie etwas er=
fahren, dann erwiesen Sie der Sache einen nicht
unwesentlichen Dienst. Und nun leben Sie wohl!
Ich habe Eile, wenn ich mit dem nächsten Zuge
noch fort will. Leben Sie wohl und nehmen Sie
unsern Dank."

Elftes Kapitel.

Nachdem Kasaikow gegangen war, schloß der
Pole die Thür hinter ihm ab und blieb dann eine
Zeitlang in Gedanken verloren am Tische stehen.
Dann trat er an das Fenster, sah auf die Arme=
sündergasse hinunter, wo die Kinder in den ehe=
mals festgefrornen aber jetzt in der Februarsonne
tauenden Gossen noch zu schlittern versuchten, trom=
melte an den Scheiben und kehrte sich endlich ins
Zimmer zurück. Er ergriff den kleinen grauen
Handkoffer, den der andere zurückgelassen und ver=

wunderte sich über seine Schwere. Dann legte er
ihn unten in seinen Kleiderschrank, den er bisher
immer offen stehend gehalten und schloß die Thür
sorgfältig ab. Als er dann noch das Kaffeezeug
forträumte und auf einen kleinen Seitentisch stellte,
wo es die Aufwärterin zu finden gewohnt war,
hörte er nebenan Nanni Philipps unglaublich
phantastischen Gesang. Sein Zimmer war nämlich
nur durch eine Thür von der Wohnung der Ge=
schwister getrennt, und obgleich von jeder Seite ein
Schrank vorgebaut war, konnte man besonders
lautgesprochene Worte oder anderes starkes Ge=
räusch doch noch ziemlich gut vernehmen. Nanni
war vollständig unmusikalisch, sie konnte den lieben
Augustin von Ach bleib mit Deiner Gnade und
eine Symphonie von einer Operettenmusik absolut
nicht unterscheiden. Trotzdem hatte sie häufig den
Drang, sich in Tönen zu äußern. Es war dies
übrigens jedesmal ein Zeichen, daß der Bruder
nicht zu Hause war, denn er gestattete ihr nicht,
ihn durch ihre kühnen Expektorationen in seinen
Arbeiten zu stören. Der Pole aber mußte immer
lächeln, wenn er Nannis Jodler hörte, er hatte ihr
schon einmal gesagt, daß, wenn sie sänge, es ihm vor=
käme, als wenn ein Krokodil Leibweh habe. Heute
lächelte er nicht, er dachte nicht einmal an dieses
angenehme Amphibium und seine gestörten Unter=
leibsfunktionen. — Es dauerte auch nicht lange, als
Nanni abbrach, mitten in Text und Melodie, wenn

die kecke Fanfare eigner Komposition diesen Namen
verdiente.

Stanislaw von Wielopolski wurde erst wieder
aufmerksam, als er sie nach einiger Zeit heftig
schluchzen hörte. Er blieb vor dem Kleiderschranke
stehen und lauschte. Nach und nach ging ihr Weinen
wieder in Gesang über, er konnte die Worte, die
sie diesem zu Grunde legte, sehr gut verstehen und
diese Worte rührten ihn. Er war sehr mitleidig
und gutmütig, und Nanni war ihm überhaupt nicht
gleichgültig; nachdem er ein Weilchen gezögert,
verließ er das Zimmer und klingelte bei Philipps.
Es dauerte eine kleine Zeit, bis Nanni durch die
Scheiben guckte und, nachdem sie den Nachbar er=
kannt, aufmachte.

„Ignaz ist nicht zu Hause," sagte sie verwirrt,
indem sie die offnen Locken, in welche sie einen
Epheuzweig etwas phantastisch geflochten hatte, in
den Nacken strich und ein altes rotseidenes Tuch
von ihren Schultern nahm.

„Ich wollte auch mit Ihnen sprechen," sagte
der Pole, der sie wohlgefällig betrachtete, „ich weiß
schon, daß ich nicht hinein darf. Ich würde Sie
ja nicht belästigen, aber Sie haben im Prinzip
ganz recht, so muß es gehalten werden. Ich
wollte auch nur fragen — ob — Ihnen vielleicht
etwas geschehen sei; ich hörte Sie erst so munter
singen — Sie wissen schon: das Krokodil — aber

dann haben Sie geweint. Ich wollte Sie gern trösten."

„Das können Sie ja doch nicht," antwortete das Mädchen mit zuckenden Lippen.

„Kann ich Ihnen vielleicht helfen?"

Sie schüttelte den Kopf.

„Es macht oft das Herz leichter, wenn man seinen Kummer sagt," fuhr er leiser fort. „Aber Sie haben wohl kein Vertrauen zu mir?"

„O doch," erwiderte sie und setzte nach einer Pause hinzu: „Ich bin so ganz allein auf der Welt, und niemand kümmert sich um mich — da ist mir oft so bange — es ist schrecklich, wissen Sie, immer allein zu sein." Damit traten ihr wieder die Thränen in die Augen.

„Armes Mädchen, es ist freilich schlimm, daß Sie keine Mutter haben und keine Verwandte — wenn ich Frau wäre, ich denke, es müßte eine Freude sein, sich lieben Geschöpfes anzunehmen — aber deutsche Frauen haben wenig Herz." Wenn er mit Nanni sprach, nahm er das Grammatische nicht so genau. „Herr Philipps ist so in Anspruch ge= nommen mit seinen Arbeiten —" fuhr er fort.

„Ach der!" sagte sie mit einem Ausdruck von Unwillen.

„Ich denke doch, er meint es gut mit Ihnen, aber er hat nicht die Art zu Frauen, und dazu ist er kränklich. Leidende haben so viel mit sich zu thun, Sie müssen Nachsicht mit ihm haben."

„Er meint es auch nicht gut mit mir", sagte sie, „er hat ein spöttisches, verächtliches Wesen. Das wäre mir ja gleich, wenn ich sonst jemanden hätte. Es wird mir manchmal ganz Angst vor der ganzen Welt und vor mir selber, und wie es später einmal gehen soll."

Er drückte ihre Hand und seufzte.

„Ich werde mit Herrn Ignaz sprechen, ich habe so viel Gefühl mit Ihnen. — Aber es zieht hier sehr, Sie werden sich noch erkälten! Wollen Sie etwas ausgehen? Dann möchte ich mitgehen, und wir plauderten ein wenig."

Sie nickte. „Ja, ich will. Ich werde mich schnell anziehen. Wenn ich Ihnen nur fein genug bin, Herr von Wielopolski!"

„Sie sind ein sehr feines Mädchen, Fräulein Nanni", sagte er freundlich. —

Als sie bald darauf zum Entsetzen aller Weiber im Mangelkeller und Grünzeugladen zusammen die Ledergasse hinaufgingen, sagte Nanni:

„Wo wollen wir hingehen?"

„Es gibt eine schöne neue Konditorei in der Thorstraße, dort könnten wir Kaffee trinken!"

„O, ich möchte sehr gern einmal wo anders sitzen als in unserer gräßlichen engen Stube oder der abscheulichen Küche. Aber etwas muß ich Ihnen sagen: es darf dort nicht sehr teuer sein, denn Ignaz ist ziemlich knauserig mit meinem Taschen= gelde."

Wielopolski lächelte und bemerkte, daß das seine Sache sei. Dies brachte sie in große Verlegenheit, sie wäre nun am liebsten gar nicht gegangen, aber sie wagte nicht, es auszuschlagen. Dafür nahm sie sich das Herz zu einer andern Bemerkung.

„Ich möchte Ihnen noch etwas sagen, Herr von Wielopolski."

„Nun?"

„Sie werden sich doch nicht etwa einbilden, daß ich Sie zum Liebhaber nehmen wollte? Das dürfen Sie nicht, und andere sollen das auch nicht denken."

„Ob es andere denken wollen, das können wir ihnen doch nicht verbieten. Und was mich anlangt, so bin ich gar nicht arrogant — ich dürfte jungen Damen ziemlich langweilig sein — aber wenn ich Ihnen nun gut wäre, Fräulein, setzen wir blos den Fall, wäre das ganz unmöglich, daß Sie mich auch gern hätten?"

„Ach gern hab' ich Sie ja sehr. Sie sind besser als alle andern, die ich kenne" — sagte sie gedehnt und putzte den thauenden Schnee von ihrer Muffe, die ein etwas merkwürdiges Exemplar ihrer Gattung war, das seine Existenz Nannis nicht eben sehr geschickten Händen und einer alten Atlasmantille ihrer Mutter verdankte.

„Aber?" fragte Wielopolski.

„Aber einen ausgenommen, der — in den —"

„In den Sie verliebt sind, nicht wahr?"

Nanni nickte mit einem halb melancholischen,

halb schelmischen Gesicht. „Leider ja, obschon er keinen Deut nach mir fragt!"

„Fräulein Nanni, so passen wir sehr gut zusammen. Wir sind beide allein, und wenn Sie keinen Deut nach mir fragen, will ich sagen: nach meinem Herzen, und ein anderer fragt nicht nach Ihrem Herzen, so müssen wir uns zusammen trösten von unglücklicher Liebe."

Sie lachte. Seine Sprachfehler waren so nett!

„Gott sei Dank, daß Sie noch lachen können! Wissen Sie, als ich Sie vorhin singen hörte von einem armen Kind ohne Liebe, da dacht' ich gar nicht, daß Sie das so meinten. Ihre Sprache ist sehr arm. Manche haben für jede Zärtlichkeit ein neues Wort — im Deutschen ist alles Liebe. Als ob man nicht aus Liebe zu jemandem seine Liebe unterdrücken könnte!"

„Wie meinen Sie denn das?"

„Ja, Sie verstehen es nicht einmal! Das ist eben das Verhängnisvolle für das Weib, daß seine Liebe Aufopferung ist, und die des Mannes, oder doch vieler Männer, Begehr."

„Ach, was Sie für närrisches Zeug reden! Sie haben recht, das versteh' ich nicht."

Eine Weile gingen sie ohne zu sprechen. „Fräulein Nanni," sagte er endlich, „wenn ich es errate, wen Sie mit dem andern meinen, was bekomme ich dann?"

„Bilden Sie sich doch nicht ein, daß ich Sie

würde das raten lassen! Und wenn auch — dann wollen Sie noch etwas dafür bekommen? Was denn zum Beispiel?"

„Natürlich einen Kuß."

Sie gab ihm gar keine Antwort, sie machte nur ein bitterböses Gesicht und fing an, schneller zu laufen. Endlich sagte sie, sich umdrehend: „Das war sehr albern von Ihnen."

„Seien Sie noch mal gut, Fräulein Nanni. Ich gebe es zu, es war albern. Und schlecht obendrein, denn es war ein Vertrauensbruch. Wollen Sie mir noch einmal verzeihen?"

„Meinetwegen," sagte sie etwas unsicher. Sie glaubte, wenn man um Verzeihung gebeten würde, müsse man sie auch gewähren. Es ging ihr oft so, daß sie nicht recht wußte, was sie thun sollte.

Da sie in diesem Augenblicke am Ziele waren und Wielopolski ihr die Thür öffnete, traten sie ein, und der süße Geruch, die strahlende Beleuchtung schienen sie denn auch vollends versöhnlich zu stim= men. Sie lachte ihn an und er lächelte wieder und drückte ihr die Hand, während er einige Süßigkeiten bestellte.

„Fräulein," sagte er dann, als sie an einem kleinen Tischchen saßen und während Nanni einer Tasse Schokolade, die vor ihr stand, eine fast feier= liche Aufmerksamkeit widmete, „ich möchte Sie etwas fragen.".

„Nun so fragen Sie."

„Warum waren Sie vorhin so allerliebst mas=
kiert?"

Sie tippte lächelnd in der Schlagsahne herum
und meinte: „Wenn ich Ihnen das sage, lachen Sie
mich blos aus."

„Das ist noch die Frage. Es ist auch nicht Neugier
allein, wenn ich wissen möchte, warum Sie sich wie
eine Waldprinzessin putzen, um zu schluchzen, daß
man mit weinen möchte."

Sie nahm eine geheimnisvolle Miene an und
sagte: „Ja das verstehen Sie nicht."

„Das ist wahr. Die Mädchen sind sehr sonder=
bar. Wenn Sie vorhin sagten, daß Sie mich nicht
verstünden, so geht es mir mit Ihnen ebenso. Ich
möchte wohl wissen, wenn sich zwei heiraten, jedes
aus einer andern Welt, wie lange es dauert, bis
eines die des andern kennt oder bis sie eine ge=
meinsame Welt haben. — Also bitte!"

„Ich weiß nicht, wie ich es ausdrücken soll, viel=
leicht weiß ich es überhaupt nicht genau. Aber wenn
ich jetzt darüber nachdenke, so ist es wohl nur —
weil es so wenig Abwechslung in meinem Leben
gibt, und weil es so unerträglich ist, stundenlang auf
demselben Flecke zu sitzen und schlechte Socken zu
flicken. Ich kann es Ihnen gar nicht sagen, wie
schauderhaft das ist! Ignaz sagte einmal" — fuhr
sie nachdenklich und zögernd fort — „er verachte
alle Weiber, weil ihr Leben keinen Inhalt hätte. Ich
wußte zuerst nicht, was er damit meinte, aber es

ist vielleicht das: Es ist alles so leer. Sie wissen
gar nicht, wie mir manchmal bange ist, wie nach
dem Frühling. Wenn ich mich dann herausputze —
wie Sie mich gesehen haben, so bin ich mir wenig=
stens selbst eine Abwechslung, und die ganze Welt
kommt mir dann anders vor, wie in einem Märchen."

„Und dann weinen Sie? Ich hätte gedacht, Sie
freuten sich nun über Ihre Schönheit."

„Erst freue ich mich, aber dann fällt mir ein, daß
mir das dumme Gesicht doch nichts nützt, und daß
alles blos Einbildung war. Ach, ich könnte manch=
mal vergehen vor Sehnsucht nach der Welt, es ist
mir so, als ob ich nicht dazu gehörte, als ob ich
draußen stünde! Nur wenn die Sonnenstrahlen zum
offnen Fenster hineinscheinen, dann kommt es mir
wohl vor, als ob sie mich hinüberzögen, als könnte
ich daran hinaufsteigen in den Himmel, das heißt
in ein lustiges, buntes Leben, und wenn ich mir
das am schönsten denke — dann ist es alle, und mir
wird wieder bange wie — vielleicht wie einem Vogel,
der einsam über das Meer fliegt." Nicht, daß sie
das alles sentimental gesagt hätte. Es war eine
ganze Skala von Ungeduld, Übermut und träume=
rischem Wesen. „Nun — warum lachen Sie nicht?"
setzte sie hinzu.

Er sah sie nachdenklich an. „Lachen? Warum?
Das ist alles sehr ernsthaft. Ignaz hat nicht so
unrecht. Es fehlt Ihnen ein Inhalt des Lebens,
aber das ist kein Grund zur Verachtung. Ihre

Sehnsucht zeigt Ihnen die Leere Ihres Daseins, und
diese Leere ängstigt Sie; das Unglück kann sie eben=
so ausfüllen als das Glück. Sie ahnen das ganz
richtig, und der Tand, den Sie darüber streuen,
verdeckt diese Öde nicht, er macht sie noch deut=
licher."

Sie schwiegen beide. Nanni schlürfte ihr braunes
Getränk, der Pole starrte auf die Krümel seines
Apfelkuchens und spielte mit seinem melancholischen
Schnurrbart. Endlich fragte er: „Wissen Sie, was
ein Medusenkopf ist?"

„Nein."

Er beschrieb ihn ihr und setzte hinzu: „So ist
das Leben. Schlangen umzüngeln das Erhabene
und Schöne, und wir starren in das quälende Rätsel,
ohne es lösen zu können."

„Sie sind aber eigentlich ein recht schlechter
Tröster," sagte Nanni, „mit dem Medusenkopf ist
mir nun gerade wenig genützt."

„Es ist wahr," sagte er lächelnd. „Aber ich bin
Ihnen zu gut, um Sie belügen zu können. — Ich
bin heute überhaupt — doch lassen wir das! —
Nanni, ich weiß doch, wen Sie lieben, und wenn
ich es machen könnte, daß er Sie wieder liebte und
Sie heiratete, so hätte ich immer eine Freude, auch
wenn ich einmal in Sibirien säße."

„Wir wollen lieber sehen, ob wir nicht alle auch
so froh werden, Sie ohne den Trost in Sibirien
und ich ohne den, von dem Sie sagen, Sie wüßten

es. Kommen Sie nun, wir wollen jetzt gehen, dort sitzen ein paar, die gucken und lachen immerfort herüber. — Wir wollen uns die hübschen Sachen in den Schaukästen ansehen," sagte sie draußen, „da können wir uns einbilden, es gehörte alles uns, und mehr haben die reichen Leute, die sie bezahlen, im Grunde auch nicht davon, als daß sie sich's an= sehen. So ist's auch in einem schönen Walde; dem er gehört, singen die Vögel nicht besser, und wenn man jemandem gut ist, wenn man ihn auch nicht hat, so ist's doch schon ein Glück, daß man ihn kennt, nicht?"

„Ja, ein großes," sagte er leise und sah sie zärt= lich an. Sie schlug die Augen nieder und senkte den Kopf, denn sie hatte plötzlich das Gefühl, eine Unwahrheit gesagt zu haben. Sie hatte in der That mehr aus seiner als aus ihrer Seele heraus= gesprochen. Es ärgerte sie. Sie war gar nicht so entsagungsfroh, ihr Herz strafte sie Lügen, darin war eben jetzt wieder nichts, als das ungestüme, grenzenlose, heiße Verlangen nach — dem andern.

Zwölftes Kapitel.

Als Stanislaw einige Tage später um dieselbe Zeit Nanni mit einer Mappe fortgehen sah, klingelte er wieder an der Nachbarthür.

Diesmal traf er den Bruder allein.

„Darf ich Sie ein Weilchen stören, Herr Philipps?"

„Bitte sehr! Es thut mir ganz gut, wenn ich nicht fortwährend arbeite. — Nehmen Sie doch auf dem Sofa Platz."

„Sie strengen sich gewiß zu sehr an, Herr Philipps."

„Ich suche ziemlich abzuwägen, was ich mir bieten kann. Zudem arbeite ich ja nicht allein für's tägliche Brot — die wissenschaftliche Beschäftigung ist zugleich mein Lebenselement, mein Vergnügen."

„Sie gönnen sich kaum ein anderes."

„Ich habe kein anderes."

„Doch Sie sollten sich mehr schonen."

„Warum? Die Gelehrsamkeit, die ich etwa zusammengerafft habe, und ihre Pflege sind mein Brot und mein Leichentuch; indem ich mich erhalte, verzehre ich mich — wie ein Licht."

„So arbeiten Sie sich also aus Prinzip und mit Seelenruhe zu Schanden?"

Der Bucklige lächelte. „I bewahre. Mein Körper, sehen Sie, ist eine schlechte Maschine. Das Räderwerk dreht sich so lange, als es eben geht, und dann ist's alle. Es ist dann auch nicht schade drum, denn es hat weiter nichts zu thun, als sich selbst zu erhalten."

„Sie können doch nicht sagen, Herr Philipps, daß Sie nur für sich arbeiten; Sie erhalten Ihr Fräulein Schwester mit, und Sie fördern die Wissenschaft."

„Ich sehe das nicht so an," antwortete Ignaz, indem er die magern Hände um sein linkes Bein verschränkte, das er mit dem rechten schaukelte. „Ich erhalte Nanni so wenig, als ich den Schuster erhalte, der meine Stiefeln macht. Sie kehrt die Stube, kocht das Essen, bügelt die Wäsche und verdient sich damit das Ihrige. Das Geld, das wir gemeinschaftlich ausgeben, ist also gemeinschaftlich verdientes, und zwischen ihr und mir findet erst noch ein Umsatz von Leistung und Geld statt."

„Hm! als ob Ihr Verhältnis ein rein volks= wirtschaftliches wäre!"

„Und was die Philologie anlangt — so sind die Zeiten vorüber, wo der Glaube an ihre Mission und persönlicher Ehrgeiz mich überzeugten, daß ich durch ihre Förderung die Kultur überhaupt fördern könnte. Aus der Gottheit ist die Milchkuh geworden."

„Worin finden Sie nun den Sinn und die Be= friedigung Ihres Lebens?" fragte der Pole nach einer kleinen Pause, während der er nachdenklich vor sich hingestarrt hatte.

„Sage ich Ihnen denn, daß ich überhaupt eine finde? — Worin finden Sie die Ihrige? In dem Studium der Medizin? Ich habe Sie stark im Ver= dacht, daß Sie dieses mehr zum Deckmantel Ihrer politischen Bestrebungen. brauchen. Also in eben diesen. Kann man einen unsinnigeren Zweck ver= folgen, als einem Löwen einen mürben Knochen abjagen wollen?"

„Ich hätte Sie nicht für so engherzig gehalten,
Herr Philipps. Warum wollen Sie das Recht der
Vaterlandsliebe, das Sie für Ihre Person und Ihr
Volk doch sicher in Anspruch nehmen, einem unter=
drückten Stamm absprechen?"

„Ich gestehe Ihnen, daß ich für meine Person
dieses Recht ebenso wenig in Anspruch nehme, als
ich es an andern begreife, um nicht zu sagen, daß
ich es lächerlich finde.".

„Lächerlich? den Patriotismus?"

„Können Sie mir einen vernünftigen Grund dafür
nennen?"

„Für etwas, das so selbstverständlich in jeder
menschlichen Brust lebt als das heißeste und teuerste
Gefühl?"

Ignaz zuckte die Achseln. „Die Menschen sind
närrische Geschöpfe. Kaum daß die Vernünftigeren
den Glauben an die Abgeschmacktheiten der Hierarchie
überwunden haben! Als wenn dies die einzigen Dog=
men wären, mit deren Fesseln die Thoren sich haben
behängen lassen unter der Anpreisung, daß sie ihnen
wohl stünden. Bei welchem Naturvolke finden Sie
Patriotismus? Es ist ein historischer Begriff, ein
gewordener."

„Beschränkt das seinen Wert? seine Stärke?"
fragte Wielopolski lebhaft. „Und wie wollten Sie die
menschliche Gesellschaft sich anders gegliedert denken
als in Staaten und Nationen? als in die natür=

lichen großen Völkerfamilien, die sich aus den Stammes- und Familienverhältnissen heraus entwickelt haben?"

„Der Streit und der Gegensatz innerhalb der Familien ist ebenso groß als zwischen den großen Massen. Wenn unsere Kultur den Anfang aus der natürlichen Waffengemeinschaft der Sippen genommen, so ist sie eben diesem Ursprunge durchaus untreu geworden. Die Mannigfaltigkeit in der Entwicklung der Individuen macht uns unsere nächsten Verwandten zu Fremden. Seien wir einmal rein historisch. Sie finden zuerst fast nur Familienbewußtsein, dann das der Sippe, der Stämme, der Völker; doch in demselben Verhältnis, als dieses umfassende Gefühl des Zusammenhanges wächst, entwickelt sich das Persönliche. Bis wir, auf der Höhe der Individuation angekommen, erst erkennen, daß jeder einzelne nichts als eine gewisse mehr oder weniger reichhaltige Sammlung von Vorstellungen repräsentiert und wir sozusagen an der Existenz unseres eigenen Ichs zweifeln. Unser Bewußtsein erscheint uns dann in der That nur als ein zufälliges Nebeneinander verschiedenartiger von einander unabhängiger Momente, deren Summe sich freilich in manchem noch immer gern zu einer „durch sich selbst gewordenen" und wer weiß wozu berechtigten Persönlichkeit aufbläht."

„Sie haben sehr merkwürdige Ansichten, Herr Philipps. Sie sind wohl der erste, der die Existenz seiner eigenen Persönlichkeit anzweifelt, es dürften

sich nicht allzu viele Menschen finden, die diese An=
schauung mit Ihnen teilen."

„Mag sein, mein guter Herr von Wielopolski, aber
vergessen Sie nicht, daß von jeher die Erkenntnis
einiger denkender Köpfe diejenige von Millionen
überhaupt gewesen ist."

„Ihre Art, das Wesen unserer Seele zu be=
trachten, hat etwas Nihilistisches, Auflösendes. Wenn
Sie dem einzelnen nicht einmal eine freie Persönlich=
keit zugestehen, so heben Sie zugleich die Bedeutung
aller Beziehungen zwischen den Menschen auf. Wir
sind nicht mehr Herren unserer selbst, wenn wir
kaum mehr als ein Bündel von Vorstellungen sind.
Wo wollen Sie die Freiheit des menschlichen Willens
in einem Geschöpfe finden, das an der Einheit seines
Wesens, an dem Begriffe seines Ichs verzweifeln
muß?"

„Ich finde auch keine."

„Dann gibt es für Sie auch weder Recht noch
Unrecht, weder eine Verantwortlichkeit noch eine
Tugend?"

„Nein."

„Sie sind kaum noch ein Mensch zu nennen,"
sagte der Pole. „Wie kommen Sie auf diese Ge=
danken?"

„Es ist dies vielleicht meine Art, mich für die
Ewigkeit vorzubereiten," sagte der Kleine mit einem
ironischen Lachen.

„O, Sie sind doch nicht so krank, daß Sie glauben dürfen, solche Vorbereitung schon nötig zu haben!"

Ignaz zuckte die Achseln. „Die frommen Mönche des Mittelalters sahen in der Vorbereitung zum Tode den Zweck des ganzen Lebens."

Wielopolski antwortete nicht gleich. Endlich begann er wieder: „Es wundert mich nicht, wenn Fräulein Nanni niedergeschlagen neben Ihnen ist. Sagen Sie, was soll einmal aus ihr werden? Hat sie ein Kapital?"

Der Bucklige lachte laut. „Wollen Sie sie heiraten oder als gute Partie empfehlen? Ich bitte Sie, die Kapitalien sind in unserer Familie niemals heimisch gewesen, die Armut saß täglich an unserm Tische. Mein Vater war ein kleiner Postbeamter. In einem Zustande verzweifelter Not ließ sich der Mann eine Unterschlagung zu schulden kommen. Wollen Sie den Armen verurteilen? Nun, die Behörde kassierte ihn und klagte ihn an. Um einer schimpflichen Strafe zu entgehen, erhängte er sich, ich blieb mit meiner Stiefmutter und drei kleinen Schwestern zurück. Ich war damals zwanzig Jahr und studierte im fünften Semester. Meine eigene Mutter hatte ich früh verloren; ihrer Nachlässigkeit verdanke ich übrigens diesen elenden Körper; um einen Trupp vorbeimarschierender Soldaten anzusehen, ließ sie mich auf dem Tische liegen, wobei ich mich der Bequemlichkeit bediente, hinunter zu fallen. Das Elend nach meines Vaters Tode war unbe=

schreiblich. Eines der kleinen Mädchen gab die
Frau fort, das andere starb, endlich starb sie selbst.
Es war vor vier Jahren, Nanni war damals etwa
dreizehn Jahre alt. Was sollten wir machen? Ich
hatte einen gewissen Erwerbszweig gefunden; ich
selbst hatte nicht das Geld, den Doktor zu machen,
zum Gymnasiallehrer war ich zu kränklich, zum
Universitäts-Dozenten zu arm — aber ich machte
meine Kenntnisse der Dummheit und Faulheit eines
jungen Patriziersohnes nutzbar, und dergleichen Ge=
schäfte fanden sich mehr. Ich mache Übersetzungen,
Abschriften, Dissertationen — was Sie wollen!
Nanni hat von ihrer Mutter und ein paar alten
Weibern der Nachbarschaft einige Handgriffe ge=
lernt, und so hausen wir zusammen."

„Und was soll aus dem Mädchen werden, wenn —"

„Wenn ich tot bin? Mein Gott, so wird sich
ja doch einer finden, der sie ruiniert. Dazu ist der=
gleichen da. Sie ist hübsch, und sie ist oberflächlich,
träge, eitel und verliebter Natur."

„Das ist nicht wahr! Sie kennen sie gar nicht,"
sagte Wielopolski leidenschaftlich.

„Ihr Schicksal ist denn doch vorgezeichnet," fuhr
der Kleine fort, unbeirrt von dem Einwurf.

„Und das sagen Sie so ruhig? Lieben Sie sie
denn gar nicht?"

Der Bucklige hatte wieder das vertrackte Achsel=
zucken. „Ich bitte Sie, soll ich mich um das Schick=
sal jeder Blume grämen, die nicht an ihrem Stocke

10*

verwelkt? So lange ich lebe, wünschte ich allerdings, daß nichts vorfiele. So schlecht sie kocht und so albern sie ist, ich bin es nun gewöhnt, und ich brauche sie. Après moi le déluge! Was ist da Tragisches? Und welche Veranlassung sollte ich haben, etwas Besonderes für ein Geschöpf zu fühlen, das in seinem Wesen dem meinen diametral entgegengesetzt ist? Vielleicht weil wir das fragwürdige Glück zu existieren demselben armen Erhängten verdanken? Und wenn ich sie auch andern weiblichen Personen Hüte und Hauben machen oder dergleichen lernen ließe, glauben Sie denn, daß das ihr Schicksal im mindesten aufhalten würde?"

„Gewiß! Warum nicht? Es wäre doch wenigstens ein Versuch! Warum sie dem Unglück und der Schande absichtlich zutreiben?"

„Ich sehe in dem Schicksal, dem sie mir bestimmt scheint, strenggenommen kein Unglück und keine Schande. Ich bitte Sie, ist das Los dieser kleinen Arbeiter- und Beamtenfrauen, die Leib und Seele an ihren Tyrannen verkaufen, ein besseres? besser, weil der Staat ihre Sklaverei legalisiert?"

„Ja und tausendmal ja! und wenn dieses Los noch so traurig ist!" sagte der Pole, der jetzt aufgeregt den kleinen Raum mit großen Schritten durchmaß. „Doch was soll ich sagen! Ihnen! der nicht einmal die einzige Schwester liebt, die einzige Verwandte, die ihm geblieben! Fräulein Nanni ist ein gutes, kluges und liebenswürdiges Mädchen, sie

verdient Teilnahme, Pflege und Bildung. Ich bitte,
ich beschwöre Sie, seien Sie nicht so furchtbar, so
unmenschlich, thun Sie etwas für sie! Es ist un=
möglich, daß die Ansichten, die Sie ausgesprochen,
sollen Geltung für Ihr Leben haben — wenn es aber
so ist — so bitte ich Sie — lassen Sie das arme Kind
wenigstens nichts davon merken, lassen Sie sie nicht
eine Verachtung empfinden, die sie bis jetzt nicht
verdient hat, die sie nie verdienen wird. Denken
Sie doch, wie furchtbar ein junges Gemüt Ihren
Sarkasmus, Ihren moralischen Nihilismus empfin=
den muß — — doch mein Gott — was ist Ihnen?"
fragte er besorgt hinzutretend den Kleinen, der ganz
erschöpft im Sofa lehnte.

„Nichts, o nichts. Es hat mich nur angestrengt,
das viele Sprechen!"

Und damit bekam er einen schrecklichen Herz=
krampf. Der Pole bemühte sich, ihm Erleichterung
zu verschaffen. Als der üble Zustand vorüber war
und Ignaz still und bleich im Sofa lag, von Wielo=
polski sorgfältig mit Kissen und Betten versehen,
sagte er lächelnd: „Ich danke. Sie haben sich so
bemüht — Sie sind, was die Welt einen guten
Menschen nennt. Ich habe es nun wieder über=
standen — sollte ich einmal dabei — mich von hier
empfehlen — so wollte ich — daß Nanni einem so
gutmütigen Thoren anheimfiele, wie Sie sind."

„Wo bleibt Fräulein Nanni?" fragte Wielopolski

beforgt, „es ist schon ganz dunkel geworden. Haben
Sie sie fortgeschickt?"

„Ja, mit einigen Papieren, die sie Klinghart
bringen soll. — Seien Sie ganz ruhig deshalb, der
Doktor behandelt sie stets mit ausgesuchter Gering=
schätzung, da ist keine Gefahr."

„Sie haben recht."

„Und nun lassen Sie mich etwas schlafen. So.
Drücken Sie die Thür draußen fest zu."

Dreizehntes Kapitel.

Roderigo hatte im Hoch=Parterre des Hauses
Akademieplatz 2 eine Wohnung von zwei Zimmern
und Küche inne. In diesem letztern Raume schlief
ein junger Mensch, der ihm früh die Zimmer auf=
räumte und den er seinen Diener nannte. Am
Tage war der Diener in einer Zigarrenfabrik be=
schäftigt, und der Doktor war deshalb genötigt, wenn
es klingelte, selbst aufzumachen.

Nanni Philipps betrat mit ihrer Mappe voller
Skripturen zaghaft den stuck= und marmorgeschmück=
ten Hausflur. Mit klopfendem Herzen schritt sie die
Stufen hinan, die zu der Wohnung des Doktors
führten, und drückte an den Knopf der Klingel. Nicht
lange, so öffnete sich die Thür, und sie stand ihm
gegenüber. Sie richtete eine Empfehlung des Bru=
ders aus und entnahm der Mappe einige Papiere,

die sie ihm hinhielt. Aber Klinghart öffnete die Thür noch etwas weiter und sagte verbindlich: „Bitte, treten Sie doch ein, Fräulein Nanni."

„Nein, ich danke," antwortete das Mädchen und wollte wieder gehen.

„Aber ich bitte Sie, Fräulein," sagte er lächelnd, „wollen Sie nach dem weiten Wege nicht etwas ausruhen? Auch wäre es mir sehr lieb, wenn Sie die Güte hätten, Herrn Philipps etwas mitzunehmen, Sie würden mir einen Weg ersparen."

Nanni schritt zaghaft weiter und blieb dann wieder im Entree stehen, das durch eine kleine Lampe halb erleuchtet war.

„Wollen Sie nicht einmal sehen, wie ich wohne?" fragte er und öffnete die Thür zu seinem Studier=zimmer. „Ich werde Sie nicht lange aufhalten."

Obgleich er nicht so vornehm und kühl war wie sonst, lag doch in seinem Wesen mehr eine achtungs=volle Freundlichkeit als etwa Zudringlichkeit. Nanni wußte nicht recht, ob es passender wäre zu gehen oder seiner höflichen Aufforderung nachzukommen, sie trat langsam ein. Erst jetzt wagte sie, Kling=hart anzusehen, der ihr herzlich die Hand bot. Er trug einen grauen Hausrock mit grünen Aufschlägen, und seine kurzen Locken wallten etwas ungebändigter um sein Haupt als sonst. Er bot ihr einen Stuhl an und ging, die Fenstervorhänge zuzuziehen.

„Sehen Sie, hier hause ich nun! gefällt es Ihnen?"

„Sie wohnen ja wie ein Prinz," sagte sie, sich verwundert umschauend. „Das habe ich mir gar nicht gedacht. Wie erbärmlich mag es Ihnen da immer bei uns vorkommen."

Roderigos Studierzimmer war in der That — nicht gerade luxuriös, aber mit einer soliden Eleganz ausgestattet. Es hatte ein Möblement von gebeiztem und poliertem Nußbaumholz, Sopha und Stühle waren mit grünem Plüsch überzogen, auf der Diele lag ein großer Teppich, über die Fenster fielen grüne Shawls und weiße Spitzen, und der Schreibtisch des jungen Gelehrten war ein kleines architektonisches Meisterstück. Nanni hatte nie gedacht, daß ein Schreibtisch anders als der ihres Bruders aussehen könnte, der ein höchst primitives Möbel aus Kiefernholz war. An den Wänden hingen und standen Büsten antiker Gottheiten und große Photographieen, und das alles war doppelt beleuchtet durch eine Hängelampe mitten von der Decke herab und durch die Studierlampe.

Der Doktor freute sich an dem naiven Erstaunen des Mädchens, dem die Einrichtung zweifelsohne sehr imponierte. Er überließ sie einen Augenblick ihren Eindrücken und ging in das Nebenzimmer, von wo er bald mit einem Glase Wein und etwas Backwerk zurückkehrte. „Sie haben sich meinetwegen so bemüht mit der schweren Tasche, bitte, nehmen Sie eine kleine Stärkung."

Sie nahm das Dargebotene zögernd und stellte

es vor sich hin. „Trinken Sie nur bald, damit Sie sich etwas erwärmen."

„Ach es ist ohnehin sehr warm in dem Zimmer," sagte sie, an dem Glase nippend.

„Dann gestatten Sie wohl, daß ich Ihnen helfe, Ihr Jäckchen etwas abzulegen!"

„Ich weiß nicht — ich gehe ja doch gleich wieder."

„Warum denn? ich denke, es gefällt Ihnen bei mir. So, die Handschuh auch."

Nanni streifte sie langsam herunter. Sie waren nicht sehr schön, das Handschuhwesen war immer ihre schwache Seite.

„Sehen Sie mal, kennen Sie den?" fragte er auf einen der Köpfe zeigend.

„Ja, das ist der Hermes."

„Richtig. Und dies?"

„Die Venus von Milo."

„Sehen Sie doch, Sie sind ja ganz bewandert im Olymp. Wo haben Sie denn das her?"

„Ei, Ignaz hat so Bücher mit Bildern, die habe ich schon öfter angesehen."

„Betrachten Sie gern dergleichen?"

„O warum nicht?"

„Dann könnte ich Ihnen auch hübsche Sachen zeigen, die Wandgemälde aus Herkulanum und Pom=peji. Wissen Sie das auch, was das ist?"

„Na die alten verschütteten Städte — bei den Griechen, glaube ich."

„Nein, bei den Römern." Damit brachte er schon

einen Riesenband angeschleppt. „So, den wollen wir auf den großen Tisch legen, hier vor das Sopha. Wollen Sie sich nicht auf das Sopha setzen?"

Da sie vom Stuhle aus alles verkehrt gesehen hätte, mußte sie dieser Aufforderung schon nachkommen.

„Trinken Sie doch den Wein schnell aus, dann können wir das Glas wegsetzen, damit es nicht umfällt."

Sie wagte nicht zu widersprechen, sie sagte nur dann: „Er ist so schwer, es wird mir schwindelig werden."

„Bewahre. Betrachten Sie nun die alten Male= reien; alles in hübschem Farbendruck. Ich habe das an Ort und Stelle gesehen, die Sachen sind sehr getreu."

„An Ort und Stelle?"

„Das versteht sich. Ich bin dort so zu Hause wie hier."

„Sie müssen recht viel Geld haben," sagte sie naiv.

Er setzte sich jetzt neben sie. „Manches muß ich überschlagen, das paßt nicht recht. Aber hoffentlich sind Sie nicht allzu prüde." Dabei begann er zu erklären und zu zeigen, und es ist wahr, er über= ging manches, aber anderes hätte er besser ebenfalls noch weglassen können. Auf einige Bemerkungen, die sie machte sagte er: „Sie haben einen sehr guten Geschmack, Fräulein Nanni, das Beste gefällt Ihnen auch immer am besten. Passen Sie mal auf, jetzt kommt ein reizendes Bild, auf himmelblauem Grunde

in den zartesten Farben gemalt. Was meinen Sie,
wem das ähnlich sieht?"

„Was weiß ich?"

„Nun, wenn Sie es nicht merken: Ihnen selbst,
ich muß jedesmal an Sie denken, wenn ich es an=
sehe. Es hat dieselbe klassische, kurze Oberlippe, das
krause Haar und den gewissen trotzigen, leidenschaft=
lichen Zug."

Sie lachte gezwungen. „Sie haben mich ja noch
gar nicht so genau angesehen!"

„Glauben Sie? da sind Sie sehr im Irrtume,"
entgegnete er, indem er seinen rechten Arm um ihre
Taille legte. „Ah — Sie haben ja nicht den un=
vermeidlichen Stahlpanzer an, den die Damen sonst
allgemein tragen. Ich dachte, diese Bequemlichkeit
gestatteten Sie sich blos im Hause."

„Es ist mir so lästig," sagte sie errötend. Sie
wußte nicht recht, ob sie seinen Arm wegstoßen sollte,
sie wagte es nicht in der grenzenlosen Unsicherheit,
mit der die Mutterlose, Unerzogene den Fragen von
Schicklichkeit und erlaubter Freiheit gegenüberstand.

„Freilich, wer so gewachsen ist wie Sie, der ver=
dirbt seine Figur nur mit dem gräulichen Uniform=
stück. Die göttlichen Leiber dieser antiken Damen
kannten dergleichen nicht. Sie müssen nicht böse
sein, das gehört so in mein Fach als Kunst=
historiker." Und er rückte noch ein bischen näher.
Dann blätterte er wieder; als er mit seiner linken
Hand zufällig oder nicht zufällig die ihre berührte,

fühlte er, daß sie eiskalt war und etwas zitterte.
Er umschloß sie und sah Nanni bedeutsam in die
Augen, die sie verwirrt niederschlug. Plötzlich zog
er sie an sich und küßte sie.

„Lassen Sie mich," sagte sie aufstehend.

„Erst fertig sehen!" Damit setzte er sein Privatissi=
mum fort.

Aber sie sah und hörte nicht viel, es flimmerte
ihr vor den Augen. Als er das letzte Blatt um=
gelegt hatte, sagte sie eilfertig: „Danke, geben Sie
mir nun mein Jackett, ich muß jetzt gehen."

Er stand auf und trat einen Augenblick ans
Fenster, indes das Mädchen sich vergebens nach
ihrem Kleidungsstück umsah. Dann ging er ins
Nebenzimmer, zu dem er die Thür offenließ. Es
war sein Schlafzimmer, das mit einer blauen Ampel
matt erleuchtet war. Nanni sah, wie er von der
Atlasdecke ihre Jacke nahm und hereinbrachte. Er
legte sie auf den Tisch, trat neben sie und faßte
ihre beiden Hände; dann schloß er sie wieder in seine
Arme. „Wissen Sie denn nicht, daß ich rasend ver=
liebt bin in Sie, Nanni? Wissen Sie es nicht, so
gut wie ich lange weiß, daß Sie mich lieben? Oder
wollen Sie es leugnen?"

„Ich leugne es ja nicht," sagte sie mit bebenden
Lippen. Und von neuem bedeckte er sie mit Küssen.

„Aber es schickt sich nicht, daß ich hierbleibe, ich
gehe nun, geben Sie mir doch das Buch für Ignaz."

„Hier ist es schon, aber ich werde es selbst tragen,

ich gehe mit, ich — ich will Dich jetzt nicht von mir lassen. Warte einen Moment."

Das närrische Ding, außer sich vor Glück und Aufregung, nahm das Buch, das er noch eben in der Hand gehabt, und drückte ihr Gesicht darauf. Nicht lange, so erschien er zum Ausgehen gerüstet.

Er löschte die Lampen, und sie zitterte in der Dunkelheit vor ihm. Er wurde auch nochmals so heftig in seiner Leidenschaft, daß sie zu ersticken meinte. Dann verließen die beiden das Haus und gingen Arm in Arm über den Akademieplatz. An der nächsten Straßenlaterne bog er ihren Kopf herauf und sagte: „Ich lese etwas in Deinem Gesicht."

„Was denn?"

„Daß Du noch einmal eine kleine Professorsfrau wirst."

„Ach Du!" sagte sie, „an so was denkst Du ja gar nicht."

Dieses Mißtrauen schien ihn zu kränken, er run= zelte einen Augenblick die Stirn und sagte: „Wir werden ja sehen". Da er in diesem Moment an der anderen Seite des Platzes eine dicht verschleierte Dame kommen sah, die, den Kopf etwas geneigt hal= tend, in Träumen verloren zu wandeln schien, eilte er mit Nanni in den Schatten und suchte mit schnellen Schritten einer Erkennung auszuweichen. Es war Amanda Behrends, der zu begegnen er vermeiden wollte.

Vierzehntes Kapitel.

Klinghart und Amanda unterhielten seit jener ersten Begegnung im November ein gewisses „Verhältnis". Sie pflegten sich in einem von der Verwaltung stief= mütterlich behandelten und darum von Spazier= gängern und Passanten spärlich aufgesuchten Stadt= teile zu treffen. Das Gefilde „heimlicher Liebe, von der niemand nichts weiß", war ein kleiner Hügel, der, ein Überrest des ehemaligen Burgwalles, an der linken Seite des Flusses ziemlich versteckt lag und reich= lich mit Bäumen und verwilderten Hecken von spani= schem Flieder besetzt war, die selbst im Winter die Platt= form mit einem dichten Strauchwerk einschlossen.

Außerdem mußte Roderigo, wenn er aus dem Kolleg nach Hause ging, den Klosterweg passieren. Frau Amanda kannte die Tage und Stunden, wo er vorüber wandelte, sie stand dann entweder am Fenster, oder sie begegnete ihm unten; in diesem Falle gingen sie grußlos an einander vorüber, wußten sich aber kleine Botschaften und Verse zuzustecken. In dem geistreichen platonischen Verkehr mit ihrem Freunde bildete Amanda sich ein, ein Korrektiv gegen ihr ödes, entbehrungsreiches Alltagsleben gefunden zu haben. — Seit zwei Wochen aber hatte Klinghart diese Promenaden eingestellt, da Professor Weihrauch, der zu gleicher Zeit die Universität zu verlassen pflegte, ihn zur Begleitung aufgefordert.

Am Tage nach Nannis Besuch aber schlug er

seinen gewohnten Weg über den Platz ein. Er hatte
Amanda in diesen zwei Wochen überhaupt nicht
gesehen, und wenn er auch noch nicht entschieden
war, wie er sich neuerdings zu ihr stellen wollte,
so hatte es doch einen gewissen diabolischen Reiz
für ihn, ihr heute zu begegnen. Als er in den
Klosterweg einbog, sah er sie an der andern
Seite kommen, mit dem Zugwinde kämpfend, der
immer an dieser Stelle herrschte. Er ging hin=
über, sie verzogen beide keine Miene, aber sahen
sich fest in die Augen. Er bemerkte, daß sie einen
vermutlich für ihn bestimmten Brief in der Hand
hielt, und als er, dicht an sie anstreichend, an ihr
vorüberging, wußte er ihn geschickt zu eskamotieren.
Ihre Blicke loderten an ihm hinauf, er lächelte ein
wenig, aber keines sprach ein Wort. Das Billet,
das er zu Hause entfaltete, enthielt folgende Verse:

Ruhlos hat's mich umgetrieben,
Straßenein und straßenaus,
Bis ich rastend bin geblieben
Vor des Liebsten teurem Haus.

Sonst sah flüchtig ich dein liebes,
Goldumstrahltes Angesicht,
Und es goß sich in mein trübes
Leben wie ein Meer von Licht.

Höhnisch kichernde Gespenster,
Nebelhaft in dunkler Nacht,
Lauerten in deiner Fenster
Schatten heut und hielten Wacht.

Wallten auf und wallten nieder,
Und der Sehnsucht dumpfen Schmerz
Rauschten mit dem Nachtgefieder
Dunkler Qualen sie ins Herz.

Der wie junger Sturmwind brausend
Du der Seele Flügel gibst,
Komm und sage zu viel tausend
Malen, daß du mich noch liebst.

Und in Herzens unermess'nen
Dunklen Schluchten loht's herauf,
Alle alten, längstvergess'nen
Süßen Freuden wachen auf.

Wachen auf und jubeln wieder,
Daß sie sind von Traum befreit,
Und es jauchzen meine Lieder
Deiner Liebe Herrlichkeit.

A. B.

Er las das Gedicht aufmerksam durch, zweimal sogar, machte einige kritische Bemerkungen dazwischen, zog dann die Augenbrauen in die Höhe, lächelte ironisch und sagte: „Na, mein Gott — ja! die gegenseitige Ansingerei kriegt man mit der Zeit satt. Dazu monatelang im Mondschein promenieren und sich nasse Füße machen — Madame — es wird mir herzlich langweilig! Auch bin ich nicht so perfide, mit dem Zweikammersystem regieren zu wollen. Wir werden also das Oberhaus schließen!" Damit nahm er Feder und Briefpapier und schrieb seiner herztausigen Frau Amanda Behrends einen Abschiedsbrief. Dieser lautete:

Madame!

Ihre Güte drückt mich zu Boden. Ich habe zweimal das Stelldichein versäumt, ich habe meine Fensterpromenaden eingestellt, und statt mich zu schmähen, stimmen Sie Ihre Harfe! Werden Sie nicht fürchten müssen, daß Sie einen Unwürdigen lieben? Ach, meine schöne Freundin, wenn das Bewußtsein eigenen Unwerts, eigener Schuld qualvoll ist, so sehen Sie in mir den unglücklichsten Sterblichen.

Was habe ich gethan! Das, was immer alle Thoren gethan haben. Oder was bewog die plumpe niederländische Elsa, die Wagner so liebesselig die Lüfte ansingen läßt, dem Schwanenritter mit ihren Indiskretionen zuleibe zu gehen, bis es hieß:

> Der Lord läßt sich entschuldigen,
> Er ist zu Schiff nach Frankreich?

Was bewog den edlen Ritter Geoffroy im Feeenschlößchen, wo ihm der Minnesold von der aimabelsten Dame zu teil wurde, gerade das zu begehen, was ihm verboten war — nämlich zu fragen? Was bewegt alle Thoren zur Thorheit, als der unselige Fürwitz, der uns Menschen plagt und selbst den Goetheschen Faust dem Teufel überliefert hätte, wenn der Chor der Engel sein Unsterbliches nicht noch rechtzeitig entführte! Mögen auch meiner die Engel sich erbarmen! Ich vertraue noch auf ihre Güte, wenigstens so weit sie feminini generis sind. Aber Sie

fragen mich nach Geoffroy! Sehr gern, Madame,
ich bin Ihnen ohnedies noch einige Verse schuldig.

Ritter Geoffroy, der kühne,
Sprengte mit verhängtem Zügel,
Denn es trieb ihn in die Weite,
Und die Sehnsucht leiht uns Flügel.

Tief versteckt in tiefem Thale
Feeenschlößlein, hübsch und minnig,
Herrin mit den weißen Händen
Freut sich ganz besonders innig.

Weiße Hände, weiße Arme
Halten Geoffroy umschlungen.
„Nur das eine, tapfrer Ritter:
Halte Deinen Mund bezwungen.

„Was dies Wunder Dir bedeute,
Dürft' ich Dir doch niemals sagen,
Habe Deinen Mund zum Küssen,
Aber laß das dumme Fragen.“

Mittagsglut in kühlen Grotten,
Abend dann beim Schmaus verronnen,
Und in still verschwiegner Laube
Sel'ger Nächte heiße Wonnen.

Immer wär' es so geblieben,
Hättest Du den Mund gehalten,
Geoffroy, o edler Kämpe,
Und es wäre noch beim alten.

Bist verbannt aus holden Armen
Bis zum jüngsten Tage nun,
Bis zum Tag der Seligkeiten
In dem Thale Avelun.

Ach! Madame, auch ich habe gegen Ihr Gebot
gehandelt, ich habe erkundet, wer Ihr Gatte ist —
und das Feeenschloß ist versunken! — Sie liebe,
unvergleichlich pedantisch-leichtsinnige Frau! Wenn
Sie schon einmal eine kleine Verräterin waren,
warum nicht ganz, habe ich mich oft gefragt,
warum noch diese philisterhafte Treue für den Gatten,
diese Treue, die für mich eine so magere Tugend
war! Nun begreif ich es: Ihr Gatte ist kein übler
Mann, Sie können ihm alles gewähren, was Sie
mir selbstverständlich verweigert hätten, wenn ich
unbescheidener gewesen wäre. O, Sie sind eine
schlaue Hausfrau, die die platonische Liebe auf
Flaschen zieht und nur für die Sonntag-Nachmittage
oder vielmehr Freitag-Abende verzapft. Denn man
kann freilich mit der Platonik lange reichen, wenn
man sparsam damit umgeht und sich nebenher schad-
los hält. Nehmen Sie mir's nicht übel, Madame,
aber es geht nicht gut weiter auf diese Weise, es
ginge nicht, auch wenn Ihr Gatte ein Ungeheuer
wäre! Bedenken Sie, daß ich Ihren Grillen zuliebe
mir einen Schnupfen geholt habe, der mich vierzehn Tage lang an unsern naßkalten Rendezvous
verhinderte, und daß meine Gefühle bei einer
Schwitzkur einen erheblichen Abbruch erlitten. Dieser
schöne Monat Februar war in der That über die
Maßen schmutzig — trotz unserer Liebe, das müssen
Sie zugeben.

11*

Es bleibt ein Erdenrest
Uns allen peinlich,
Und wär' er von Asbest,
Er wär' nicht reinlich.

Meine schöne Frau! Die Romantik ist im Grunde
eine verdammt dünne Wassersuppe, aus der wir
die paar schmackhaften Brocken längst herausgefischt
haben. Sie sehen wohl selbst ein, daß unsereins
dabei nicht satt wird. Ich versichere Sie, ich habe
Sie aufrichtig geliebt, und nie werden Sie meinem
Herzen wertlos sein; ja, ich liebte Sie vielleicht noch,
trotz aller Sparsamkeit und alles Schnupfens, aber
zum Unglück habe ich Unwürdiger obendrein mich
bis über die Ohren vernarrt in einen entzücken-
den süßen Racker, den man, denk' ich, auch etwas
herzhafter wird anfassen dürfen als Sie, schöne
Fee, und der mir hoffentlich auf nichts wird aus-
weichende Antworten geben. Denn der Kuckuck
hole alle die Esel, die entweder zu wenig fragen,
wie Ehren-Parzival, der blöde Thor, oder zu viel,
wie Ritter Geoffroy.

Und nun noch einen guten Rat: Solltest auch
Du Dein Herz noch einmal verschenken wollen, süße
Amanda, so wirf die überflüssige Sentimentalität
ab, es liebt sich noch einmal so schön ohne sie.
Ihr Frauen pflückt die Äpfel vom Baume des
Lebens immer noch mit der Ängstlichkeit und zu-
gleich dem Mangel an Vorsicht Eurer Ältermutter
Eva. Man muß auch die Götter betrügen können!

Lerne es, mein Engel, man rühmt ja sonst den Frauen eine so große Gewandtheit nach.

Lege die Sentimentalität ab! So lange Du das Schicksal fürchtest, wird es immer die Sphinx sein, die Dir ihre Rätsel aufgibt, um Dich dann aus einem Abgrund in den andern zu schleudern. Aber springe der Bestie auf den Nacken, mißhandle sie, verschneide ihr die Krallen und lege ihr dann Deine Fragen vor — sie wird sie Dir alle beantworten. Wenn Du das nicht willst oder nicht kannst, so bleibe ruhig in Deiner Kinderstube, verzichte auf die Liebe und suche Deine Befriedigung darin, der ehelichen Treue Deine Opferspenden zu bringen. Glaubst Du, ewig beiden opfern zu können? Es ist ein Unding! Denn Treue ist Knechtschaft — aber Liebe ist olympische Herrlichkeit! Wer am Tische der Götter sitzen will, muß seine eignen Kinder schlachten können; es mag ja Seelengröße dazu gehören — aber die Gemeinschaft mit den Göttern genossen zu haben, wiegt alles auf, auch die Qualen des Gestürzten. Oder meinst Du, daß Tantalus jemals im Hades gemurrt? Wir Titanen bereuen nicht! Wir bereuen nichts und fürchten auch nichts, nicht die Rache der Olympier und nicht die flammenden Schwerter, die die Rückkehr ins Paradies verwehren! Denn wir spotten Eurer Pfaffenmärchen und Eures Ammenspuks, wir wandeln über die Thäler und Höhen und laben uns aus goldenen Schüsseln, während Ihr Euch kümmerlich aus der Garküche des

Philisteriums füttert und — ewig Kinder bleibend — an dem Tugend- und Charakterzulp Eurer einge- bildeten Verdienste saugt.

Dein Unglück, meine schöne Amanda, ist Deine Doppelnatur! Du dauertest mich, da Du, halb ver- sunken im Schlamme eines Sumpfes, die Arme nach mir ausstrecktest, ich wollte Dich herausziehen, aber siehe — von der Hüfte ab ringelt sich Dir ein ver- trackter Fischschwanz, arme Melusine! — Ja, meine schöne Freundin, wir glauben mehr oder weniger nüchterne Menschen des modernsten Jahrhunderts zu sein, und wir leben doch alle in einer Märchen- welt. Sie erinnern sich der Erzählung vom treuen Heinrich? der drei eiserne Ringe um sein Herz ge- schmiedet trug, die ihm absprangen, als er seinen Herrn wieder menschliche Gestalt hatte annehmen sehen, nachdem der Biedere jahrelang ein Frosch gewesen. Auch um mein Herz liegen drei solche Eisenringe — sie werden jedoch nicht abspringen.

Ich kann Ihnen das Märchen nicht erzählen, wie sie das Schicksal mir geschmiedet und umgelegt, es wäre eine wüste Geschichte von brutalen Miß- handlungen durch einen Vater, der nicht mein Vater war, einer Mutter, die sich mir lächelnd dazu be- kannte, die Mätresse eines reichen Barons gewesen zu sein, und von meiner spätern Bekanntschaft mit diesem Herrn, als er heruntergekommen war, einem dekrepiten Lumpen, der anderen Nobili beim Spiel die Dukaten abgewann. — O meine teure Freundin,

wenn wir große, kluge Menschen sind, wissen wir
die Lücken, die das Schicksal neben uns aufreißt,
mit unserm Selbstgefühl vollzustopfen oder doch zu
überbrücken — die Jugend kann das noch nicht, und
es zu lernen wird ihr sauer, saurer noch als die
Verba auf mi, die sonst für ein böses Stück Arbeit
gelten. Eh bien! ich bin, was ich geworden, und
Sie lieben mich, obschon ich kein Heiliger bin und
Ihre Zärtlichkeit nicht verdiene. Denn meine beste
Tugend, vielleicht meine einzige, kennen Sie nicht
einmal: ich bin tolerant wie kein andrer! Ob das
Kollegium von großen Gelehrten und Mustercharak=
teren mich absolvieren würde, wenn es mir die
Beichte abhörte? — Das erhabene Verdammungs=
urteil, das sie abgäben! Sehen Sie, meine schöne
Freundin, wieviel größer ich bin; ich verdamme
keinen, ich lache nur über die Narren, die ich nas=
führe. Wie sagt doch der unsterbliche Henri Heine?

Ich lache ob den abgeschmackten Laffen,
Die mich anglotzen mit den Bocksgesichtern;
Ich lache ob den Füchsen, die so nüchtern
Und hämisch mich beschnüffeln und begaffen.

Ich lache ob den hochgelahrten Affen,
Die sich aufblähn zu stolzen Geistesrichtern,
Ich lache ob den feigen Bösewichtern,
Die mich bedrohn mit giftgetränkten Waffen.

Denn wenn des Glückes hübsche sieben Sachen
Uns von des Schicksals Händen sind zerbrochen,
Und so zu unsern Füßen hingeschmissen,

Und wenn das Herz im Leibe ist zerriffen,
Zerriffen, und zerschnitten, und zerstochen, —
Dann bleibt uns doch das schöne gelle Lachen.

Weinen Sie nicht, schöne Frau, ich nehme es
nicht mehr so tragisch! Ich lache ohne Weltschmerz
einer Welt, über die ich hinwegschreite, mit der ich
nichts mehr gemeinsam habe, seit ich den mütter=
lichen Boden nicht mehr berühre, aus welchem dem
Menschen die Kraft zur Tugendeselei und Selbst=
aufopferung zuströmt, wie die Kraft der Glieder
jenem Antäos, den ein Heros in die Lüfte schleu=
dern mußte, um ihn erwürgen zu können. Aber
fürchten Sie nicht für mich, es gibt keine Gewalt,
die mich meisterte, und der Heros soll noch geboren
werden, der mich bezwingt!

Und nun leben Sie wohl, Madame, bis wir am
Tage der Seligkeiten im Thale Avelun, dem Vor=
orte aller verliebten Feeen und Ritter, uns befrie=
digt wiederfinden. Leben Sie wohl.

In Freundschaft ewig der Ihre
Roderich Klinghart.

* *
*

Nachdem er diesen Brief beendet hatte, starrte
der Doktor eine Weile darauf hin, indem er den
Kopf in den aufgestützten Händen hielt, dann warf
er die Blätter in ein Schubfach und sagte aufstehend:
„Zum Teufel auch, wenn das ein Abschiedsbrief an
eine Dame ist! ich weiß nicht, was mich zu dieser

Beichte veranlaßt hat, vielleicht habe ich Hunger."
Damit klingelte er seinem Diener und befahl ihm,
das zweite Frühstück hereinzubringen, zu dem es
nun freilich sehr spät geworden. — —

Erst am Abende, nachdem er ein paar Mahl=
zeiten, einige Stunden des Studiums, einen Spazier=
gang und einen Abendschoppen hinter sich hatte,
nahm er sich wieder Zeit, die Angelegenheit mit
Amanda zu erledigen, und der Brief, den er jetzt
an sie schrieb, lautete folgendermaßen:

> Teuerste Amanda!
> Schönste aller Frauen!

Wenn ich Ihnen sagen könnte, was ich gelitten!
Der Blindgeborene, dem die Binde von den Augen
fällt, und der in das Leben sieht, fühlt das Licht
als stechenden Schmerz. Ich habe eine ähnliche
Empfindung.

Wissen Sie, daß wir wie ein paar Kinder
waren, ein paar harmlose selige Kinder, die, um
die blaue Blume der Romantik zu pflücken, Hand
in Hand über schwindelnde Klüfte den rauhen
Felsgrat hinanklettern und, an dem Duft der
holden Blüte sich erquickend, nicht ahnen, daß sie
neben einem Abgrunde spielen? Wir waren glück=
lich, Amanda, wir haben die Wunderblume gefunden
und haben uns an ihr berauscht, ja sie war in
unseren Händen wie die Wünschelrute, die alles
in Gold verwandelt, das sie berührt, und — Gott sei

Dank — wir sind nicht gestrauchelt und der Abgrund hat uns nicht verschlungen! Aber so leicht wir aufwärts streben dem Glücke entgegen, so schwer wird es, die Wunderstätte zu verlassen; die Füße bluten, und das Herz blutet.

Wissen Sie, was mir geschehen ist? Ich sah Sie neulich an der Seite Ihres Gatten, und über Ihre Häupter hin glitt ein Stern vom Himmel herab.

> „Es fällt ein Stern herunter
> Aus seiner funkelnden Höh'!
> Das ist der Stern der Liebe,
> Den ich dort fallen seh'."

Ich hätte laut aufschreien mögen! Warum mußte er es sein! Ein Mann, den ich wie keinen zweiten verehre und hochschätze!

Die Sterne sind Welten, sagen uns die Astro= nomen; jeder eine Welt von Schmerz und Pein — die Pessimisten. Der, den ich fallen sah, fiel auf mein Herz, und Sie wissen, daß er es zermalmt hat.

Amanda, süße, fromme, heilige Blume! Ich weiß, daß unsere Trennung Ihnen Schmerz bereiten wird, und ich wollte, ich könnte ihn zu dem meinigen noch obenauf legen und alles allein tragen, damit Sie glücklich seien! Zürnen Sie mir nicht. Ich reiche Ihnen über den Abgrund, der uns trennt, für immer trennt, die Hand und rufe Ihnen zu: Seien Sie glücklich und vergessen Sie mich!

„Der Stern ist knisternd zerstöben" —

doch unsere Seelen sind rein von Vorwurf. Wir waren wie die Kinder, aber Gott sei Dank, daß wir so waren.   R.

*   *

*

„Jetzt werde ich es beinahe selbst glauben, daß ich nicht von Anfang an gewußt, daß sie Frau Doktor Behrends hieß. Man schwört zuletzt auf seine eigenen Phantasien! Nun dieses Schriftstück kann sie allenfalls dem Schulmeister zeigen. Nicht unmöglich, daß sie ihm noch die Ohren volllamentiert, das wäre so im Geschmacke des Ewig-Weiblichen!“

Er zog sich an und ging selbst bis zum nächsten Briefkasten, nur um eine Sache zu erledigen, in der ihn am nächsten Morgen womöglich eine Laune veranlassen könnte, noch einen dritten Brief zu schreiben, wovor er sich endgültig sichern wollte.

Fünfzehntes Kapitel.

Wenn die Wohnung Klingharts elegant, aber immer noch solide war, so hatte dagegen die Baronin Florescu in ihren Gemächern eine überladene Pracht entfaltet. Der Salon machte trotz Damastvorhängen, geschnitzten Ebenholzstühlen und was dergleichen mehr war, immerhin noch den Eindruck von Einfachheit; aber in dem Wohnzimmer, dem Boudoir und dem Schlafgemach der Dame war etwas von

jenem exotischen, grellen und in hunderterlei Schau=
stücke zerfahrenen Luxus, der, fern von aller Ge=
mütlichkeit, etwas Beunruhigendes, Verwirrendes hat.

Es war in den letzten Tagen des März. Im
Boudoir stand eins der Fenster ein wenig offen,
um die warme, sonnige Frühlingsluft hereinzulassen.
Die Baronin lag auf einem niedrigen Polster, das
mit einem persischen Teppich bedeckt war, und trug
einen Schlafrock aus nelkenrotem Seidenplüsch, der
mit gelblichen Spitzen und seidenen Bändern geziert
war. Neben ihr stand ein Etageretischchen von
Boule=Arbeit, auf welchem verschiedene neue Bücher,
teils elegant gebunden, teils broschiert, aufgestapelt
lagen; so Freitags Ahnen, Dahns Bissula, die Ro=
mane Alarich und Gelimer von Theophilus Rübschäler
u. s. w. Auf dem Teppich am Fußende des Diwans
lag ein aufgeschlagenes Buch mit zerdrückten und zer=
knitterten Blättern auf dem Angesicht. Es war Ebers'
Homo sum, ein so schönes und lehrreiches Buch!
Einen andern Band hielt die Dame in den Händen.
Da sie die Augen darauf richtete, war anzunehmen,
daß sie las, aber der Ausdruck ihres Gesichtes war
eher gelangweilt als gespannt. Die treffliche Narbe
war im Nebenzimmer beschäftigt, Silberzeug zu
putzen. Als sie mit einigen Gefäßen in den Händen
eintrat, um sie auf den sogenannten Kredenz zu
stellen, legte Therese von Florescu den Band zu den
übrigen und sah die Kammerfrau an.

Diese nahm den Blick für eine Aufforderung zu

sprechen und sagte, nachdem sie das schöne und lehr=
reiche Buch aufgehoben: „Die Lektüre sagt der Frau
Baronin wohl nicht zu?"

„Offen gesagt, ich finde das Zeug entsetzlich! Dies
hier ebenfalls! und es ist von einem sehr berühmten
Schriftsteller: Gustav Freitag. Ich erinnere mich,
vor Jahren einen andern Roman von demselben
Dichter gelesen zu haben, das war sehr hübsch; aber
dies —!"

„Wie ist es denn?" sagte die Duenna.

„Es handelt von den ältesten deutschen Vor=
fahren, halbwilden Stämmen, die sich in Bärenfelle
hüllen und in zugigen, rauchigen Höhlen wohnen —
ich begreife nicht, wie das jemanden interessieren
kann. Und dazu ist es in einer Sprache geschrieben,
die kein Mensch spricht und wahrscheinlich nie jemand
gesprochen hat, denn früher waren die Dialekte doch
noch ganz anders."

„Die gnädige Frau sollten doch lieber etwas
Französisches lesen."

„Ach, das ist ja verpönt bei meinen neuen Freunden.
Da schwärmt alles für die nacktbeinigen Raufbolde
mit ihren geritzten Runen und und den großen Trink=
hörnern — man muß das kennen — aber es ist
schrecklich!"

„Die gnädige Frau haben ja so viel, ist denn
das alles so?"

„Es gibt auch Sachen, die vor zweihundert Jahren
spielen, während eines großen Krieges," sagte die

Dame wie halb verzweifelt, daß sie niemanden anders
als ihre Kammerfrau hatte, um ihre Gedanken über
die deutsche Litteratur mitzuteilen; „da sind wieder
greuliche Metzeleien, Spießrutenlaufen und Fähnlein
und was weiß ich. Auch aus dem vorigen Jahrhun=
dert, mit dem alten Fritzen oder der großen Revolu=
tion — nun du verstehst das nicht. Alles solch alt=
backenes Zeug. Wie man dies nicht einfach ungenießbar,
sondern sogar entzückend finden kann" — sagte sie mehr
zu sich selbst — „das ist mir unbegreiflich! — Nun
wollte ich etwas ganz Modernes lesen. Was glaubst
du, was es da gibt? Liebesgeschichten von Bier=
und Ladenmädchen! Ich greife also nach Versen;
da ist ein Bändchen! Großer Gott! mit Hoppeldei
und Trallala wieder ins Mittelalter! Es ist so un=
sinnig, man weiß zuletzt kaum mehr, in welcher
Jahreszahl man selbst lebt, und ob man zur guten
Gesellschaft gehört oder zur schlechten."

„Ich verstehe das nicht. Aber die Herrschaften
finden das auch reizend?"

„Ich bitte dich, ja!"

Naïde lächelte und sagte: „Ich glaubte über=
haupt nicht, daß Sie sich so streng an das Testa=
ment seiner königlichen Hoheit halten würden, gnädige
Frau."

„Wie meinst du das?" fragte die Dame, in=
dem sie nach dem Gelimer griff.

„Die Frau Baronin vergessen, daß ich die Ehre
hatte, seiner königlichen Hoheit die Kassette abzu=

nehmen, ehe er ihren Inhalt Ihnen übergab, und
daß ich noch unter der Thür war, als er sagte —"

„Nun, was — was sagte er denn?"

„Die gnädige Frau erinnern sich," antwortete
die Bulgarin demütig, „daß damals viel die Rede
davon gewesen, daß seine Majestät der Sultan einem
Professor aus Ihrem Lande ein Kriegsschiff zur
Verfügung gestellt, zu einer Reise nach Indien,
worauf die gnädige Frau so stolz waren auf Ihre
gelehrten Landsleute. Ich glaube, daß Prinz Jussuf
daran dachte, als er sagte: Dafür kannst du —
können sich die gnädige Frau einen deutschen Pro=
fessor kaufen."

Sie betrachtete ihre Herrin lauernd. Die schöne
Frau spielte mit den Blättern ihres Buches und
schien an jenen Abschied zu denken. Sie seufzte,
und eine leise Melancholie legte sich mit einem
weichen, träumerischen Ausdruck über ihre Züge.

„Die gnädige Frau verzeihen, es war bei diesen
Worten, daß ich das Zimmer verließ. Ich schwöre
der Frau Baronin, daß ich sonst nichts gehört. Ich
bin immer diskret gewesen," setzte sie hinzu und
ergriff eine Falte des Plüschschlafrocks, um ihre
Lippen darauf zu drücken. Um Theresens Mund
spielte ein leichtes ironisches Lächeln.

„Die Herren von der Universität sind wohl aber
interessanter wie ihre Bücher?" fragte Naïde, dreist
genug in dem Bewußtsein, daß die Dame sich sonst
gegen niemanden aussprechen könne. Sie erhielt

darauf keine Antwort, erlaubte sich jedoch, dieses
Schweigen als einen Ausdruck der Enttäuschung
ihrer Herrin hinzunehmen. Die Schwärmerei für
die akademischen Kreise war bei der Baronin in
der That in der Abnahme.

„Wir sollten lieber nach Paris gehen,“ bemerkte
die Zofe.

„Es gefällt dir wohl selbst schlecht hier?“

„O, ich habe noch keine Gedanken gehabt über
diese Stadt. Ich gehöre der gnädigen Frau zu,
die Frau Baronin sind meine Heimat.“

In diesem Augenblicke schellte es draußen, und
Naïde verließ das Zimmer, um bald darauf mit
einer Karte wiederzukommen, die sie der Baronin
überreichte.

„Corinna Weihrauch! Ich lasse bitten. Führe
die Dame in den Salon; sie möge entschuldigen,
daß ich noch nicht Toilette gemacht und sie in meiner
Matinee empfange! — Rafael und das Schönheitsideal! ich bin au fait,“ setzte sie leiser hinzu und
erhob sich von ihrem persischen Lager. — —

„Ah, meine teure Frau Baronin, herzlichen guten
Morgen!“

„Guten Morgen, mein liebes Fräulein.“

„Mein Gott, wie entzückend sehen Sie doch
wieder aus! Ich habe mich neulich mit Papa ge-
stritten, er behauptet, Sie sehen der Venus von
Milo ähnlich, er wäre gleich das erste Mal, als er
Sie sah, so eigentümlich berührt gewesen, als müsse

r Sie lange kennen — und ich sagte wieder: Sie
.lichen der büßenden Magdalene von Battoni."
Die Baronin lächelte etwas sonderbar zu diesem
etzten Vergleich.

„Ich muß es Ihnen wirklich ganz im geheimen
gestehen: es schwärmt alles für Sie, die ganze
Fakultät. Übrigens, wenn Sie — so — dieses Ge=
icht machen, gleicht Ihnen auch eine der Töchter
es Palma Vecchio in gewissem Grade — kurzum —
nun, ich sage nichts mehr!"

„Oder doch wenigstens etwas anderes. Bitte,
vas hat Sie hergeführt? kommen Sie, mir ein
Stündchen Ihrer liebenswürdigen Gesellschaft zu
chenken?"

„Ich muß leider sofort wieder gehn."

„Sie malen wohl wieder? Ihre reizenden Sachen
uf Porzellan!"

„Damit wäre ich fertig. Manches ist denn freilich
urch den Brand etwas kräftiger geworden in der
Farbe, als meine Palette angab, aber im ganzen
in ich zufrieden. Und nun zur Hauptsache: ich
jabe eine große Bitte."

„Ich würde mich freuen, Ihnen dienen zu können."

„Nur mit Ihrer Gegenwart, liebste, schönste
Frau. Wir hatten nun schon öfter die Freude,
Sie bei uns zu sehen, und wir hoffen, daß Ihnen
ver Kreis, in den wir Sie eingeführt, zusagt —"

„Ihrer und Ihrer lieben Eltern Güte verdanke
ch es ja, daß ich mich heimisch gemacht in Burg."

„Aber wir haben Sie noch nie bei einer größern Gesellschaft bei uns gehabt — wollen Sie uns die Ehre erzeigen, am Sonnabend in unseren bescheidenen Räumen zu erscheinen? Wir hoffen, daß Sie sich etwas unterhalten werden, ich will Ihnen nur — ganz im geheimen — verraten, daß wir einige lebende Bilder stellen —"

„Ah — das wird etwas Ausgezeichnetes wer= den bei Ihrem Schönheitssinn!"

„Nicht doch, es wird bescheiden genug ausfallen. Am liebsten, Frau Baronin, hätte ich Sie gebeten, mitzustehen, aber Mama hatte ja sehr recht, daß dieses Ansinnen unpassend gewesen wäre, daß man dergleichen einer so vornehmen Dame nicht zumuten dürfe. Aber einen sehr schönen jungen Mann haben wir zur Verfügung!"

„Hab' ich ihn noch nicht bei Ihnen gesehen?"

„Nein, wir hatten ihn immer an andern Aben= den bei uns, wo er uns kleine kunsthistorische Vor= träge gehalten hat. Es ist ein herrlicher Mensch! ein Universalgenie! und so liebenswürdig!"

Frau von Florescu drohte schelmisch mit dem Finger: „Fräuleinchen, Fräuleinchen! werden wir etwa am Sonnabend ein Verlobungsfest haben?"

„Wo denken Sie nur hin, gnädigste Frau! darüber bin ich hinaus, wenn ich zehn Jahre jünger wäre, so wollte ich allerdings für nichts stehen."

„Wie heißt denn Ihr Ideal?"

„Das ist aber das letzte, was ich Ihnen von
unsern Überraschungen verrate: Doktor Roderich
Klinghart. Und nun Lebewohl und auf Wiedersehen!
Wir zählen bestimmt auf Sie. —"

Sechzehntes Kapitel.

Der billige Wein war endlich abgeklärt, und
die billige Kochfrau, der Euphrosyne Weihrauch geb.
Ulrici seit Jahren in schweren Stunden das Szepter
der Küche anzuvertrauen pflegte, hatte endlich Zeit
gehabt. Die alljährliche große Abendgesellschaft
konnte vom Stapel laufen. Fräulein Corinna hatte
sich zur Verherrlichung des Abends ganz außerordentliche Mühe gegeben. Das Sumpfhuhn-Ser-
vice Professor Muges hatte sie nicht ruhig schlafen
lassen. Sie war auf den Einfall gekommen, es
glänzend zu übertrumpfen, und hatte deshalb mit
Bienenfleiße eine große Anzahl von Schüsseln und
Tellern mit mythologischen Figuren bemalt, wobei
ihre Darstellungen der Philologie des berühmten
Vaters und dem eignen Schönheitsideal gleichzeitig
gerecht wurden. Auf einer großen Schüssel, auf
der das Roastbeaf serviert werden sollte, war der
Raub der Europa in köstlich braunrotem Inkarnat
vorgeführt, das allerdings dem verliebten Stier
noch besser stand als der hilfeflehenden Jungfrau.
Auf der Gallertschale überreichte der galante Me=

12*

leagros das sülzeverheißende Haupt des kalydo=
nischen Ebers der erfreuten Atalante; die Brotteller
zeigten eine kernige Ceres; in Behandlung der Sauce=
schüsseln war sinnig das Meer als Weltsauce auf=
gefaßt, denn Salacia, die Amphitrite der Römer,
wogte in dem schon bei der Europa angewandten
kräftigen Lokalton in bräunlichen Wellen auf und
nieder; die Fische wurden über den graugrünen
Leibern von Jchthyokentauren zur Tafel gebracht,
und auf den Konfekttellern tummelten sich unzählige
Amoretten. Jst ja doch auch die Liebe die süßeste
Zubeiße zum Leben! Dieses mythologische Service
sah Corinna nun mit Stolz auf den Tafeln prangen,
die in dem zum Speisesaal umgeschaffenen Studier=
zimmer des Professors aufgestellt waren.

Aber Corinnas Vorbereitungen für den Abend
waren damit, wie sie der Baronin schon angedeutet,
noch nicht erschöpft. Die Aufführungen assyrischer
Dramen im Hause des Geheimrats Überschär hatten
in ihr die Idee geweckt, dieses Jahr ebenfalls etwas
zur allgemeinen Unterhaltung zu veranstalten. Man
kann es nur lobenswert finden, daß sie zu den mit
Recht beliebten lebenden Bildern gegriffen. Erstens
weil diese Art mimoplastischer Darstellungen über=
haupt sehr schön ist, zweitens weil sie damit einer
gewissen kollegialischen Empfindung Ausdruck gab.
Der alte Freund ihres Vaters, Professor van Dooren
nämlich, der, obschon Historiker, die Präponderanz
seiner Stellung und seines Einflusses gern zur Ent=

scheidung auch außerhalb seines Faches liegender
Fragen verwertete, beantwortete die in neuerer Zeit
aufgeworfene Frage: Sollen wir unsere Statuen be=
malen? mit einem auf antiken Farbenüberresten ge=
gründeten lauten Ja. Konnte man besser dieses bis=
her bestrittene Verfahren ästhetisch glaublich machen
als durch wahrhaft künstlerische Gruppenbilder, durch
jene gleichsam gefrorene, monumentalisierte Schön=
heit, die das Zufällig=Lebendige in die höhere Region
des Ideal=Typischen hinaufhebt?

Die Vorbereitungen zu den lebenden Bildern
hatten Corinna viel Freude aber auch viel Mühe
gemacht. Sie hatte in der Sache zuerst Klinghart
um Rat gebeten. Da dieser aber eine viel zu re=
präsentable Persönlichkeit war, als daß die Dame
ihn nicht noch lieber zum „Stehen" als zum „Stellen"
verwendet sehen wollte, hatte sie auf seinen Vorschlag
einen Künstler, den Zeichner Huberlein, ersucht, die
Bilder zu ordnen.

Herr Huberlein zeigte sich gern dazu bereit; aber
mit der anspruchsvollen Art eines echten Künstlers
hatte er sogleich erklärt, daß er das zu verwendende
Material vorher sehen müsse, wenigstens die Damen;
die Herren seien da leichter abzudrücken. Fräulein
Corinna hatte also alle ihre Freundinnen zum Kaffee
gebeten, Huberlein war zufällig dazugekommen, hatte
die Damen studiert und dann einige als allenfalls
verwendbar bezeichnet. Aber es fehlte noch eine
durchschlagende, echt repräsentative Schönheit, die

für einige Bilder, wie Faust und Gretchen, durch=
aus nötig war. Da war guter Rat teuer, denn
Corinna wollte sich dieses Tableau in keinem Falle
streichen lassen. Aber Huberlein mußte zu helfen.
Er schwärmte dem Fräulein so viel von einem bild=
schönen jungen Mädchen vor, der Schwester eines
jungen Privatgelehrten, einem „entzückend appetit=
lichen Wesen", bis Corinna darein willigte, daß er
die Betreffende auffordere. War sie erst zaghaft
gewesen, so zeigte sie sich nun begeistert von der
Acquisition, so sehr, daß sie Nanni — denn um diese
handelte es sich — noch in zwei anderen Bildern Rollen
übergab, ihr dazu die Toilette besorgte und die ganze
Schönheitsschwärmerei ihrer trunkenen Seele auf
dieses Ideal einer deutschen Jungfrau ergoß. Nanni
schwelgte in Seligkeit. Das Probestehen, die Be=
kanntschaft mit den vornehmen Professorentöchtern
und jungen Gelehrten, die Freude an den reizenden
Gewändern, mit denen man sie drapierte, und das
heimliche Glück, Roderich Klinghart, diesen Abgott
ihrer Phantasie, von dessen Blicken und Worten alle
zu leben schienen, als ihren heimlich Geliebten und
Verlobten betrachten zu dürfen, während niemand
ihr Verhältnis ahnte, berauschte sie förmlich. — —
Und nun war der große Abend da.
In dem sehr geräumigen Empfangszimmer war
eine kleine Bühne aufgerichtet. Ein Prolog — von
Klinghart gedichtet — wurde von Frau Professor
Muge nicht übel gesprochen. Dann erklangen die

Töne eines Flötenkonzerts mit Klavierbegleitung, und unterdem ging der Vorhang in die Höhe.

Man sah die Begegnung Coriolans mit seiner Mutter und Gattin. Ein Ruf des Staunens ging durch die Zuschauer. Konnte das übermütig=stolze Wesen des beleidigten Römers besser dargestellt werden als durch Roderigos herrliche Gestalt! Wie echt antik ließ er sich an! Wie bebte auf dem Antlitz mit der klassischen Bartlosigkeit ein erster Anflug von Rührung über die stolzen Züge, als die Frauen knieend ihre Hände zu ihm aufstreckten, und die etwas verunglückten Mugeschen Kinder ihm den Mantel zerrten! Es ist wahr, Volumnia=Elpis sah sehr gut aus. Sie war vorteilhaft frisiert und geschminkt, und die Falten aus seinem weichem Flanell, die sich um ihre Glieder schmeichelten, ließen nichts von dem „Sack voll Kochlöffel" ahnen. Wer aber hätte das siegende Element echter Weiblichkeit besser zur An= schauung bringen können als Elpis van Dooren? Professor Pietsch, der Mathematiker, ihr ehemaliger Anbeter, war so betroffen von ihrem Anblick, daß er sich selbst fragte, wo er denn so lange seine Augen gehabt, und wie er thöricht genug hatte sein können, das Glück seines Lebens jahrelang vergeblich in einem Gewirr von Winkeln, sphärischen Dreiecken und Integralberechnungen zu suchen, während dieses Ge= bild aus Himmelshöhen in seiner vornehmen Keusch= heit es offenbar den in aufwärts gestreckten Händen hielt. Es soll denn auch gleich verraten werden,

daß kaum der Vorhang zum zweitenmal über der
Gruppe gefallen war, als sich Pietsch hinter die
Coulissen drängte, vor Elpis eine Verbeugung von
netto 42° Winkelgröße machte und sie kurzab fragte:
„Sind Sie mit Doktor Klinghart verlobt, Fräulein?"

„Nein," war die erstaunte Antwort.

„Beabsichtigen Sie, sich mit ihm zu verloben?"

„Aber, Herr Professor, wie könnte ich das be=
absichtigen?"

„So gestatten Sie, daß ich meine Bemühungen
um Ihre Gunst wieder aufnehme!"

Elpis sah sinnend vor sich nieder. Ein Sperling
in der Hand ist besser als zehn auf dem Dache.
Ein Ordinarius in der Hand — ist am Ende sogar
besser als ein Privatdozent auf dem Dache, den man
ja darum auch nicht gleich braucht fliegen zu lassen.
Diese Betrachtung ist der jungen Dame nicht übel zu
nehmen; jedes echt weibliche Gemüt wird unbewußt
stets dem Drange folgen, der einzig wahren Natur=
bestimmung des Weibes, deren Erfüllung anstän=
digerweise nur in der Ehe möglich ist, zuzustreben.
Außerdem aber gehört die Klugheit, wie jede andere
Tugend, zur gewissenhaften Ausübung des Gott=
schöpfungsbestrebens.

Elpis erhob das Haupt also langsam wieder und
sah Pietschen holdselig an. Neues Kompliment von
42°, rechtsum marsch! —

Dann kam ein anderes beliebtes Tableau: Schehe=
resade, Märchen erzählend. Der bitterböse Sultan

wurde von dem Philosophen Proskauer, einer echt orientalischen Erscheinung, dessen etwas kurze Beine in scharlachnen Atlashosen staken, trefflich wieder= gegeben; indessen Corinna Weihrauch, obwohl sie nicht mit Unrecht den Schwerpunkt der Liebens= würdigkeit Scheheresadens in ihrer Klugheit und nicht in jugendlicher Schönheit finden zu müssen glaubte, sich mit einem Aufwande von Seidenstoffen, Glas= perlen und Schminke ausgestattet hatte, der aller= dings die etwa zu bemängelnde Ungeeignetheit ihrer verblühten Reize kaum in Betracht kommen ließ. Das Bild war gut, sehr gut, aber das nächste war noch besser.

Vor einem gemalten gotischen Portal begegnete Klinghart=Faust seinem Gretchen, die in dem tra= ditionellen himmelblauen Kostüm allerdings vor= züglich und äußerst charakteristisch aussah.

„Wer ist der Herr eigentlich?" fragte flüsternd Frau von Florescu, die in der ersten Reihe neben Frau Professor van Dooren saß.

„Doktor Klinghart, derselbe der den Coriolan gab," beschied sie die wilde Königin.

Die Baronin verneigte sich und wandte ihre Aufmerksamkeit wieder dem Bilde zu. Sie hatte schon beobachtet, daß sie den Darstellern ein ebenso anziehendes Bild darbot als diese ihr. In der That sah sie sehr schön aus. Sie trug ein prachtvolles Kleid von Sammet und Atlas, dessen Farbe die Damen als pfauenblau bezeichneten; vorn war es

offen und ließ ein weißes Unterkleid vortreten, das
mit Gold- und Perlenstickerei bedeckt war. Es war
nicht zu verwundern, wenn Faustens Augen sich für
einen Moment von Gretchens Gestalt ab- und der
auffallenden Erscheinung der Baronin zukehrten.

In der letzten Reihe der Zuschauenden standen Geheimrat Überschär und Professor Neuffert, der Antipode
Bickerts, der deshalb nicht eingeladen war. Zu
ihnen gesellte sich noch der Historiker Schulze, ebenfalls ein sehr angesehener Herr, der den ersten Band
einer großen Geschichte Spaniens geschrieben hatte.
Habent sua fata libelli. Zu dieser Geschichte
Spaniens muß noch etwas gesagt werden, während
Fauft und Gretchen zum zweitenmale gezeigt werden.
Es war dies ein großangelegtes Werk, das, ähnlich
dem nordischen Gott Heimball, der sich den Luxus
gestattete, neun Mütter zu besitzen, sich rühmen konnte,
von dreizehn Vätern gezeugt zu sein. Diesen dreizehn Vätern entsprachen allerdings dreizehn Bände,
von denen Schulze, wie gesagt, den ersten verfaßt
hatte, die Geschichte des frühesten Auftretens der
iberisch-keltischen Stämme bis zum Jahre 312 n. Chr.
Mit jedem Bande hatte sein Verfasser sozusagen sein
Meisterstück, das ihn zum ordentlichen Professor be-
fähigt zeigte, geleistet. Da denn auch die verdiente
Ernennung nach Herausgabe eines solchen Abschnittes
jedesmal erfolgte, war es selbstverständlich, daß sich
zum nächsten ein anderer Gelehrter fand. Möge
niemand glauben, daß dadurch etwa der einheitliche

Geist dieses Werkes gelitten hätte, waren die Herren ja doch alle Rankescher Schule, und was etwa an Buntheit, Widersprüchen und wechselvoller Behandlung dem Leser etwas spanisch vorkam, konnte diesem Geschichtswerke als durchaus adäquat und charakteristisch offenbar nur zugute kommen.

„Unter uns gesagt," meinte Neuffert zu den beiden anderen Herren, „sind diese lebenden Bilder eine grenzenlose Abgeschmacktheit. Während wir sonst gewöhnt sind, den Schöpfungen der Kunst entgegenzukommen, indem wir den Stoff beseelen helfen, haben wir hier die Darstellenden zu entgeistern. Unsre Phantasie hat also eine rückläufige Bewegung zu machen. Gehen Sie mir mit dem Unsinn! Man möchte wie der Menschenfresser im Märchen ausrufen: Ich wittre, wittre Menschenfleisch!"

„Ich bin durchaus nicht Ihrer Meinung," sagte Schulze gereizt, „Sie haben keinen Schönheitssinn, lieber Kollege, dieses Tableau ist ausgezeichnet." Damit ging er weiter nach vorn, um sich einen Platz zu suchen, von dem aus er besser sehen könnte.

„Ich finde es auch nicht so übel. Und die Damen lieben das Bilderstehen sehr," flüsterte der Assyrer, „es ist auch allen Müttern nur anzuraten, dergleichen zu unterstützen."

„Wahrhaftig, die Elpis van Dooren sah ordentlich schön aus!" bemerkte Neuffert. „Jedenfalls ist es noch bequemer als die Theaterspielerei, wozu doch immerhin einiges Talent und eine Spur von

Grazie erforderlich ist — dies ist leicht und dankbar, und wenn hier Amor nicht sein Spiel mit treibt, so solls mich wundern."

„Hm, na ja. Und was sagen Sie zu Klinghart? Der macht sich glänzend! Ah, überhaupt: Klinghart!"

Professor Neuffert spitzte den Mund und wippte zweimal auf den Zehen auf und nieder. „Na, Hans in allen Ecken! Er versteht den Rummel! Dooren hat er ganz in der Tasche. Der will ihn durchaus poussieren."

„Ich glaube, er sähe sich ihn gern noch näher attachiert, außer als Kollegen," meinte Überschär · mit dem herablassenden Lächeln des großen Man= nes, der sich auch einmal für alltägliche Dinge inter= essiert.

„Wie ich schon bemerkte, Elpis van Dooren sah recht gut aus," erwiderte Neuffert. „Sie ist sonst mein Fall nicht. Die Prinzipienreiterei, wissen Sie, gefällt mir bei den Damen nicht. Es ist die ab= geschmackteste Art Amazonentum. Aber mal ganz offen: was halten Sie von Klinghart, Herr Ge= heimrat?"

„Ah!" machte der andere und zog die Augen= brauen in die Höhe. „Doch zweifelsohne ein höchst bedeutender Mensch! Er erinnert mich immer an den jungen Goethe in seiner Vielseitigkeit und glän= zenden Genialität."

Neuffert lächelte.

„Glauben Sie, daß ich ihn überschätze? Haben

Sie eine andere Meinung, Herr Kollege?" fragte Überschär.

„Nun — er scheint mir ein — wohlhabender Mensch zu sein, hält sich 'nen Diener und 'nen Sekretär", sagte der Professor ausweichend. — „Im übrigen halte ich ihn — für einen — geschickten Faiseur!" setzte er schnell entschlossen hinzu.

„Ah, Sie thun ihm unrecht! Seine Arbeiten sollen vorzüglich sein, und die Studenten loben seinen Vortrag."

Neuffert zuckte die Achseln.

Überschär fuhr fort: „Jedenfalls müssen wir Dooren schon den Gefallen thun. Er ist ärgerlich, daß Behrends nicht nach Straßburg gekommen, er wäre ihn gern hier losgeworden. Er ist augenscheinlich eingenommen gegen den Mann."

„Ich halte Behrends für einen sehr gediegenen Gelehrten und würde ihn gern befördert sehen. — Doch sehen Sie mal, was ist das? Gudrun und Hilde die Wäsche spülend."

„Jawohl. Und da hinten kommen ja auch die beiden Vettern vom Lande, das ist wohl gar Muge in Trikots und mit dem Helm auf dem Kopfe?"

„Ja, es ist Muge."

„Und Gudrun — das ist das Gretchen von vorhin! — In Wahrheit sollen die beiden blos Hemden anhaben, na, das kann man nicht verlangen."

„Was sagen die Herren?" drängte sich Huberlein herzu. „Haben wir das nicht hübsch gemacht?

Wie? Hehe! Wissen Sie, als was ich die kleine
Philipps am liebsten gestellt hätte? Als Hebe von
Canova! Diese jugendliche Straffheit der Formen!
Das wär' ein Treffer gewesen! Sehen Sie mal,
so! —" und er nahm die Positur des Bildwerkes
an — „schade, daß unsere Zeit so prüde ist! wie?
Ich fragte die Kleine, ob sie nicht als Hebe stehen
möchte, da sagte sie ganz unschuldig=naiv: Fragen
Sie nur Fräulein Corinna. Ich wollte mich tot=
lachen! Haben Sie schon die Baronin gesehen? in
der ersten Reihe, die im pfauenblauen Samtkostüm.
Mmm! ist das ein Weib! blos diese Linie, so von
hier bis hier, haben Sie so was schon mal gesehen?
Die Venus von Milo in Civil! schade, daß wir die
nicht verwenden konnten. — Dankbares Geschäft,
das Bilderstellen! das können Sie glauben, meine
Herren. In der Begeisterung für die Kunst lassen
sie sich stellen und drehen und anfassen, wie's einem
paßt. Ich sage, es geht nichts über ein Stück
schönes Fleisch!" damit drängelte er sich weiter.

„Widerlicher Geselle!" sagte Überschär. „Aber
was ist denn Kollegen Weber? Er hat wohl wie=
der Anfechtungen von den Geistern?"

„Es scheint so," erwiderte Neuffert und putzte
die Gläser seines Zwickers, „haben Sie gehört, da
soll neulich eine tolle Sitzung gewesen sein, es scheint
fast, als ob Klinghart da auch beteiligt gewesen.
Ich höre, sie haben Hunde magnetisiert oder me=
diumisiert, dadurch sind die Geister verstorbener

Hunde erschienen und haben vernehmlich gebellt.
Aus Versehen sollen sogar einige Schweinhunde
darunter gekommen sein, die ein aus Bellen und
Grunzen gemischtes liebliches Getön ausgestoßen.
Man sagt, der verstorbene Hahn, mein Vorgänger,
der wegen bekannter unangenehmer Geschichten weg=
gedrückt wurde, sei auch dabei gewesen."

„Sie Schäker! Nun was Weber anlangt, so ist
er entschieden ein harmloser Mensch, aber ein voll=
ständiger Narr. Was ist denn das?"

„Wohl Charlotte Corday ermordet Marat im
Bade? Nein, es ist ein Sessel, was ich für 'ne
Sitzwanne hielt."

„Pst, pst, der Abschied Marie Antoinettens.
Es ist Frau Professor Muftig. Sehen Sie, das
heißt Rasse. Sie wissen doch, sie ist eine geborene
von Hülsenschmitz, alter katholischer Adel!"

„Jawohl. Seit der deutsche Professor eine
stehende Figur in unseren Romanen und Novellen
ist, kann er die besten Partieen haben, adelige
Damen ohne Geld und frischgetaufte mit Geld.
Durch die Gartenlaubentanten sind wir sehr im
Preise gestiegen."

„Unverbesserlicher Spötter. Aber sehen Sie doch
nur Weber."

In der That bot der kleine Spiritist ein wunder=
liches Bild. Die Hände mit den Handflächen auf
die Brust gestemmt, als fürchte er auseinanderzu=
gehen und müsse sich die Rippen vorsichtig zusammen=

drücken, die sonst so glattgeleckten Haare in zwei
drolligen Büscheln über die Ohren aufgesträubt,
rannte er keuchend auf und ab, ohne einen Blick
mehr auf die Bühne zu werfen, wo die unglückliche
Königsfamilie die Hände rang. Da jeder seinen
Verkehr mit den Geistern kannte, glaubte man ihn
derartig präokkupiert und ließ ihn gewähren. Nur
Frau Professor Weihrauch, Euphrosyne geb. Ulrici,
fühlte, als sie seine Aufregung bemerkte, sich als
Wirtin berufen, ihn zu besänftigen. Sie zog ihn
in ein Nebengemach, setzte ihm ein Glas Wasser
hin und fragte teilnehmend: „Was ist Ihnen, lieber
Professor?"

„Ach Gott, ich habe solche Beklemmungen am
Herzen!" wimmerte das Männchen. „Es war da
ein Fräulein — die das Gretchen machte und die
Ingeborg oder Gudrun, oh, oh, oh!"

„Sie kennen die kleine Philipps schon?" fragte
Frau Professor Weihrauch, Euphrosyne geb. Ulrici.

„O nein, nein, ich habe sie zum erstenmale
gesehen. Das ist es ja eben. Da gab mir's hier —
sehen Sie mal hier, Frau Kollegin, am Herzen —
so einen Stich. Ich hab' das nie gehabt."

„Was Sie sagen!"

„Da ist mir so Angst geworden, gnädige Frau!"
klagte er. „Ich bin — wahrhaftig, ich bin an die
Vierzig, doch ich habe noch niemals geliebt — und
nun ist es das — gewiß, das ist es — die Liebe
zum Weibe! — mein Gott, ist das nicht furcht-

bar! — — Ich hab' das gar nicht verstanden bis=
her. O, ich überwind' es nicht, denken Sie doch —
ich und die Liebe!"

„Beruhigen Sie sich nur," sagte die Matrone
mild, „es wird sich geben."

„Es belästigt mich aber so ungemein," winselte
der Kleine.

„Nun, es wird sich schon ausgleichen. Fräulein
Philipps ist keine Partie für Sie, lieber Professor,
aber das gibt sich wieder! Fassen Sie sich nur jetzt
und sehen Sie das letzte Bild mit an: die Lebens=
müden, nach dem schönen Bilde von Reide, in der
Berliner Ausstellung, wissen Sie."

Damit zerrte sie den Unglücklichen wieder hinein.
Er setzte sich still in einen Winkel und ächzte, wäh=
rend die übrige Gesellschaft in bewundernder Ver=
zückung dasaß. Was konnte es auch Schöneres, Er=
habeneres, Herzbezwingenderes geben als den An=
blick zweier mit Stricken aneinander geschnürter
Menschen, die halb finstere Verzweiflung, halb sinn=
lose Angst, sich den grausen Tod im Wasser zu
geben beabsichtigen. Die Kunst feierte ihre höchsten
Triumphe, die wahre Kunst, welche von der wahren
Hartmannschen Philosophie getragen ist, die Kunst
des Pessimismus, des dem Nichts zustrebenden
Daseinsvernichtungsrausches eines an sich selbst über=
sättigten Menschentums, — jene Kunst, die von den
abgeschmackten Gesetzen des Schönen abgelöst, das
Ideal des Realistisch=Wahren gestaltet! Übrigens

hielt eine Verlängerung des Strickes das unselige
Paar an einem starken Haken im Hintergrunde fest,
damit das Ungestüm des Herrn Lebensmüden ihn
und seine beklagenswerte Genossin nicht plötzlich den
Zuschauern zu Füßen schleudere.

„Ja, das ist großartig," sagte Neuffert zu Über=
schär, „aber ein ordentliches Stück Filet wäre mir
lieber. Ich bitte Sie, es ist 10¹⁄₄ Uhr, ich habe
einen kolossalen Hunger."

Siebzehntes Kapitel.

Endlich war es soweit, das heißt, daß man das
Speisezimmer betrat. Nun kam das Porzellan an
die Reihe. Die Bewunderung der feinsinnigen Be=
handlung desselben war eine allgemeine. Corinna
war noch nie so glücklich gewesen, sie hatte sich an
das Ende der einen Tafel, mit Huberlein als Nach=
barn, gesetzt und hatte genug zu thun, die Hälfte
des Verdienstes, was die lebenden Bilder betraf,
auf die Geduld der ausübenden Künstler und auf
die Beihilfe Huberleins, was aber das Tafelgeschirr
anlangte, auf die trefflichen antiken Vasen=Vorbilder
zu wälzen. Trotzdem der Appetit ein durch Warten
allgemein verschärfter war, wurde die Unterhaltung
dadurch von Anfang an eine äußerst belebte.

Klinghart hatte Not, überhaupt etwas in den
Magen zu bekommen. Er war eine Art Löwe ge=

worden. Sein Ansehen in akademischen Kreisen war
jetzt ein so außerordentliches, daß fast jedes eine
Frage an ihn zu stellen, eine Erörterung mit ihm
vor hatte.

„Herr Doktor, was meinen Sie wohl, wo man
die stilvollsten Lampen kauft?“ fragte Frau Geheim=
rat Überschär.

„Klinghart, welches Quartier raten Sie mir in
Rom, ich gehe zu Ostern hin, Sie müssen mir da
noch mancherlei sagen,“ bat Proskauer, der ein
Staatsstipendium bekommen hatte als Pflaster da=
für, daß man ihn nicht zum Ordinarius befördert
hatte.

„Lieber Herr Doktor, helfen Sie mir beim Ein=
kauf der Möbel, wir besorgen nun die Ausstattung
für Else, könnten Sie sich wohl so viel Zeit abmüßigen,
uns dabei zu begleiten?“ fragte Frau Rübschäler,
die in den Stand der jugendlichen Schwiegermütter
einzutreten beabsichtigte.

„Sagen Sie, Klinghart, was halten Sie von
den Makartbouquets?“

„Wie finden Sie denn das neue Akademie=
gebäude? und was ist das eigentlich für ein Stil?
ich werde nicht klug daraus! Klinghart, hören Sie
nicht?“

„Lieber Kollege, sehn Sie mal, da hab’ ich noch
einen Leuchter von Großmutters Zeit, nennt man
das nicht Empire?“

„Ift das Abendmahl von Leonardo da Vinci
wohl mit Wasserfarben gemalt, Klinghart?"

„Kollege, wie ist das nun eigentlich mit van
Eyck und van Dyck?"

„Hab' ich nicht recht, daß der Arm der Abun=
dantia von Makart vollständig verzeichnet ist?"

„Na, Ihre Rekonstruktion der Venus von Milo,
Roderigo — hören Sie — etwas kühn — für höhere
Töchter ist das gerade nicht geschrieben — aber
genial, wahrhaft genial haben Sie das gemacht!"

„Raten Sie mir, die Vorhänge im guten Zimmer
mit Cremestärke zu behandeln oder soll ich sie lieber
weiß lassen? Bitte, Herr Doktor Klinghart!"

Ja — es ist eben keine Kleinigkeit, Privatdozent
zu sein! Aber Roderich Klinghart wußte auf alles
eine Antwort, verstand alle zu befriedigen.

Nanni, die, nachdem sie ihre Rollen „abgestan=
den", eine etwas untergeordnete Rolle in der Ge=
sellschaft spielte, hatte einen Studenten als Tisch=
nachbarn, einen angenehmen Jüngling, der höchst
erfolgreich als Nationalgardist mitgewirkt hatte. Je=
doch sie hörte kaum, was er ihr sagte, sie hatte nur
Empfindung für Roderigo, der wie der lichte Mond
unter den Sternen stand; ja sie merkte es kaum,
als jener von ihrer Seite verschwunden war, und
Professor Weber sich neben sie gesetzt hatte, der sich
in einer Weise des „Courschneidens" befliß, für deren
Humor er eine verständnisinnigere Nachbarin ver=
dient hätte, als Nanni war, die in ihrer Aufregung

keine Empfindung dafür hatte, ob irgend jemand
sie bevorzuge oder vernachlässige, indes Klinghart
zu seinem größten Gaudium den kleinen Seelen=
riecher Sturm laufen sah.

Am andern Tische gruppierten sich die Herr=
schaften um einen geistlichen Herrn als Mittelpunkt.
Es ging dort etwas gesetzter zu. Konsistorialrat
Neukirch, Oberkirchenrat, Doktor der Theologie und
Pastor primarius zu St. Augustin, war ein ent=
fernter Verwandter Weihrauchs und in dessen aka=
demischen Gesellschaften immer anzutreffen. Er war
einer der vornehmsten Geistlichen der Stadt und ge=
noß eines großen Ansehens. Ein strenggläubiger,
würdevoller Herr am Ende der vierziger Jahre, aber
seinem Aussehen nach bereits völlig mumifiziert, er=
innerte er kaum mehr an den schönen, freisinnig
angehauchten Jüngling, der er einst gewesen. Sein
Gesicht glich einer bräunlichen Tablette, in der sich
der breite Mund mehr wie ein Schlitz öffnete, und ein
Gemisch von vertrauenerweckender Milde, Ironie und
Vornehmheit, das um diesen Mund zu spielen pflegte,
enthielt vermutlich die ganze Lösung des Rätsels,
welchem Umstande dieser Mann eigentlich seine Car=
riere und sein Ansehen verdankte. Es lag etwas
Geheimnisvolles in diesem Gesicht, und die meisten
glaubten, daß eine hohe geistige Begabung und ein
erhabener Charakter dahinter zu suchen sei.

Wie dem nun sein mochte — Neukirch galt jeden=
falls für einen guten Gesellschafter. Zwar sprach

er langsam, leise, wodurch er alle zwang, ihre Ohren
zu spitzen und den Atem anzuhalten, und nicht be=
sonders gewandt, ein Umstand, der sich auch bei
seinen Kanzel=, Trau= und Leichenreden geltend
machte, aber — er wußte immer artige Historchen.

· Es ist zweifelsohne eine der größten Geistes=
freiheiten der protestantischen Kirche, daß sie das
vielangefeindete Institut der Ohrenbeichte abgeschafft.
Aber daß dieses auf einem echt menschlichen, seeli= ·
schen Bedürfnisse beruht, ist ebenso sicher. Es gibt
nun einmal Gemüter, die einen unparteiischen, ge=
rechten und doch milden Berater in üblen Lagen
des Lebens, eine Form der Vergebung oder Sühne
bei Irrtümern bedürfen. Solche Gemüter finden
sich auch außerhalb der katholischen Kirche, und die
protestantische Seelsorge kommt ihnen bereitwillig
entgegen. Aber Gott sei Dank, daß da kein Beicht=
geheimnis existiert! Wie schlecht wären sonst geist=
liche Herren bestellt, die wie Konsistorialrat Neukirch
billigdenkenden Mitchristen Beiträge zur Psychologie
des Menschengeschlechtes und Gelegenheit zur Ab=
stellung von Übelständen zu liefern geneigt sind!

„Nun, verehrter Herr Konsistorialrat, hochver=
ehrter Herr Doktor, wissen Sie nichts Neues?"
fragte van Dooren.

Der hochwürdige Herr neigte das Haupt auf die
linke Seite und sagte mild: „Wie sollte ich?"

„Haben Sie noch etwas gehört von der hübschen
Gouvernante, — na, Sie wissen schon — welche die

Maitreſſe eines Arztes geweſen ſein ſoll und dann
ins Irrenhaus kam, als er, in geordnetere Verhält=
niſſe zurückkehrend, die Bankierstochter heiratete?"

„Ich habe da weiter nichts gehört."

„Die Seelſorge nimmt Sie doch wohl aber recht
in Anſpruch?" fragte Frau Euphroſyne Weihrauch
geb. Ulrici.

„Nun — ja. Aber es iſt doch ein Geſchäft, dem
ich mit Hingebung und Liebe obliege, eigentlich das
wichtigſte Geſchäft des Geiſtlichen," erwiderte Neu=
kirch, der fühlte, wie er an dem richtigen Faden
gezogen wurde, um zu zappeln. Aber jeder Er=
zähler muß ſich erſt etwas zieren und bitten laſſen;
zuerſt können die andern zappeln.

„Sie ſind heute ſo ſtill, Herr Paſtor," begann
nach einer Weile Frau van Dooren.

„O, ich denke mir doch die Seelſorge ſehr auf=
regend," ſagte Frau von Florescu, die den Ehren=
platz zwiſchen dem Wirte und dem geiſtlichen Herrn
innehatte, und bei der alle Gerichte anfingen.

„Ja wohl! wenn einem ſo aller Jammer, alle
Not des Lebens ins Haus getragen wird," ſetzte
Rübſchäler hinzu.

„Aber es iſt ſchön, ſehr ſchön, wieder beruhigen
und vermitteln zu dürfen. — Ich hatte da erſt neu=
lich Gelegenheit, wieder Gutes zu ſtiften, wie ich
hoffe!"

„Ei, was Sie ſagen! Was war das für eine
Sache?"

Der Konsistorialrat nahm einen Schluck Rotwein, legte sein Gesicht in vielversprechende Falten, den linken Arm über die Stuhllehne und begann:

„Ich hatte — vor etwa zwölf Jahren — eine Konfirmandin, — die ein sehr begabtes und — sehr schönes Mädchen war."

„So, so."

„Ich habe sie dann später aus den Augen verloren. Doch hörte ich, daß sie — Schauspielerin geworden sei. — Sie war die Tochter eines Fabrikanten, der, glaub' ich, falliert hat. — Damals waren die Leute noch wohlhabend."

„Schauspielerin sagen Sie? Hatte sie Talent? — Verehrteste Frau Baronin, langen Sie doch zu!"

„Das kann ich nicht sagen, aber — wie erwähnt — sie war klug und sehr hübsch."

„Nun, und haben Sie sie wieder gesehen?"

„Ja wohl, kürzlich. — Ich hatte schon früher einigemale Gelegenheit, ihr zu begegnen, habe sie da auch gesprochen, sie zeigte sich sehr anhänglich —"

„Ach ja! Herr Konsistorialrat genießen ja so begeisterte Verehrung bei Ihren Schülerinnen!"

„Ich erfuhr da, daß sie sich hier verheiratet habe, an — an — einen hiesigen Gelehrten, der Ihnen zum Teil bekannt sein dürfte."

„Wer? wer ist das?"

„Nun — das werde ich doch lieber nicht sagen. Also dieses Mädchen — diese Frau — treffe ich vor einigen Tagen, und da sie bekümmert aussieht, fordere ich sie auf, mich zu besuchen und mir ihr Herz auszuschütten. Sie kommt auch wirklich. Es war am Mittwoch Abend. — Sie gesteht mir, daß sie sehr unglücklich sei, daß ihre häuslichen Verhältnisse sehr gedrückte, finanziell sehr klägliche seien, daß sie drei kleine Kinder habe und sich — sehr unbefriedigt fühle — in der Wartung dieser Kleinen und der außerordentlich mühsamen Hausarbeit, die zum großen Teile auf sie entfiele, da sie sich nur einen Dienstboten — halten könne. Es ist in der That eine Frau von zartem Körperbau."

„Der Mann ist wohl Lehrer?" fragte Professor Überschär.

„Nun — ja. Das heißt er gibt so da und dort an verschiedenen Instituten Unterricht. Sagen wir: Privat — lehrer."

„Mein Gott, wie kann man sich so einen Menschen heiraten!" bemerkte Frau Professor Muge, die mit Recht ihre Klugheit hochschätzte, die sie an dieser Klippe vorbeigeführt.

„Und wie kann sich der Mann eine Schauspielerin nehmen!"

„Na ja — es war eine verfehlte Geschichte," sagte der Konsistorialrat. „Nun müssen Sie wissen, Amanda Werner war ein sehr lebhaftes, phantasiebegabtes Wesen, vielleicht nicht ganz ohne Eitelkeit und Streben nach Bewunderung und dem Wunsche — nach einem größern Lebenszuschnitt."

„Haben Sie denn da etwas ausrichten können?"

„Ach, die Hauptsache kommt ja erst! Nun — meine Frau Doktor lernt eines Tages, ich glaube, sie sagte im vorigen Herbst, wir haben jetzt —"

„Ende März!"

„Na ja — lernt eines Tages einen jungen Mann kennen, ganz zufällig, auf der Straße."

„Ich bitte Sie, man lernt doch nicht junge Männer auf der Straße kennen!"

Der Konsistorialrat zuckte die Achseln und das ironische Lächeln spielte um die dünnen Lippen. „Warum nicht, meine Damen? es kommt doch wohl vor. Nun — und dieser junge Mann, den sie mir als einen Ausbund von Geist und Schönheit schildert — weiß sich der Phantasie, oder ich will einmal sagen: des romantischen Zuges in Amanda so zu bemäch- tigen, daß sie die heftige Liebe, deren er sie ver- sichert, bald erwidert und eine Art — Verhältnis anknüpft."

„Mit den drei Kindern? das ist ja recht nett!" sagte die Wirtin. „Was das für Sachen sind! nicht wahr, liebste Baronin?"

„War es nun berechnende Vorsicht oder ein ge- wisser abenteuerlicher Zug, genug, sie verleugnet dem Seladon den Namen ihres Gatten und glaubt, ihre und seine Ehre dadurch vollständig geschützt zu haben. Sie versicherte mir übrigens nachdrücklich und auf das heiligste, daß es ein rein geistiger Verkehr ge- wesen, ein durchaus platonisches Verhältnis, das sich

auf — gegenseitige Verse sozusagen und gelegent=
liche Abendpromenaden mit geistreicher Unterhaltung
und Freundschaftsversicherungen beschränkt habe."

„Natürlich. Sie wird sich gehütet haben, Ihnen
alles zu sagen!"

„Nun also — dieser junge Mann, hat er nun
doch erfahren, — was mir sehr wahrscheinlich ist
— wer der Gatte seiner Angebeteten ist, sind ihm
die Kinder anstößig geworden, oder wurde ihm die
Sache einfach langweilig — das heißt er kann ja
auch aus rein moralischen Bedenken das Verhältnis
haben aufgeben wollen — also der interessante junge
Mann löst die Beziehungen mit Frau Amanda —
und die junge Frau ist dadurch in einen solchen Strudel
widerstreitender Empfindungen: Haß, Liebe, Schuld=
bewußtsein, Reue und Sehnsucht nach dem Verlorenen
geraten, daß sie in ihrer Verwirrung, ihrem Be=
dürfnis nach Seelenfrieden, ja einem gewissen Lebens=
überdruß — sich an mich wendet."

„Na hören Sie, lieber Konsistorialrat, der hätte
ich's aber ordentlich gegeben. So eine pflichtver=
gessene Frau und Mutter!" sagte Professor Weihrauch.

„Ja, es ist unbegreiflich," bemerkte Frau von
Florescu und faßte herzhaft an dem andern Ende des
Knallbonbons, das der Konsistorialrat ihr hinhielt. Paff!

„Die gnädige Frau sind gar nicht nervös," sagte
der geistliche Herr lächelnd, während sie den Bonbon
zwischen die reizenden Zähne schob.

— „Herr Doktor Klinghart," sagte Elpis am

Nebentisch, „ich glaube, Sie passen gar nicht auf. Was hab' ich Sie jetzt gefragt?" —

„Ich habe sie eher wie eine Verirrte behandelt," sagte der Seelenhirt in ungebeugter Menschenliebe.

„Haben Sie nicht herausbekommen, wer der junge Mann war?"

„Nein. Ich habe mir alle Mühe gegeben, es zu erfahren, aber sie hat es mir nicht gesagt. Vielleicht, daß ich es noch herausbekomme. Ich habe ihr versprochen, sie — demnächst einmal zu besuchen. Die Leute wohnen da — am Klosterweg, wenn Sie die Gegend kennen."

„Klosterweg? ja wohl! Dort wohnt ja Behrends," sagte Professor Rübschäler.

„Ganz recht," bemerkte der Konsistorialrat mit seinem überlegensten Lächeln, „Doktor Behrends, der Privatdozent — das ist der Ehemann."

„Was? Na hören Sie! Sie machen wohl Spaß, verehrtester Herr Konsistorialrat! Das ist ja 'ne nette Geschichte! Der Behrends! Das ist ja ein Universitätsskandal! Der Mann mag wohl wissen, warum er nirgends Besuche gemacht hat mit der Frau!"

„Sie sind wohl nicht in der Lage, viel Verkehr zu unterhalten", sagte der Konsistorialrat.

„Kollege Pietsch, haben Sie nicht einmal mit Behrends angeknüpft?" fragte van Dooren nach dem jungen Tische. „Kennen Sie die Frau? Wie ist sie Ihnen erschienen?"

„Hübsche Frau! geistreich und so von 'ner künst=
lerischen Art!"

„Hören Sie, Sie sind doch nicht etwa der junge
Mann?"

Alles lachte, indes Weihrauch mit Überschär und
van Dooren anstieß und geheimnisvoll flüsterte: —
„Unmöglich! — Nein, das geht nicht! Gott sei
Dank, daß wir Klinghart haben!" —

„Doktor Klinghart, haben Sie die Geschichte ge=
hört? Nein?"

„Bruchstückweise," erwiderte Klinghart. „Jeden=
falls ist es sehr leichtsinnig, als Privatdozent zu
heiraten. Ich würde mich nicht einmal verloben,
ehe ich Professor wäre."

Elpis seufzte und sah auf ihren Teller, auf welchem
Amor auf einem Krebse ritt. Also darum besann
er sich so lange!

„Mir thun nur die armen Würmer leid! — Wie
kann man sich aber auch eine Schauspielerin hei=
raten! Und wie kann man —" Damit drehte sich
die Mühle zum zweitenmale herum. —

Als das Souper zu Ende war, erhoben sich die
Herrschaften und begaben sich in den Salon zurück.
Es geschah dabei, daß Klinghart, der Elpis führte,
hinter Frau von Florescu herging, und es geschah
dabei, daß der Baronin das Spitzentaschentuch ent=
glitt. Klinghart bückte sich danach, und nachdem
er Elpis dem allgemeinen Brauche zufolge in der
bekannten wohlklingenden Form die günstige Ver-

dauung der genossenen Speisen gewünscht und die=
selbe Höflichkeit dann auch gegen alle anderen er=
füllt hatte, trat er auf die Baronin zu, um ihr das
Tuch zu überreichen.

Eben hatte die Dame es dankend in Empfang
genommen, als Corinna auf sie zutrat, sich an die
Baronin anschmiegte und sagte: „Unsere liebe, süße,
schöne Frau! Was ich glücklich bin, daß Sie unser
Fest mit Ihrer Gegenwart verherrlichen! Haben Sie
schon den Renaissanceschmuck von Frau von Florescu
bewundert, Professor Klinghart? — Pardon: Doktor,
nun, es wird ja nicht mehr lange dauern! Sehen
Sie doch nur diese Zeichnung, diese Steine und diese
Fassung! Die gnädige Frau hat das geläutertste
Schönheitsgefühl, das ich in einem Menschen habe
kennen gelernt, höchstens Sie ausgenommen. Ach,
Sie sollten sehen, Herr Doktor, wie die Baronin
wohnt, himmlisch! Und was für entzückende Rari=
täten sie besitzt! Eingelegte Kästchen und Truhen
und persische Stickereien und Schmuck! Ja das sollten
Sie bewundern dürfen!"

Klinghart sah die schöne Frau an.

„Wenn es den Herrn Doktor interessiert, meine
Sächelchen in Augenschein zu nehmen —"

Er verbeugte sich. „Die gnädige Frau gestatten —
ich gebe mir die Ehre."

Achtzehntes Kapitel.

Huberlein, der Nanni in die akademische Ge=
sellschaft eingeführt, hatte sich verpflichtet, sie aus
dem erlauchten Kreise nach Hause zu geleiten; aber
es war selbstverständlich, daß ihr Liebhaber es sich
nicht nehmen lassen würde, das Mädchen nach der
Kupferbrücke zu bringen. Klinghart hatte mit ihr
verabredet, daß sie mit dem Maler vorangehen solle,
in einer bestimmten Straße wollte er sie dann ein=
holen und dem Kleinen den Laufpaß geben. So
blieb das Inkognito ihres Verhältnisses, das er für
notwendig erklärte, bis er eine Anstellung erhalten,
und das der kleinen Thörin dasselbe in einem so
poetischen Lichte erscheinen ließ, gewahrt.

Nachdem Roderich der schönen Besitzerin von
Elfenbeinschnitzereien und Tulakästchen in den Wagen
geholfen und sich von dem Konsistorialrate, van
Doorens und anderen Festteilnehmern verbindlichst
verabschiedet, trat er in Begleitung der Familien
Muge und Rübschäler den Rückweg an, bis ihm
plötzlich einfiel, daß er dem Maler Huberlein etwas
mitzuteilen vergessen habe, so daß ihm nichts anderes
übrig blieb, als umzukehren und dem kleinen Künstler
nachzueilen.

Die Nacht war lau und feucht. Es hatte am
Abend geregnet, so daß die Straßen voll breiter
Lachen standen, von den Dächern plätscherte und
tropfte es herunter mit dem einförmigen Ton eines

Schlummerliedes, in den kahlen Baumkronen des
Judenkirchhofes heulte der Wind manchmal in langen,
winselnden Tönen, oder er brauste um die Häuser=
massen, die still und öde lagen gleich schlafenden
Riesenleibern. Indes hatte es sich, seit der Regen
nachgelassen, teilweise aufgeklärt. Im Zenith und
im östlichen Teile des Himmels blickten die Sterne
durch die feuchte Atmosphäre groß und schimmernd
herab; nur im Westen war es noch finster; dicke,
graue Wolken jagten an jener Seite, sie sahen aus
wie kolossale Ungetüme, die den Mond verschlangen
und wieder ausspieen, mit ungeheuren Tatzen sich
zerrissen und, sich krümmend und wälzend, immer
neue schauerliche Formen annahmen. Wo ihr Schatten
niederfiel, lag tiefes Dunkel, bisweilen aber huschte
es mit bleichem Schimmer über die Stadt, die
schwarzen Büsche belebten sich, die nassen Häuser
und Straßen erglänzten silberweiß, — und plötzlich
sank alles wieder in dunkle Nacht zurück.

Nanni achtete auf dieses Schattenspiel nicht; sie
war ausgelassen lustig, denn sie hatte noch nie
ein so schönes Fest mitgemacht. Besonders die leben=
den Bilder begeisterten sie außerordentlich, sie hätte
ohne alle Eitelkeit sein müssen, wenn eine Gelegen=
heit, bei der sie eine so günstige Rolle gespielt, ihr
nicht herrlich erschienen wäre. Und dann das feine
Souper, die schönen Toiletten, die vielen ehrwür=
digen Herren und der närrische, kleine Professor,
der sie gefragt, ob sie schon empfunden, daß ihre

Seele nicht immer in ihrem Körper, sondern anders=
wo weile, worauf sie tapfer „ja" geantwortet, und
ob sie schon daran gedacht habe, sich zu vermählen!
Sie schwatzte vergnügt alles durcheinander, und ihr
Begleiter hatte Mühe, auch manchmal zu Worte
zu kommen; doch die kritischen Bemerkungen, die
er dazwischen warf, kümmerten sie wenig. Als sie
schwieg, schüttete der kleine Maler eine Flut von
Spottreden aus über Corinna Weihrauch als Sche=
herefade und über ihre mythologischen Malereien;
die schlechten Witze, die er bei dieser Gelegenheit
nicht unterdrücken konnte, verstand Nanni zum
Glück nicht.

So erreichten sie die Gärtnerstraße. Als sie
jetzt anfing, langsamer zu gehen und sich umzusehen,
fragte Huberlein in seiner widerlichen Manier:

„Nun, mein Fräulein, haben Sie etwas ver=
loren? Ihr Herz vielleicht? Da wollen wir umkehren
und es suchen, Sie werden's ja in keine Pfütze
haben fallen lassen. — Pst! was ist denn das?
Da hinten kommt einer, den wollen wir fragen,
ob er dieses Kleinod gefunden hat! Der tausend
auch, ich glaube, es ist Klinghart! Na, der gibt's
nicht raus, wenn er etwa glücklicher Besitzer ist."

Über Nannis Gesicht flog ein geheimnisvolles
Lächeln. Da sie sich gerade einer Laterne näherten,
entging es ihrem Gefährten nicht, und als ihr noch
ein frohes: „Ja, er ist es!" entschlüpfte, wußte sich
Huberlein vor Freude nicht zu lassen. Das war eine

Entdeckung! Dergleichen machte ihm Spaß! „Also eine abgekartete Geschichte? Ei, Nannichen, was machen Sie für Sachen. Na, ich soll's wohl dem Brüderle nicht klatschen, Sie Duckmäuserchen? Nicht doch, nicht doch, Jugend will Zwang haben, oder wie's da heißt! Jugend hat keine Tugend."

„Ach, was Sie gleich denken, Herr Huberlein!"

„Ja, was ich gleich denke! Jung und schön, schön und jung, das findet sich zusammen. Na, nehmen Sie sich in Acht, das ist ein Suitier! Das heißt, wenn ich wie Sie wäre — verdammt ja — mit dem ging ich durch Dick und Dünn, ich bin selber ganz vernarrt in ihn. Jetzt will ich nur sehen," setzte er leiser hinzu, da er nahe Schritte hinter sich hörte, „wie er mich wird wegdrängeln wollen, doch ich werd' zähe sein, ich gehe auch gern mit hübschen jungen Damen Nachts nach Hause, besondern mit Ihnen, Fräulein Nanni. Wirklich, ich hatte mich so gefreut, Sie nach Ihrem Heim zu bringen, ich hoffte, ich würde für meine Begleitung ein Küßchen kriegen," sagte er lüstern.

„Sie bilden sich viel ein, wahrhaftig, Sie leben in lauter Phantasieen, Herr Huberlein," antwortete Nanni, indes ihr das Herz vor Freude klopfte.

„Ja, Phantasie braucht der Künstler, Phantasie und Schönheit! verstehen Sie? — Was? Donnerwetter, welche Überraschung! Woher des Weges, amice? ich denke, Sie folgen dem Doorenschen Hoffnungssterne und beten als heiliger Dreikönig vor — vor —"

„Lassen Sie es, verehrter Meister, die Vergleiche mißglücken Ihnen immer."

„Wir sprachen gerade von Fräulein Corinna. Wissen Sie, die bring' ich nächstens in die Fliegenden. Ist das eine ausgetrocknete alte Schachtel! Einmal stieß sie mich mit dem Ellbogen an die Seite, daß ich ruhig sein sollte, jetzt kann ich mir zu Hause die blauen Flecke besehen. Na und die Schlüsselbeine! Überhaupt Ihre ganze Professorensippe — eine steifleinene, eingebildete Rasse! Da sind die Herren von der medizinischen Fakultät anders — ich war einmal in einer akademischen Gesellschaft von lauter berühmten Ärzten — alle fett und wohlgenährt, alles massiger und reicher, Champagner in Strömen! Die verstehens besser als die Philologen, wissen Sie. Hätten lieber sollen Frauenarzt werden, Doktor. — Der Pfaffe war übrigens auch gut, ein Kerl wie aus Sohlenleder geschnitten."

„Den ich für seine Salbadereien am liebsten in den Stock gespannt hätte," sagte Klinghart mit außergewöhnlicher Heftigkeit.

Nanni sah ihn aus ihrer Freude und Lustigkeit heraus ganz erschrocken an. Sie ging zwischen den beiden Herren, und während sie ihre Festgewänder sorgfältig hochtrug, mußte sie manchmal über die

14*

Pfützen springen, in denen sich Laternen, Mond und Sterne spiegelten.

„Ist das eine Art und Weise, intime Geschichten zum besten zu geben! Das will Geistlicher sein!" fuhr Klinghart streng fort. „Und über diese Frau, die —"

„Behrends, amice, Behrends."

„So ein dummer Universitätsklatsch, das kommt davon, daß den Weibern nicht Schlösser vor den Mund gelegt werden."

„Ich begreife Ihren Ärger nicht," meinte Hu=
berlein.

„Gott, ich auch nicht im Grunde. Aber es wird einem so zuwider, wenn eine solche Geschichte dann in akademischen Kreisen breitgetreten wird. Die alten Professoren sind die reinen Waschweiber."

„Ja, ja, das kommt von den Liaisons im Mondschein," sagte Huberlein bedeutungsvoll und gab Nanni einen kleinen Stoß.

„Ach, gehen Sie doch, daß Sie darüber so ärgerlich sind," bemerkte diese gegen Klinghart, „ich habe mich so gut amüsiert und dachte gar nicht, daß Sie verstimmt sein könnten. Lassen Sie doch den Pastor mit seinen Geschichten, was geht es uns an."

Doch die böse Falte über seinen Brauen wich nicht. Er hatte den Argwohn, daß der Konsistorial=
rat den Namen des betreffenden „jungen Mannes" sehr wohl wisse und war überzeugt, daß er in

diesem Falle ihn noch jetzt auf dem Nachhausewege den anderen verriete.

„War Fräulein Elpis nicht sehr schön heut Abend?“ fuhr Nanni fort zu plaudern. „Sie sah wie eine Athene aus, nicht? Und ich glaube, sie betet Sie an,“ setzte sie lachend hinzu in der Überzeugung, ihn durch eine schmeichelhafte Bemerkung umzustimmen.

„Der Teufel auch! mag sie doch! Man darf sich nur die Weiber nicht über den Kopf wachsen lassen. Ich habe das Normalmenschentum und die freireligiösen Mucken des Fräuleins auch satt bis oben hin.“

„Ach, laß die Mücken und die Mucken,“ — beruhigte ihn der Maler. „Die Baronin, wissen Sie, das ist ein prächtiges Weib. Haben Sie schon einmal so was gesehen, wie diese Linie, so von hier bis hierher, was? göttlich, solche Formen finden Sie gar nicht mehr wieder. Fräulein Nanni — na, ich sage blos: Hebe. Ich freu’ mich immer über Ihre Haut, Kleine, wie gespannt die ist, und die schwellenden Lippen und die frischen Farben. Aber die Baronin, sehen Sie, das ist die vornehmste Formvollendung, da ist so wenig was Falsches wie an Ihnen, aber alles gereifter, satter. Und die ist auch dabei gewesen, die kennt den Rummel; Sie, Kind, stecken ja in causis amoris, das heißt Liebessachen, noch in den Kinderschuhen. Oder hat sie schon Fortschritte gemacht, Sie Gebenedeiter unter den Männern?“

Klinghart zuckte die Achseln. „Ich weiß nicht, was Sie meinen," sagte er, indem er hinter den anderen zurückblieb.

„Er läßt sich nichts merken. 's ist kostbar, er thut wie 'ne Salzsäule und sonst ist er gewiß wie Feuer, wie Sturmwind. Na immer zu, den Becher bei Zeiten bis zur Neige geleert, man ist nur ein= mal jung!"

„Da haben Sie freilich recht," sagte sie.

„Und dann — es gibt nur einen Roderich Kling= hart! — Nicht wahr, er ist sonst wie ein Sturm= wind? Wissen Sie, das Starke, Feurige am Mann, das gefällt mir. Der Mann stürmisch und das Weib hingebend. Hingebung ist die schönste Eigen= schaft des Weibes."

„Was Sie alles reden," sagte Nanni verwirrt.

„Wissen Sie was, amice", wandte sich der alte Schwätzer plötzlich um, „die Gegend liegt doch sehr ab von meiner Wohnung. Sie bringen wohl das Fräulein vollends nach Hause? Ich werde sie Ihrem starken Arm anvertrauen und mich seitwärts in die Büsche schlagen."

„Recht gern," antwortete Klinghart kühl, indem er vor Nanni ceremoniell den Hut abnahm. „Wenn Sie gestatten, mein Fräulein. — Gehen Sie ruhig nach Hause, Verehrtester."

Der Kleine empfahl sich kichernd, er hatte eine helle Freude über die Liebschaft und über des Doktors steifes Wesen.

„Ich weiß nicht, es muß ihn was geärgert haben,
mag sie sehen, wie sie ihn kirre kriegt! Schließlich
wird es langweilig, in diesem Schmutze als fünftes
Rad am Wagen mitzuziehen." —

Die beiden gingen noch eine Strecke schweigend
nebeneinander, Nanni blickte ihn verliebt und fragend
an, und der Doktor sah vor sich hin, wie einer, der
einen Plan gefaßt hat. So war es in der That.
Er wollte „Schicht machen." Die Weiber muß man
nehmen, wo man sie braucht und findet, aber den
Ballast abschütteln. So war's am besten: Wegen
der Behrends'schen Geschichte ganz „offen" mit Dooren
gesprochen, d. h. die Angelegenheit so behandelt, daß
das ganze Odium auf dem Behrends'schen Namen
blieb und er glänzend aus der Sache hervorging;
auf diese Weise konnte ihm der Fall noch ganz nützlich
werden. Elpis mußte wegen „massenhafter Arbeiten"
etwas kalt gestellt werden, und dann — ja wie sich
die ganze Gesellschaft ärgern würde, wenn er Nanni
eines schönen Tages heiratete! — Aber um andern
einen Streich zu spielen, darf man selber nicht dumme
Streiche machen! er war freilich sehr vernarrt in
sie, aber lieber Gott, man kann nicht alle heiraten,
in die man sich vernarrt. Nun war da wieder noch
die üppige Baronin zu besuchen, ein fetter Bissen!
na etwas poussieren konnte er sie ja auf jeden Fall.

Das Paar bog jetzt auf einen großen, freien
Platz ein, in dessen Mitte eine bronzene Viktoria
auf granitnem Sockel ihren Kranz jedem Vorüber=

gehenden aufdrängen zu wollen schien. Ihre nassen
Glieder funkelten grell und eckig, und wenn der
Wind die Gasflammen bewegte, sah es aus, als wenn
sie taumelte oder den Kranz in den Schmutz werfen
wollte. Klinghart lachte über diesen Anblick.

„Bist Du jetzt wieder lustig?" fragte Nanni, sich
an seinen Arm hängend. „An was denkst Du?"

„O, so an allerlei," erwiderte er und schlug mit
dem Stocke in das Buschwerk am Wege.

„Weißt Du auch, daß Du mir den ganzen Abend
noch keinen zärtlichen Blick, kein liebes Wort ge=
schenkt hast?"

„Lieb, konnte ich denn bisher? Selbstverständ=
lich hat uns bis jetzt der alte Schleicher, der Huber=
lein, nachgesehen und belauert. So, hier in den
Schatten wollen wir gehen, da kannst Du mich
küssen."

„Aber nicht wieder so drücken!" sagte sie.

„Warum denn nicht?" lachte er, „wozu hat man
euch denn! — — — Die Baronin ist wirklich sehr
schön, meinst Du nicht, Schatz?" sagte er endlich.

„Ach ja, meinetwegen. Du bist hundertmal
schöner."

„Wie hat Dir denn der Professor Weber ge=
fallen, der kleine Narr mit dem spitzen Näschen?
Du könntest ihn heiraten."

„Was? mach' doch nicht solche Scherze, ich kann
das nicht leiden."

„Er hat mehr Geld wie ich und ist Ordinarius."

Sie biß ihn in den Oberarm, daß er aufzuckte.

„Du kleine Wildkatze, verstehst Du denn keinen Spaß? Du denkst wohl wirklich, jeder Professor heiratet so 'ne kleine Gans, wie Du bist? — Na komm, sei lieb. Sag' mal, wie fandest Du die Toilette der Baronin?"

„Ach, herrlich. Der weiße Einsatz vorn mit den Perlen, der war besonders schön und der Schmuck auch. Sie mag wohl sehr reich sein."

„O, sie ist steinreich. Sie soll auch 'ne ganze Sammlung von Raritäten haben. Ich werde mir den Plunder mal ansehen müssen, sie hat mich aufgefordert —"

„Ach nein, das thu doch nicht, Robi," sagte sie ängstlich. „Ich kann sie nicht leiden, sie ist scheußlich hochmütig; sie sah mich an, als ob ich ihre Kammerjungfer wäre. Neben einer solchen Frau verlier' ich alles, was Dir an mir gefällt. Ach, daß man nichts hat, gar nichts!"

„Du hast Dich selber und ich habe Dich," sagte er mit einer etwas heiseren Stimme, indem er sich zu ihr hinabbeugte und sie umschlang.

„Geh' nicht zu ihr," fing sie nach einer Weile wieder an. „Versprich es mir."

Er sah sie mit einem ihr rätselhaften Ausdruck an. Sie hätte es nicht sagen können, was es war; Kälte und Leidenschaft zu gleicher Zeit. Obgleich sie nicht eigentlich eifersüchtig war, überkam sie ein Gefühl grenzenloser Angst, daß sie ihn verlieren

könnte in der glänzenden Welt, zu der sie nicht ge=
hörte.

„Zu der Baronin soll ich nicht gehen,“ sagte er,
„bei Dir darf ich nicht sein, außer wenn der Bucklige
dabei sitzt — und zu mir kommst Du auch nur selten
und bist dann so flüchtig.“

Sie wußte in ihrer Angst nichts anderes als ihr
Gesicht an seine Achsel zu legen und ihn zu fragen:
„Hast Du mich aber lieb, Robi, über alles lieb?“

„Wahnsinnig.“

„Das ist zu viel,“ sagte sie, unter Thränen
lächelnd, „davor fürchte ich mich.“

„Närrchen. Und willst Du morgen zu mir
kommen?“

„Ja, ich werde kommen. Um fünf. Du willst
mir die neuen Bilder zeigen, nicht wahr?“

„Um fünf nicht, um sieben.“

„Um sieben. Doch da sind wir schon! Ach, der
Weg war so kurz. Gute Nacht, Du Einziger.“

„Süßer Schatz, gute Nacht.“ —

Er blieb einen Moment stehen, sah an dem
Hause hinauf und ging endlich langsam weiter.

An der nächsten Straßenecke stieß er auf Wielo=
polski. „Ah, zu so später Stunde! Wie geht es?
woher des Weges?“ fragte er herzlich.

„Ich müßte vielmehr erstaunt sein, Sie um diese
Zeit in unserer Gegend zu sehen.“

„Ich habe Fräulein Philipps bis an ihre Thür
gebracht. Und Sie?“

„Ich komme von einer geselligen Feier unseres Vereines."

„Ah so!"

„Ich wäre so gern schon einmal zu Ihnen gekommen," sagte der Pole, „aber ich war zaghaft. Es gehen Gerüchte, daß man unsern Verein aufzulösen gedenkt, das Ministerium —"

„Ich habe auch davon gehört. Fatale Geschichte! ganz verkehrte Maßregel!"

„Dürfte ich Sie morgen besuchen, um einmal gründlich von der Sache zu reden, Herr Doktor?"

„Jawohl, kommen Sie; vielleicht könnte ich Ihnen nützlich sein. Ich erwarte Sie von 10 Uhr ab."

„Schön, um 10 Uhr. Gute Nacht und vielen Dank, Herr Doktor, vielen Dank!"

Während der Pole umkehrend nach der Seite der Straße einbog, auf der eben jetzt wieder der Mondschein mit breitem, fahlem Glanze auf den nassen Steinfliesen lag, verschwand Klinghart in das Dunkel. Eine Weile schallten noch die Schritte der beiden Männer durch die frühlingsschwüle Nacht, dann lag alles totenstill.

Neunzehntes Kapitel.

Die Wissenschaft ist oft trocken. Zum Glück gibt es an den ihr gewidmeten Instituten häufig genug Gelegenheit, sie zu begießen. Dazu gehören vor allem die Festabende wissenschaftlicher Vereine, die Amts- und Doktorjubiläen und die Abschieds- feiern für scheidende Universitätslehrer. Derartige Sitzungen, höchst solenne Begebenheiten mit zwölf Gängen und unzähligen Toasten, pflegen alle Fa- kultäten zu versammeln. Ihr gemütliches Nachspiel aber haben sie erst, wenn die Gesellschaft in kleine Kreise aufgelöst, truppweise in die Cafés und Bier- häuser zieht, um dort weniger offiziell einen Karls- bader oder eine Echte zu trinken.

Es war im Mai. Man hatte in Burg einen berühmten Rechtslehrer „weggegessen", den Pro- fessor von Liebenthal, der mit bitterm Weh von der Stadt schied, um sich in ein kleines süddeutsches Nest zu vergraben, wo, wie er mehrmals schmerz- bewegt versicherte, sich die Rinnsteine mitten in der Straße befänden.

Man hatte nämlich an diesem gesegneten Orte sozusagen einen Scheinruf für ihn zuwege gebracht, das heißt eine Berufung, welche den Zweck hatte, Herrn von Liebenthal ein höheres Gehalt in Burg zu verschaffen, indem im Kreise der kleinen In- triganten darauf gerechnet wurde, daß der Herr Kultusminister von X. gern zweitausend Mark mehr bieten würde, um seinem Staate den berühmten Mann zu erhalten. Aber das Rechenexempel hatte nicht gestimmt. Der Herr Kultusminister von X. ließ Herrn von Liebenthal bedauernd scheiden, die ganze Universität Burg (die akademisch-geselligen

Kreise eingerechnet) sah ihn bedauernd scheiden
und er selbst sich nicht minder. Der „Scheinruf"
war bitterer Ernst geworden, die kleine süddeutsche
Stadt mit den Rinnsteinen in der Mitte der Straßen
aber konnte sich rühmen, eine Celebrität mehr zu
besitzen.

Dies war die Vorgeschichte des feierlichen Ab=
schiedsschmauses, von dem eben eine Anzahl Do=
zenten der philosophischen Fakultät dem „Café Im=
périal" zuströmten.

Man setzte sich in vornehmer Breitspurigkeit um
einen größeren Tisch im Salon Marie Antoinette
und begann, das Verfahren seiner Exzellenz zu
kritisieren und über den Nachfolger des Scheidenden
Nachrichten auszutauschen. Es kannte ihn niemand,
aber Rübschäler und Schulze hatten Briefe aus
Berlin, in Berlin hatte man Briefe aus Göttingen,
in Göttingen Briefe aus Würzburg und dort welche
aus Prag. Auf diese Weise hatten die Herren in
Erfahrung gebracht, daß der Betreffende ein her=
vorragender Gelehrter sei aber ein grundschlechter
Lehrer, der erbärmlich spräche, sich der Studenten
gar nicht annähme und häufig kein Kolleg zu stande
brächte. Seine Vorlesungen über das englische Zivil=
recht seien kläglich aber sein Werk über Tribonian
epochemachend.

„Nun, so wird er doch immerhin unserer Hoch=
schule zur Zierde gereichen," meinte Überschär.

„Es ist leider heutzutage Prinzip, den Professor

nach der Zahl seiner Druckbogen zu schätzen und nicht nach seinem Verdienst als Universitätslehrer," bemerkte Lustig, der recht gut wußte, daß er einen anregenden, lebhaften Vortrag besaß aber nicht die nötige Ausdauer zur Abfassung umfangreicher Bände.

„Das sagen Sie, weil es Ihnen selbst an Sitz= fleisch fehlt," erwiderte Muge.

„Was hat er gesagt?" fragte ein kleines, uraltes Männchen und hielt Rübschälern sein Hörrohr an den Mund. Es war der große Sanskrit=Gelehrte Otfried Vischer, der sich das eminente Verdienst zu= schreiben konnte, einen fast verloren gegangenen hindostanischen Dialekt entdeckt zu haben — der faktisch nur noch von einer hundertjährigen und schon völlig mumifizierten Bajadere und einem nach= weislich fünfmal so alten, beständig mausernden Papagei gesprochen wurde — und nicht nur ent= deckt, sondern auch eine Grammatik nebst Wörter= buch dazu geschrieben zu haben.

„Der Minister hätte Liebenthal doch nicht sollen gehen lassen, er hat hier vortrefflich gewirkt, meiner Ansicht nach," sagte van Dooren.

„Ich glaube, daß seine Exzellenz ihn gehalten, wenn er nicht die Thorheit begangen hätte, in den liberalen Wahlverein einzutreten. Solange man noch etwas bei der Regierung zu erreichen wünscht, muß man dergleichen Extravaganzen lassen," be= merkte Geheimrat Überschär in einem Tone, der die Mitte hielt zwischen dem Vornehmüberlegenen und

dem Schlaugemütlichen, und der jede andere Mei=
nung von vornherein auszuschließen schien. „Die
Politik liegt ja für ihn als Juristen sehr nahe,
aber als Gelehrter soll er über den Parteien
stehen."

„Namentlich was die heutige Wirtschaftspolitik
anbetrifft," setzte Schulze hinzu, „damit sollten sich
Männer wie Liebenthal gar nicht abgeben."

„Die Politik gehört zu der Pflege der vergäng=
lichsten Daseinsformen dieses Lebens," orakelte Bickert
und schüttelte bedächtig seine Rückertlocken, „die Wis=
senschaft hat höhere Ziele und Wege und sollte immer
dem leidenschaftlichen Treiben der Massen abgekehrt
bleiben. ‚Pfui, ein politisch Lied ein garstig Lied‘,"
zitierte er feierlich=langsam; „ich schätze Goethe auch
um dieses Verses willen hoch."

„Da steh' ich doch nicht auf Ihrem Standpunkte,
verehrter Herr Geheimrat," erwiderte Weihrauch
lebhaft, „wer kann zum Ausbau der Kultur — nicht
nur im besondern, sondern auch im allgemeinen —
berufener sein als der deutsche Professor?"

Bickert antwortete: „Verehrtester, Ihr Buch über
die Partikel τε ist ja vortrefflich, das weiß jedes
Kind, aber ob Sie ein ebenso hervorragender Poli=
tiker als Philologe sind, steht zu bezweifeln. Nehmen
Sie denn wirklich Fühlung mit all den Debatten
über die Monopol= und Steuerfragen, die jetzt die
Landbebauer und Spiritusbrenner beschäftigen?"

„O doch! Das heißt, so weit, als ich gelegent=

lich einen Leitartikel lese und dann in dem beruhigen=
den Bewußtsein, daß wir unsern Bismarck haben,
mich freue, daß e r die streitigen Fragen ja wohl
lösen wird. Ich habe persönlich keine Neigung für
die Politik, aber ich wünschte doch das Prinzip auf=
recht erhalten zu sehen, daß der deutsche Gelehrte
sehr wohl berechtigt und berufen ist, Anteil an der
Erledigung dieser Fragen zu nehmen. Gerade weil
wir ü b e r den Parteien stehen, müßte uns überall
das entscheidende Urteil anheimgegeben werden."

„Was hat er gesagt, lieber Kollege?" Und
diesmal wurde Mustig mit dem Hörrohr beglückt,
während die braunen, spinnenartigen Finger des
Sanskritforschers in seinen Knopflöchern herum=
häkelten.

„Doktor Klinghart, Sie sind wohl auch kein
großer Politikus?" fragte Überschär gütig.

„Nein," antwortete der Angeredete hoheitsvoll —
seit einiger Zeit durfte er sich diesen Ton erlauben —
dann, nachdem er sich mit einem schnellen Blick über=
zeugt, daß Professor Neuffert nicht mit unter den
Anwesenden sei, fuhr er fort: „Wenn man jahrelang
viel mit fürstlichen Personen verkehrt hat, erfährt
man sehr leicht, wie trotz alles Konstitutionalismus
doch das Meiste vollständig oberhalb desselben zu=
stande kommt. So lernt man die parlamentarischen
Turniere durchaus — wenn ich mich so ausdrücken
darf — von der Fürstentribüne herab betrachten,

und mit der Zeit verliert man das Interesse an den Redeübungen und Machenschaften dieser Herren."

„Machenschaften ist gut," sagte Lustig.

„Der verstorbene Prinz Georg Leopold, bei dem ich mit dem Großfürsten Sergei Iwanowitsch mehr= mals recht interessante Abende im kleinen Cercle verbrachte," fuhr Klinghart fort, indem er seine Zigarrenasche nachlässig abstrich und ein wundervoll gleichgültiges Gesicht machte, „sagte bei einer solchen Gelegenheit einmal zu mir: Diese Herren Parla= mentarier mit ihren weitläufigen Tiraden dünken sich ein Parterre von Königen — mir sind sie ebenso lächerlich als zuwider. Was geschehen soll, geschieht ja doch, die nötige Majorität werden wir immer haben."

Diesmal nickte Otfried Vischer eifrig mit dem Kopfe, als wenn er etwas verstanden hätte.

„Sie haben wohl viel fürstliche Persönlichkeiten kennen gelernt?" fragte Muftig in gesucht gleich= mütigem Tone, als ob er andeuten wollte, daß ihm, der durch die geborene Freiin von Hülsenschmitz aristokratischen Kreisen nahe stand, solche hohe Ver= bindungen nicht imponierten.

Klinghart lächelte. „So einige Dutzend. Es sind auch Menschen, und recht liebenswerte, gemütliche zum Teil. Bei der letzten Audienz, die ich beim Prinzen Johann Georg hatte, traf ich den Fürsten Ludwig von Dappel=Dinkelsburg —"

„Ältere Linie?"

„Jüngere Linie. Ich hatte ihn seit drei Jahren
nicht gesehen, aber er erkannte mich sogleich wieder
und sagte lachend: Na jetzt bin ich wenigstens nicht
mehr auf Sie eifersüchtig, Doktor; Sie wissen, wir
haben einmal dieselbe Dame geliebt. Das heißt,
das war so eine liebenswürdige Einbildung von dem
Prinzen, aber ich konnte natürlich nichts darauf
sagen. — — Ach — im ganzen bin ich seelenfroh,
daß ich diese Beziehungen los bin. Man gehört
eben doch einmal zur Geistesaristokratie, und das
Parkettlaufen, die Diners und Schlittenfahrten —
das ganze Gefolgschaftswesen kriegt man gründlich
satt," sagte er, erhaben über die Erhabenen.

„Ah, das glaub' ich! Ja das kann ich mir
denken."

„Es kommt übrigens zu keinem deutsch-russischen
Kriege," setzte er zu Weihrauch gewendet leiser hinzu,
aber doch laut genug, daß es alle hören konnten.

„Wissen Sie das?" fragte Weihrauch erstaunt.

Klinghart lächelte wieder. „Ich kann es Ihnen
auf das bestimmteste versichern, Herr Professor."

„Na, ich traue doch nicht so ganz," erwiderte
van Dooren bedenklich. „Ich habe wenigstens schon
vorgedacht für alle Fälle. Ich schicke mein Silber
und meine Tochter nach Hannover zu meinem Bruder — wenn es zum Schlimmsten kommen sollte.
Er ist dort Tierarzt und ein sehr angesehener Mann.
Hannover hat eine durchaus geschützte Lage," setzte
er mit der Miene einer hervorragend einsichtsvollen

Kenntnis der politischen, militärischen und geo=
graphischen Verhältnisse hinzu. „Ja, dort schicke
ich sie hin."

„Ich ziehe mit Kind und Kegel nach Thüringen.
Papa hat sehr weitläufige Wohngebäude," sagte
Muge. „Es wäre schließlich gar nicht so übel, man
könnte dort ungestört arbeiten, und unser Geschäft
leidet Gott sei Dank auch nicht bei Ausbruch eines
Krieges. Deutschland hat den stärksten Papier=
verbrauch."

„Ah — ja so! Nun weiß ich erst, warum Pro=
fessor Muge so unerhört viel Bücher auf den Markt
bringt. Er hat das Papier so billig!" rief Lustig.

„Was hat er gesagt?" fragte der Sanskrit=
gelehrte, da er die andern lachen sah, indem er sich
mit gierigen Blicken bemühte, den Scherz von den
Gesichtern abzulesen. „Sie, was hat er gesagt?"

„Man könnte auch, wenn Krieg würde," fuhr
der Fabrikantensohn fort, indem er die Hände in
die Hosentaschen schob und die Beine vor sich hin=
streckte, was ihm einen lebhaften Anstrich von Kom=
mis=Voyageurtum gab, „man könnte auch indessen
nach Italien gehen. Ich hätte einiges zu kollatio=
nieren in Florenz. Ich bin ohnedies scheußlich nervös,
und eine Reise wäre mir die beste Erholung. —
Wahrhaftig, der Krieg hätte nichts Abschreckendes
für mich, natürlich müßten die Herren Russen die
Jacke ordentlich ausgeklopft kriegen."

„Die slavische Rasse ist mir doch höchst unsym=

pathisch! Wie widerwärtig, was man jetzt für Scherereien mit den Polen hat," sagte Weihrauch, das politische Gespräch auf die inneren Verhältnisse lenkend. „Unangenehm, daß ich gerade noch Dekan sein muß. — Ich glaube übrigens nicht an die Schädlichkeit von dergleichen. Es ist ja einiges vor= gekommen, das ist wahr, aber nehmen Sie mal: die polnische Fraktion haben wir einmal doch, und größer kann sie schließlich nicht werden."

„O, Bismarck geht hier sehr weise vor," ant= wortete Schulze. „Sehen Sie, das liegt in der Konsequenz der ganzen neudeutschen Richtung. Mir hat nicht bald etwas so gut gefallen, als die be= absichtigte Germanisierung Posens. Diese bäuer= lichen Kolonisationen sind ein Meisterstreich des Kanz= lers. Schließlich ist ja doch der ganze Osten ger= manisiertes Slaventum, und welches Bollwerk haben die fränkischen Kaiser ihrer Zeit damit aufgerichtet! Sie können mir glauben, Bismarck beweist da wie= der sehr viel Geschick. Das nenne ich das wahre politische Genie, das altbewährte Mittel im gegebenen analogen Falle wieder anzuwenden weiß."

„Ohne Bismarcks Ruhm schmälern zu wollen," sagte Klinghart, „aber ich kann Ihnen versichern, verehrter Herr Professor, daß diesem Projekt kein anderer als — Mommsen, der auf das römische Kolonieenwesen in den Provinzen hingewiesen, nahe steht —"

„Mommsen? Donnerwetter, wer das glaubt!"

„Sie können sich darauf verlassen. Notabene, hier haben wir den Einfluß des ‚deutschen Professors‘!"

„Was Sie sagen! Sie sind, wie es scheint, gut unterrichtet!" rief der Syntaxmann und Kostümromancier. „Vor Jahren stand ich mit den Prinzen von Arnstädt in Verbindung — mein Vater war nämlich Prinzenerzieher an diesem Hofe — aber ich habe nie etwas von solchen Dingen erfahren."

„Ich habe das manchmal lästige Glück fürstlichen Vertrauens genossen," erwiderte Klinghart bescheiden aber in Pose, indes ihn alle bewundernd ansahen und Otfried Bischer nickend die Luft kaute. „Und dann — mein Vater — — ich bin —" Er stockte, strich sich das Haar aus der Stirn und machte eine abwehrende Handbewegung. „Dieses starre Nationalitätsprinzip," fuhr er plötzlich in anderm Tone fort, „das sich überall zu befestigen sucht, überall abzurunden trachtet, dünkt mich, ist nicht frei von Inhumanität und Ungastlichkeit, aber es hat doch viel Großartiges. Ich glaube, daß man sagen darf, es wird jetzt das Recht der Individualität der Volksseele in eminenter Weise zum Ausdruck gebracht. Allerdings gebiert dieses Prinzip den Rassenhaß. Man kann das bedauern, aber auch nicht."

„Jawohl, jawohl!"

„Da haben Sie recht."

„Die ganze Weisheit des Lebens," dozierte feier-

lich der Geheimrat=Philosoph, „besteht ja eigentlich
darin, das Recht zur Individualität zum Ausdruck
zu bringen, ohne das Recht des Nächsten zu schä=
digen. Das gilt für den einzelnen, wie für die
Völker. Der Altruismus ist die Anerkennung dieses
Nächstenrechtes, aber er hat nur Bedeutung zwischen
freien Menschen; Menschen, die ihr Persönliches nach
Anlage und Bestimmung zur Blüte gebracht haben.
Das so begründete Völkerrecht kennt keinen Rassen=
haß; die Leidenschaft ist es, die ihn gebiert, nicht
das Nationalitätsprinzip, wie unser lieber junger
Freund Klinghart, der sonst sehr tüchtig gesprochen
hat, meinte."

Alle stimmten bei, außer Muge, der starker Anti=
semit war auch im Prinzip, während es die andern
nur in Praxis waren.

Bickert aber erhob den Finger, als wenn er noch
etwas Bedeutendes hinzufügen wollte, besann sich
jedoch und — schwieg. Nach einer gedankenreichen
Pause nahm er sein Glas, trank es aus und setzte
es feierlich wieder hin, wobei ihm die dünnen, grauen
Haarsträhne bis auf das Oberhemd fielen, das mit
braunen Saucenflecken betupft war. „Das Bier ist
schal," sagte er würdevoll. Es klang, als ob er den
Satz diktierte, und es wagte ihm niemand zu wider=
sprechen.

„Ah, Klinghart besitzt politischen Scharfblick,"
wendete sich Muftig an Weihrauch, da der Privat=

dozent eben aufgestanden war, um in seinem Über=
zieher die Zigarrentasche zu suchen.

„Ja, er besitzt politischen Scharfblick."

„Ich verstehe das nicht," bemerkte van Dooren,
„aber in der Kunstgeschichte leistet er sehr Hübsches.
Ich freue mich immer wieder, wie feinsinnig er das
Material zu gruppieren weiß. — Was hat er nur
beim Prinzen Johann Georg zu thun gehabt?"

Weihrauch zuckte die Achseln. „Wissen Sie, wo=
für ich ihn halte?" fragte er bedeutungsvoll, und
die Herren steckten die Köpfe zusammen. „Für einen
illegitimen Fürstensohn! Man wünscht sicher an
höchster Stelle, daß er bald Karriere macht. So=
bald ich den Minister einmal spreche — und ich
fahre nächstens hin — muß ich darum nachfragen.
Pst! — Nun, haben Sie Ihre Zigarren? sonst bitte —"

„Ah, Herr Professor, danke sehr, Herr Professor,
ich bin versehen. — Kellner, einen frischen Schoppen!"

Und der Fürstensprößling ließ sich wieder zwischen
den Staubgeborenen nieder.

Zwanzigstes Kapitel.

Die Ledergasse gehörte bekanntlich nicht zu den
besten und saubersten Straßen der Stadt. Nament=
lich während der heißen Tage im Sommer bot sie
keinen angenehmen Aufenthalt, aus jedem der alten,
eng gebauten Häuser drang ein anderer Mißduft.

Trotzdem lockte es die Bewohner aus den dumpfigen, schlechtgelüfteten Zimmern hinunter in den Schatten vor die Thür, wo sie blauen Montag machten, während die Kinder sich auf dem Fahrwege jagten und beständig bedroht waren, umgerissen und ge= rädert zu werden.

Die Kellnersfrau, deren Mann jetzt in einem vielbesuchten Biergarten eine Anstellung gefunden, stand ebenfalls vor der Hausthür und hatte ihr Jüngstes, ein Kind von etwa anderthalb Jahren, auf dem Arm. Sie blieb lange allein und starrte teilnahmslos vor sich hin, während das Kind, das blaß aussah und den Kopf auf ihre Schulter lehnte, träge an einer Birne aß.

„Nun, da sind Sie ja endlich," sagte sie nach einer Weile zu ihrer älteren Freundin, die eben vom „Geschäft" kam.

„War das ein Gejammere und Geheule in dem Hause!" entgegnete die Ankommende. „So was hab' ich bald nicht erlebt. Aber ein schöner Sarg, sag' ich Ihnen, dunkelbraun poliert und alles mit sil= bernen Beschlägen! Schade drum, vor lauter Kränzen sieht man zuletzt nichts davon. Es muß viel Geld da sein. Freilich, so ein Bierbrauer, der schindet was zusammen! Nu, wie geht's denn dem Karlchen, er sieht ja so blaß aus?"

„Ja, er hat den Damenkatarrh," sagte die Mutter — sie meinte Darmkatarrh —, „das ist jetzt von der Hitze."

Die Alte nahm dem Kinde die Birne weg und warf sie auf die Erde. „Sie sind wohl verrückt, Malicken, Sie wollen ihn wohl unter die Erde bringen?"

„Ach, sie war ja reif," entschuldigte sich die Frau.

„Und dann müssen Sie ihn besser einpacken. Geben Sie mal das Tuch her, den wollen wir ordentlich einwickeln!"

„Da wird's ihm ja noch heißer."

„Schadet nichts. Nur warm halten. Das ist jetzt 'ne Zeit, da sterben die Kinder wie die Fliegen. Wenn Sie ihn nicht warm halten, daß der Schweiß rauskommt, so tritt er zurück und tritt ins Blut, verstehen Sie, und da kann er noch die Blutkrank= heit dazu kriegen."

„Ach Jesus! die Blutkrankheit. Wie ist denn das?"

„Nu, da wird eben das Blut zu Wasser und daraus wird dann die Wassersucht. Bei dem Bier= brauer war's auch nicht anders; sie sagten zwar Typhus, warum nicht gar? ich werd's wohl ver= stehen, 's war die Blutkrankheit; Malicken, das können Sie mir glauben, daß ich's besser versteh' als alle Doktors."

„Freilich, freilich," sagte die Kellnersgattin, die eine unbegrenzte Hochachtung vor ihrer Freun= din hatte.

„Wenn wir wieder hinaufgehen, so kochen Sie

ihm Kamille, und wenn's da nicht besser wird, da werd' ich ihn mal ziehen."

„Können Sie ihn nicht auch besprechen?" fragte die besorgte Mutter, die sich besonders viel von sympathetischen Kuren versprach.

„Nu, ob ich das kann! Und Sie brauchen mir auch nichts zu geben, Ihnen mach' ich's umsonst."

Das Kind, das eingewickelt war, daß es kein Glied rühren konnte, weinte indessen jämmerlich. Die Mutter schrie ihm etwas in die Ohren, das ein Kinderliedchen sein sollte, und schaukelte es mit elefantenhafter Zärtlichkeit hin und her, daß einem Gesunden und Erwachsenen Hören und Sehen vergangen wäre.

„Sei still, Karlchen," sagte die Alte, „sonst kommt die Polizei!"

„Sehen Sie mal, es hat Ihnen wohl geahnt, dort kommt wirklich einer davon."

In der That bog die stattliche Figur eines Schutzmanns eben um die Ecke. Er ging langsam auf die Gruppe zu, ohne daß sein Erscheinen den mindesten Eindruck auf das Gemüt des kleinen Jungen gemacht hätte, sah an dem Hause in die Höhe, schlug in einem Aktenstück nach, das er unter dem Arm trug, und ging weiter. Dann kam er wieder zurück und stellte sich am Nebenhause auf.

„Ich weiß nicht, der muß hier auf jemanden lauern," sagte die Kellnersfrau leise. „Gestern war

er in unjerm Haufe, da ift er hinaufgegangen bis
unters Dach und hat alle Thüren beſchnüffelt.“

„Ja ja, es muß was los ſein! Heute früh
kamen ihrer zweie, aber nicht von der Polizei, da
fragte mich einer, was ich etwa wüßte, ob viele
Leute zu dem polniſchen Studenten kämen, und ob
er mit jemandem im Hauſe verkehre. Nu, ich hab’
geſagt, was ich wußte, daß er manchmal mit an=
dern auf der Treppe polniſch ſpricht, und daß er
oft bei Philipps ſteckt.“

„Ach was Sie ſagen!“

„Ich wollte, der Nanni, dem hochmütigen Nickel,
könnt’ ich was einbrocken. Neulich hat ſie der ſchöne
Doktor mitten in der Nacht nach Hauſe gebracht.
So ein liederliches Ding!“

„Sollte einer ſo was glauben! — Sei ſtill,
Karlchen, ſei gut! — Über den Polniſchen, wiſſen
Sie, hab’ ich mich immer gewundert. Daß er ſo
ſchlecht wohnt und ſo fein angezogen geht. Das
iſt gewiß auch der rechte! Vielleicht iſt’s ſo ein
Paletotmarder, mein Mann ſagt, die ſehen aus
wie die feinſten Herren, und es iſt nichts da=
hinter.“

„Ach warum nicht gar! Leſen Sie denn keine
Zeitung? Die Polizei iſt jetzt überhaupt hinter den
Polniſchen her, die werden alle ausgewieſen. Weil
doch nächſtens Krieg wird mit den Ruſſen, da
müſſen die alle unter die Soldaten.“

„Ich denk’ mir noch was anderes,“ erwiderte

die Junge, die nicht sehr für die Politik war und
sich in der Zeitung hauptsächlich für die Rubriken
„Brutalität“ und „Wasserleichen“ interessierte, „er
ist doch so von den Medizinischen, die sollen ja
manchmal die Leichen ausgraben und zerschneiden.
Es geht halt jetzt zu schrecklich in der Welt her!“

„Malicken, sehen Sie doch!“ und die Alte stieß
sie in die Rippen. Vor dem Hause hielt eine
Droschke. „Das sind ja die zwei Herren von heute
früh, die aussteigen. Na! nu geht der Tanz los!
da will ich doch sehen, was passieren wird, und
ob man nicht bei der Sache vielleicht Zeuge ab=
geben könnte, da hätte man noch fünfundsiebzig
Pfennige oder so was Zeugengebühr.“

Die Kellnersfrau, die dachte, daß dies eine sehr
angenehme und leichte Art Geld zu verdienen sei,
und die da und dort kleine Schulden hatte, fand,
daß sie auch allerlei gehört und gesehen, und wollte
nicht auf den Mund gefallen sein, wenn man sie
nur fragte.

Die beiden Männer waren indes hinaufgegangen.
An der Thür Wielopolskis blieben sie stehen und
klopften. Auf sein Herein! betraten sie das Zimmer.
Er lag auf dem Sofa, rauchte eine Zigarrette und
las in Rankes Weltgeschichte den Bericht über das
Ende des Alkibiades. Indem er aufstand, bejahte
er die Frage, ob er der an der Stubenthür als
Stanislaw von Wielopolski bezeichnete wäre.

„Ich bedaure, Sie inkommodieren zu müssen,“

sagte höflich der ältere der Herren, der ein glatt=
rasiertes Gesicht hatte und einen dicken, goldnen
Siegelring am Zeigefinger der rechten Hand trug.
„Ich bin beauftragt, eine Haussuchung bei Ihnen
vorzunehmen, und ersuche Sie, mich bei diesem
Vorgehen nicht zu stören."

Während sich der andere an die Thür lehnte,
um einen Fluchtversuch zu verhindern, trat jener
an den Schreibtisch des Polen und durchsuchte seine
Papiere. Wielopolski war sehr bleich geworden,
er stützte sich mit der Rechten auf den ovalen
Sofatisch, der immer wackelte, und der Thürhüter
bemerkte, daß er zitterte. Einigemale streckte er die
Hand aus und schien etwas sagen zu wollen, als
er sah, daß seine Papiere zerwühlt und durchstöbert
wurden. Aber er ließ es, es wäre doch unnütz
gewesen.

Der Beamte, der wohl Polnisch verstehen mußte,
nahm manches an sich, das er in eine große Leder=
mappe steckte, und ließ anderes zurück; darauf zog
er die Kommodenschübe auf, die Wielopolskis Wäsche
enthielten, und ging dann daran, das Bett zu durch=
suchen, was ebenso resultatlos war. Nachdem er
noch in alle Winkel, unter das Sofa und in den
Ofen gesehen hatte, forderte er Stanislaw den Schlüssel
zum Kleiderschranke ab. Es nützte diesem nicht viel,
daß er behauptete, ihn verlegt zu haben.

„Ich vermute, daß es dieser Schrank ist, der den
Handkoffer enthält, den ich noch suche," sagte der

unbequeme Gast und öffnete das Schloß mit einem
Dietrich, was ihm mühelos gelang.

„Wie könnte Sie dieser Koffer interessieren," fiel
Stanislaw dazwischen und wollte dem Beamten das
corpus delicti entreißen. „Ich versichere Ihnen,
daß ich selbst nicht weiß, was er enthält. Er gehört
einem Freunde, dem ich ihn aufbewahre. Machen
Sie mir keine Unannehmlichkeiten, Herr!"

„Wenn Ihnen der Freund nur keine macht,"
entgegnete der andere kurz. „Sie sind verhaftet,
mein Herr, nehmen Sie Ihren Hut und Überzieher."

Wielopolski stand an den unseligen Kleiderschrank
gelehnt und blickte den Beamten starr an. Wie war das
möglich? Kasaikow mußte abgefangen worden sein
und ein sehr umfassendes Geständnis abgelegt haben.
Außer ihm selbst und Freund Klinghart wußte keiner
von dem Koffer. Klinghart? Nein, das war un=
möglich! Der Doktor war über jedes Mißtrauen
erhaben.

Der Beamte rüttelte den zum Tode Erschrockenen
an der Schulter und sagte: „Kommen Sie jetzt.
Wenn Sie ein gutes Gewissen haben, so kann Ihnen
ja nichts geschehen. Fassen Sie sich nur!"

„Was hat man mit mir vor? Wird man mich
nach Sibirien schicken?"

„Das ist Sache der russischen Regierung, Herr,
wir haben Sie nur an die Grenze zu bringen. Sie
kennen doch das Auslieferungsgesetz?"

„Darf ich meinen Freunden hier nebenan noch

Lebewohl jagen?" fragte Wielopolski, als sie auf
dem Flur standen.

Das Mitglied der geheimen Polizei übergab den
Koffer seinem Genossen und sagte: „Das können Sie,
aber ich muß Sie begleiten, und ich wünschte, daß
Sie es etwas kurz abmachten."

Nanni war erstaunt, den Freund in Begleitung
eines Fremden zu sehen. „Ich weiß nicht," sagte
sie zögernd, „ob ich Sie hineinlassen soll, es geht
Ignaz sehr schlecht. Seit Sie ihn nicht gesehen
haben, hat er sich recht verändert — in wenigen
Tagen. Der Doktor war vorhin hier."

„Lassen Sie mich nur hinein, Fräulein Nanni.
Es ist das letzte Mal, daß ich ihn sehe — und Sie
auch."

„Nun, wieso denn?" fragte sie verwundert und
bemerkte, indem sie das Wohnzimmer betraten, seine
verstörte Miene.

„Ich werde abgeholt; Freund Philipps — es ist
aus — ich bin verhaftet. Leben Sie wohl, ich weiß
nicht, was mir bevorsteht — indes ich fürchte — es
wird nicht eben viel Erfreuliches sein."

„Armer Freund," antwortete der Kranke leise
und streckte ihm die magere Hand hin. „So sind
Sie, obgleich gesund, in gewisser Hinsicht schlimmer
daran als ich. Ich weiß wenigstens genau, was
mir bevorsteht."

Nanni brach in Thränen aus.

„Ach, Fräulein Nanni, Sie weinen! Gelten mir

auch einige dieser Thränen?" Er hielt ihre Hand und preßte sie heftig. „Adieu, liebes Mädchen, bleiben Sie gut und seien Sie glücklich. Adieu, Philipps, verlieren Sie den Mut nicht; wen Fräulein Nanni pflegt, der muß wieder gesund werden. — Wissen Sie noch," sagte er, dichter herantretend, Nanni ins Ohr, „ich habe Sie mal — im vorigen Winter war's — um was gebeten, wenn ich etwas erriete, erinnern Sie sich? Nanni, Sie sehen mich niemals wieder, nie — bis an mein Ende aber wird mir Ihr liebes Gesicht vorschweben — wollen Sie mir nicht zum Abschied —?"

Da hielt sie ihm die roten Lippen hin, und er drückte das Mädchen an sich und küßte sie. „Seien Sie immer glücklich und grüßen Sie ihn auch — vielmals!" Mit diesen Worten riß er sich los und stürzte hinaus. Vor ihm und hinter ihm her ging je einer der Beamten.

An der Hausthür gab es eine Art Spießruten=laufen zwischen dem Pöbel hindurch, der ihn neu=gierig=schadenfroh anstarrte und, wie als vierter noch der Schutzmann in den Wagen stieg, zu lachen und zu lästern begann. Er bemerkte es, und es glitt ein flüchtiges Lächeln über seinen Mund.

Die Pferde zogen an, und Stanislaw von Wielo=polski hatte die Ledergasse zum letztenmale gesehen. —

Nanni hatte vom Fenster aus noch einmal hin=untergegrüßt. Sie stand noch an derselben Stelle und starrte hinab, als der Wagen längst um die

Ecke gefahren war, und langsam rannen schwere
Tropfen über ihr Gesicht. Ignaz konnte sie von
seinem Bett aus beobachten, sie drehte ihm gerade
das Profil zu. Er mußte sich gestehen, daß sie von
einem ganz eigen lieblichen Ausdrucke war, wie sie
so in nachdenklicher Melancholie mit leise gefalteten
Händen am Fenster lehnte, von einem verirrten
Sonnenstrahl getroffen, der in ihren Locken zitterte
und ihr Gesicht wie mit einem schmalen Goldrande
umsäumte. Seit er zu Bett lag, nicht arbeiten
konnte und auf ihre Hilfeleistungen angewiesen war,
hatten sich seine Gedanken überhaupt bisweilen mit
ihr beschäftigt. Aber diese Gedanken waren ihm
unbequem, und er war dann immer wieder schnell
in seine gewohnten Anschauungen eingelenkt, um
sich nicht zu beunruhigen. Er vermutete manchmal,
daß sie mit irgend wem, vielleicht Wielopolski, viel=
leicht einem andern, eine Art Liebschaft habe, aber
es war ihm im Grunde genommen uninteressant,
wo und wie sich dergleichen abspiele. Er pflegte
alles Gefühlsleben mit Hohn zu betrachten, vor
allem aber verachtete er eine Empfindung, die ihm
halb brutal, halb kindisch erschien, weil sie nie von
Bedeutung für ihn geworden. Ihr Abschied von
Wielopolski aber war ihm doch merkwürdig; es
hatte in der Zärtlichkeit, um die er gebeten und
die sie ihm gewährt, etwas so Herzliches und so
Keusches gelegen. Er erinnerte sich nicht, daß er
in seinem ganzen Leben jemanden geküßt hätte, oder

jemand ihn; es mochte wohl sein, weil er krank
war, daß ihm die kleine Szene einen leisen, ganz
leisen Anflug von Neid oder Bedauern erweckt hatte.
Und nun stand sie so weltverloren da, mit Thränen
an den Wimpern und dennoch in leidenschaftsloser
Gefaßtheit. Sie war doch ein sonderbares Ding!
Wie mochte es im Kopfe und Herzen — denn das
Herz spielt ja nun einmal eine große Rolle bei der=
gleichen — eigentlich aussehen? fragte er sich.

Die Physiker lehren uns, daß Bewegung und
Wärme dasselbe seien, daß zwischen dynamischen
und Temperaturerscheinungen der innigste Zusammen=
hang bestehe, ja daß man annehmen dürfe, alle Er=
scheinungen der Natur seien ein Spiel sich auslösen=
der Kräfte, so daß sich alles, was wir mühsam
ordnen und klassifizieren, in stetem Zusammenhange
als die Äußerungen einer Kraft begreifen ließe.
Vielleicht gibt es in der geistigen Welt etwas Ähn=
liches, oder wer wollte es bestreiten, daß Ideeen
Empfindungen erzeugen und Empfindungen Ideeen,
daß eine Betrachtung oder Frage, zu der irgend
ein Umstand den Anstoß gegeben, Gefühle entstehen
läßt, die uns neu und verwunderlich sind, und zu
denen die Fähigkeit doch immer in uns vorhanden
gewesen sein muß, kleine, ganz persönliche Gefühle,
die uns anwehen wie ein Hauch, und von denen
wir dennoch fürchten, daß sie alle unsere Lebens=
prinzipien, das stattliche Gebäude eines wohlgeglie=
derten Systems, erschüttern könnten.

Die Hand des kleinen Buckligen fuhr unruhig über die Decke, und als Nanni sich plötzlich umdrehte, sah sie die Augen des Bruders mit einem merkwürdigen, brennenden Ausdruck auf ihr ruhen.

„Wünschest Du vielleicht etwas?" fragte sie nähertretend, „vielleicht etwas Milch?"

Er sagte „ja", obschon ihn nicht dürstete; aber was sollte er sagen?

Sie brachte ihm eine Tasse und hielt sie ihm an den Mund, nachdem sie ihn etwas aufgerichtet. Als sie ihn wieder zurückgleiten ließ in die Kissen, hielt er ihre Hand zwischen seinen mageren Fingerspitzen fest. Das berührte sie so seltsam, er hatte dergleichen noch nie gethan.

„Geht es Dir etwa schlechter?" fragte sie freundlicher als sonst und setzte sich auf den Stuhl neben dem Bett, was sie manchmal gethan, wenn sie ihm vorgelesen.

„Nein, es geht mir ganz leidlich, aber — weißt Du — ich glaube, ich war oft recht unliebenswürdig, und wenn sie mich mal mit 'nem Wagen abholen werden, so wirst Du nicht weinen, und ich hab's auch nicht zu beanspruchen."

„Rede doch nicht so," sagte sie mehr verlegen als gerührt.

Eine Weile schwiegen beide. Endlich begann er wieder in dem leisen Flüstertone, mit dem er jetzt nur noch sprach: „Es ist alles Lüge, alles, was wir zu verstehen oder erreicht oder überwunden zu haben

16*

glauben. Es ist etwas, das den Gedanken nicht
Stand hält. Und gerade das nächste übersehen wir
so leicht! — Ich habe Dir vielleicht unrecht gethan,
und es thut mir nun leid. Das andere — weißt
Du — das bereue ich nicht, aber ich hätte vielleicht
sollen freundlicher gegen Dich sein."

Sie verstand nur halb, was er sagte, aber das
verwunderte sie genug. War das Ignaz Philipps,
ihr Bruder, der so sprach und sie mit ängstlichen
Blicken betrachtete, während er ihre Hand um=
klammert hielt? Es war so sonderbar, so feierlich,
sie wagte kaum zu atmen. Auch Ignaz sagte nichts
mehr; sie schlugen beide die Augen nieder, als
schämten sie sich des so lange hinter Abneigung und
Widerwillen versteckten Gefühls geschwisterlicher Zu=
sammengehörigkeit, das sie überflutete wie eine leise
aufsteigende Wärmeempfindung, und das in dem
jahrelang verwaisten und verbitterten Herzen des
armen kleinen Gelehrten plötzlich ein Verlangen nach
Erwiderung entzündete.

„Du wirst vielleicht ganz froh sein, wenn es zu
Ende ist? Nicht wahr, Du wirst nicht weinen?"

Diese Worte schienen die Schleusen zu Nannis
ganzem Empfindungsleben zu ziehen. Indem sie
den Druck der abgezehrten Finger erwiderte, beugte
sie sich über den Kranken und starrte ihn mit einem
Ausdruck grenzenloser Angst an; dann glitt sie an
seinem Bett nieder und brach in ein lautes Schluchzen
aus. Der Kranke, der nicht wußte, „wie es in dem

Herzen von dergleichen aussehe", nahm diesen Aus=
bruch des Schmerzes ausschließlich für einen Aus=
druck schwesterlicher Zuneigung und des Mitgefühls
mit seinem Leiden. Er strich schüchtern über ihr Haar,
unfähig etwas anderes als eine gerührte Freude zu
empfinden und ohne Ahnung dessen, was diese Er=
schütterung mitbewirkte, und wieviel das abstoßende
Wesen, das er jetzt bedauerte, zu diesem Grunde
beigetragen haben mochte.

Einundzwanzigstes Kapitel.

Es war etwa vierzehn Tage später. Inzwischen
war reichlich Regen gefallen, und die Luft war nicht
mehr so drückend heiß. Die Promenaden, die um
die Stadt führten, standen im frischesten Grün, es
war einer der herrlichsten Sommertage, wie sie das
Jahr nur wenige spendet, warm und doch erquickend,
windstill ohne Schwüle. Farbenprächtig schimmerte
es überall in der bunten Fülle von Licht und Glanz,
und alles atmete in dem milden Frieden, der dar=
über ausgegossen war, heiteres, wohliges Leben.

Auch das in letzter Zeit oft düstere und sorgen=
verstörte Antlitz des Doktor Behrends hatte den ge=
spannten und übermüdeten Ausdruck heute nicht. Er
hatte eben in beredtem Vortrag seine Zuhörer be=
lehrt und gefesselt, es hob ihn das Bewußtsein, daß
er mit lebendigem Geiste dem Ziele seiner Wissen=

schaft näher und näher rücke, und daß es ihm glücke, der Jugend, die sich um ihn zu versammeln pflegte, diesen Geist ernsten Strebens und echter Wissen=schaftlichkeit mitzuteilen. Die günstigen Aussichten auf seine Ernennung zum außerordentlichen Professor und den damit verknüpften festen Jahresgehalt — so bescheiden er war — mochte indes das meiste dazu beitragen, ihn mit neuem Lebensmute zu beseelen, und als er jetzt, über die Promenade langsam seiner Wohnung zugehend, im Schatten der prächtigen alten Linden und umweht von Duft und Vogelsang da=hinschritt, war ihm wohler und freier zu Mute als lange.

Es geschah, daß den bedächtig Schreitenden Pro=fessor van Dooren überholte. Die Herren begrüßten sich. Van Dooren schüttelte dem Doktor bieder die Hand und drückte seine Freude aus, ihn etwas wohler aus=sehend zu finden als sonst. „Sie strengen sich zu sehr an, lieber Kollege, Sie arbeiten zu viel."

„Es hilft nichts, Herr Professor! Indes ich hoffe, daß ich einen Teil der auf mir liegenden Arbeits=last nun bald werde abgeben können; sobald der Staat sich dazu versteht, meine Thätigkeit an der Universität anzuerkennen und zu honorieren, kann ich doch einiges andere fahren lassen. — Seine Ex=cellenz, der Herr Kultusminister, hat mir mit aller Bestimmtheit versprochen, meine Angelegenheit jetzt zu erledigen — und wenn ich auch weiß, daß er dabei von dem Entscheide der Fakultät meine defini=

tive Ernennung abhängig macht, so darf ich doch wohl sicher sein, daß mir von dieser Seite keine Hindernisse in den Weg gelegt werden."

„Hm!"

„Der einzige, der außer mir jetzt in Betracht kommen könnte, wäre Klinghart, und da meine akademische Thätigkeit ziemlich acht Jahre länger währt als die seine —"

„Mein lieber Doktor, ich finde Sie denn doch gar zu zuversichtlich. Die Anciennetät spielt, wie Sie wissen, an der Universität keine Rolle."

Behrends nahm den Hut einen Moment ab und wischte sich den Schweiß von der Stirne. „Herr Professor, ich bin doch wohl nicht tollkühn in den Erwartungen, die ich hege — wenn ich annehmen sollte — daß es möglich wäre, — daß man mich zu Gunsten eines soviel jüngeren Dozenten — daß Ihr eigener Einfluß —"

Dooren ging mit einer Jupitermiene neben ihm her. Endlich that er seinen erhabenen Mund auf und sagte: „Sagen Sie mal, Herr Kollege, — Sie haben eine sehr hübsche Frau?"

Behrends glaubte nicht recht zu hören. Dooren wollte einer Antwort auf seine letzten Worte entschieden ausweichen. „Herr Professor van Dooren — ich bitte Sie, Sie spannen mich auf die Folter — so könnte ich es nicht als unmöglich betrachten, daß Klinghart —?"

„Ich fragte Sie nach Ihrer Frau."

„O ja, gewiß," sagte der Doktor, empört, sich so schnöde behandelt zu sehen.

„Ist es wahr, daß Ihre Gattin früher Schau= spielerin war?"

„Allerdings."

„Nun, mein Lieber, haben Sie da wohl gut ge= than, eine Dame aus dem leichten Völkchen der Histrionen zu erkiesen?"

„Ich habe es nie zu bereuen gehabt," sagte Behrends, der mühsam seine Ruhe bewahrte. Da= mit nahm er seinen Hut ab und wollte gehen.

„Nun — wir wären da doch nicht ganz fertig, lieber Kollege. Wollen Sie mir doch noch einige Minuten schenken."

Behrends konnte einer so direkten Aufforderung entgegen den Herrn Ordinarius nicht gut stehen lassen.

„Nehmen Sie mir meine Teilnahme an Ihren häuslichen Verhältnissen nicht übel — ich wollte schon früher einmal auf dieselben zu sprechen kommen, habe es dann aber unterlassen. Indessen fühle ich nun doch eine gewisse Verpflichtung — obgleich man dergleichen nicht gern thut, wissen Sie wohl — kurz und gut: Sie leben nicht ganz glücklich mit Ihrer Gattin?"

Behrends wußte nicht, was er sich denken sollte. Doch sagte er nach einigem Zaudern: „Herr Professor, was immer in diesem Sinne über meine häuslichen Ver= hältnisse Ihnen zu Ohren gekommen und von welcher

Seite dies geschehen sein mag, so dürfen Sie über=
zeugt sein, daß dies lediglich den Wert böswilliger Ver=
leumbungen hat. Es ist ja ganz sicher, daß in allen
Lebensverhältnissen der gelegentliche Mangel an dem
zum Leben Notwendigen hin und wieder Reibungen
hervorbringt, und daß wo das Räderwerk des häus=
lichen Getriebes recht glatt abläuft, alles leichter in
wünschenswerter Harmonie bleibt — indessen von
einer unglücklichen Ehe ist bei uns nicht die Rede;
am allerwenigsten würde meine Frau, wie sehr sie
sich bisweilen von der Beschränktheit unserer Existenz
beengt fühlen mag, imstande sein, irgend etwas zu
thun, das die Aufmerksamkeit anderer in unlieb=
samer Weise auf sie zu ziehen geeignet wäre."

„So so! nun dieses Vertrauen ehrt Sie!"

„Ohne das Vertrauen zu der Zuverlässigkeit und
Aufrichtigkeit der Gelöbnisse und Versprechungen
derjenigen, mit denen wir zu thun haben, würde
unser Leben auch nicht eines Atemzuges wert sein,"
bemerkte Behrends.

„Mein guter Doktor, das ist sehr lobenswert
gedacht, aber eine solche Vertrauensseligkeit entspricht
nicht immer dem realen Leben," sagte Dooren, der
etwas wie einen persönlichen Vorwurf aus den
letzten Worten des Doktors heraushörte.

„Schlimm genug dann!"

„Ich würde meine nach der angedeuteten Rich=
tung hingehenden Befürchtungen auch sofort ohne
weiteres redressieren, lieber Doktor, wenn die Person,

von der sie mir eingeflößt worden — es wurde da im verflossenen Winter schon einiges Aufheben ge= macht — nicht zu den zweifellosesten und lautersten der Stadt gehörte und ihre Kenntnis der Sache zudem aus einer Quelle stammte, die jedenfalls die ursprünglichste genannt werden muß — nämlich von Ihrer Frau Gemahlin selbst."

„Wollen Sie die Güte haben, sich etwas deut= licher auszusprechen, Herr Professor!"

„Ich werde Ihnen den Namen der in Rede stehenden hochangesehenen Persönlichkeit nicht nennen, Herr Kollege, aber — beruhigen Sie sich nur — warten Sie nur — aber — ich werde Ihnen — warten Sie mal." Damit wühlte er in allen Rock= taschen, bis er endlich — „Da — nein da — halt hier!" — eine Brieftasche hervorzog. „Heißt Ihre Gattin vielleicht Anna?"

„Nein, Amanda," antwortete Behrends, den Dooren anzusehen vermied, als ob es ihm graue, in ein totenbleiches Menschenantlitz zu blicken, aus dem zwei Augen ihn unheimlich lodernd anstarrten.

„A. B. — Das würde denn doch stimmen. Und kennen Sie die Handschrift?"

„Ja, es ist die meiner Frau."

„Hübsche, klare Handschrift!" fand Dooren für passend zu bemerken, indem er dem Doktor das Blatt übergab. Es waren die Verse, in deren Erwiderung Klinghart das Verhältnis mit Frau Amanda abgebrochen. Professor van Dooren war so höflich, dem Doktor Zeit zu lassen, bis er sie zu Ende gelesen.

„Nun, was sagen Sie hierzu?" fragte der große Historiker dann.

„Daß ich nichts begreife," war die heisere Antwort. „Doch wer gab Ihnen dieses Blatt?"

„Diejenige Persönlichkeit, an die es gerichtet ist, ein Ehrenmann, der die Beziehungen zu Ihrer Gattin in dem Augenblicke löste, als er erfuhr, daß sie Frau Behrends und die Mutter Ihrer Kinder sei."

„So so! Dieser Ehrenmann scheint mir — ein ganz verruchter Halunke zu sein! Wollen Sie mir den Namen dieser hochangesehenen Persönlichkeit auch nicht nennen?"

„Nein," sagte van Dooren kurz, empört über die Ungezogenheit des Doktors, seine eigenen Worte in dieser Weise zu wiederholen. Als ob ihm der Mann nicht noch hätte danken müssen! „Alles weitere besprechen Sie am besten mit Ihrer Gattin selbst," sagte er; „ich will nur das eine noch hinzufügen, daß — wenn die Wahl der Fakultät nicht auf den Namen gefallen sein sollte, wie Sie es erwartet haben — Sie den Grund in dem Umstande zu suchen haben, daß dieser Name in den akademischen Kreisen, wo man die strengsten Anforderungen an eine Frau zu machen und erfüllt zu sehen gewohnt ist, nicht mit der Billigung genannt wird, die wünschenswert schiene."

Nachdem der große Gelehrte diese erhabenen Worte ausgesprochen, lüftete er seinen Hut ein wenig und eilte von dannen, vermutlich in dem Bewußtsein, daß er in Sachen der Moralität eben eine aus= gezeichnete Thathandlung vollbracht. —

Es war wohl eine Stunde verstrichen, als Beh= rends in den Klosterweg einbiegend seinem Hause zuschritt. Sein Gang hatte etwas Müdes, Schlep= pendes, seine Lippen waren fest aufeinander gepreßt. Auf dem Platze mit den kläglichen Bäumen und den mageren Grasbüscheln sah er sein Dienstmädchen mit den drei Kindern, die spielten und lachten, ihm ent= gegen rannten, seine Kniee umfaßten und um Kirschen bettelten. Er versuchte mit ihnen zu tändeln, strich Ellen die Haare aus dem erhitzten Gesichtchen, sah ihr lange in die Augen, die denen der Mutter glichen, und fragte, ob die Mama zu Hause sei.

„Ja, sie ist oben, sie macht die Wäsche zum Rollen zurecht, damit Anna mit uns in der Luft sein kann!" sagte das Kind.

Dann ging er hinüber und stieg die Treppe hinauf. An der Thür vom Alkoven zum Wohn= zimmer blieb er stehen; es war eine Glasthür und er konnte Amanda drin sehen. Sie sah bleich und verhärmt aus, und ihre Augen schienen von Thränen gerötet zu sein. Auf dem Tische zog sie ein großes, hartes Wäschestück hin und her, und es war augen= scheinlich, daß ihr das viel Mühe machte.

Er hielt das Blatt in seiner linken Hand, die

rechte hatte er auf die Thürklinke gelegt, und die Frage, die er an Amanda stellen wollte, lag auf seinen Lippen.

Aber er zögerte noch.

Welcher feige, verräterische Lump mußte das sein, der eine Frau ihrem Gatten abgekehrt, der sich der Phantasie eines, wenn auch geistreichen, doch in seinen romantischen Grillen unklugen Wesens bediente, um es für sich zu begeistern, und dann den in Versen gestammelten Ausdruck ihrer verwirrten Empfindungen anderen in die Hände spielte, seiner billigen Triumphe sich rühmend und einem Fremden Schaden und Demütigung bereitend, aus denen ihm nicht einmal ein Vorteil erwuchs! Oder doch? Und in diesem Augenblicke tauchte ein Gesicht hell und klar vor Behrends Augen auf. — — — Er war es, sein akademischer Nebenbuhler, dem diese Verse galten! Er mußte es sein! Sehr geschickt fürwahr hatte er sein Spiel getrieben! Vielleicht nicht in bestimmter Absicht eingeleitet, aber die Verhältnisse schlau benützend!

Und er wollte da hineingehen und eine Flut von Vorwürfen über sie ergießen, über sie, die er so sehr liebte und trotz seiner Liebe nicht glücklich machen konnte, die sich täglich mit Not und Arbeit plagte! und sollte die jämmerlichen Reste des bunten Kinderspielzeugs, das jener Ehrenmann schon selbst zertrümmert, vor ihren Füßen vollends zertreten? ihr seine vereitelten Hoffnungen zum Vor-

wurf machen und von Verrat und Untreue sprechen,
der er selbst nichts von den glänzenden Ver=
sprechungen halten gekonnt, die er gemacht? Er,
der er glaubte, soviel größer zu denken als sie?

Und war er denn sonst frei von Vorwurf?
Hatte er in dem Egoismus des Gelehrten — fragte
er sich selbst — sie nicht stets seiner Wissenschaft
nachgesetzt? sie nicht durch die beständige Forderung
der Fügsamkeit und Entsagung auf ihre eigenste
Natur gedemütigt und ihm selber entfremdet? Man
maltraitiert eine Seele nicht ungestraft. Die Frauen
sind so leicht gerichtet, und die Männer sehen so
ungern ein, daß die spezifisch weiblichen Fehler die
einer unterdrückten Menschenklasse sind, die sich doch
unentbehrlich weiß und darum zwischen Übermut
und Unselbständigkeit hin= und herschwankt mit der
ganzen Skala von mangelndem Rechtsgefühl, Klein=
lichkeit und Unaufrichtigkeit, die dieses Geschlecht
charakterisiert. Sie sehen es so schwer ein, vielleicht
weil nichts so ungerecht macht, als angeborne Vor=
rechte, mögen diese nun unmittelbar natürliche oder
solche sein, die sich aus diesen natürlichen erst wie=
der entwickelt haben. Es sind nicht immer ange=
nehme Erfahrungen, welche den Herren der Welt
das Superioritätsgefühl verleiden, aber es sind sicher
nicht die schlechtesten Männer, die sich dasselbe in
solchen Fällen verleiden lassen.

Genug, Doktor Behrends ließ die Thürklinke los,
steckte das Blatt wieder ein und ging leise hinüber.

Er trat an sein Fenster, von wo er in den engen, schmutzigen Hof und auf die Mauern der Hinterhäuser blickte, und dachte daran, wie er an einem andern Julitage — es waren nun schon neun Jahre — seinen Hochzeitstag begangen, wie sie da frisch und lachend und blühend gewesen, wie ihre Gedanken, ihr Hoffen und ihre Neigung bei ihm und sein Herz zum Zerspringen voll war von Vertrauen zur Zukunft und zu grenzenlosem, seligem Glück. Wenn sie's auch jetzt leugnete, damals hatte sie ihn doch geliebt, und — ja wie stand's doch da auf dem Blatte?

Und in Herzens unermeff'nen,
Dunklen Schluchten loht's herauf,
Alle alten, längstvergeff'nen
Süßen Freuden wachen auf.

Wachen auf und jubeln wieder,
Daß sie sind von Traum befreit,
Und es jauchzen meine Lieder
Deiner Liebe Herrlichkeit.

In diesem Augenblicke trat Amanda ein; sie hatte die Thüren schließen hören und kam, ihm eine Bestellung auszurichten. Sie war etwas nachlässig gekleidet — um nicht zu sagen ärmlich — und in ihren Augen lag ein eigentümlich flimmernder Ausdruck von Verstörung oder Gram. „Hast Du einen Brief bekommen?" fragte sie, nachdem sie das andere erledigt.

Behrends faltete das Blatt zusammen, und es ihr hinhaltend sagte er mit der ihm eigenen leicht= umflorten Stimme: „Professor van Dooren hat mir das gegeben. Nimm es mit und sieh es Dir drüben an."

Sie hielt es zwischen den Fingern, schien etwas fragen zu wollen und wandte sich dann schweigend ab. Als sie schon unter der Thür stand, sagte Behrends: „Und solltest Du wieder wollen anderen Deine Verse mitteilen, so sei darin etwas vorsichtiger. Du wirst bemerken, daß man bisweilen in seinem Vertrauen arg getäuscht wird."

Sie ging. Gott sei Dank!

Er war nicht der Mann, der sich an der Be= schämung und dem Gram eines Menschen weiden mochte. Es war dies vielleicht eine Schwäche von ihm, aber er war so. Ja, wenn sie jetzt umkehren sollte, thränenüberströmt ihm um den Hals zu fallen, ihn zu bitten, die unselige Thorheit zu verzeihen — er wußte es nur zu gut, er würde ihr vergeben, ja er würde ihr geloben — — was sie wollte, wenn es nur das alte Verhältnis wieder wurde — —

Horch — waren das nicht Schritte? — Ja, sie kam zurück! die Thörin, die diesen Mann hatte verachten können!

Als Amanda das Zimmer wieder betrat, saß der Doktor auf dem Sofa und rauchte eine Zigarre. Er arbeitete nicht, er zeichnete halb gedankenlos eine gotische Pfeilerstellung und Bogenwölbung auf ein

zufällig herumliegendes Blatt und hörte damit auch
nicht auf, als sie ihm gegenüberstand.

„Ich bin Dir eine Aufklärung schuldig, und ich
möchte sie Dir jetzt geben, wenn Du die Geduld
hast mich anzuhören," sagte sie, und er erstaunte
über die Ruhe, mit der sie sprach, und die auf ihrem
Gesicht lag.

„So sprich," entgegnete er und fing an, die Ge-
wölbkappen abzuschattieren.

Sie trat von dem Tische zurück und lehnte sich
an eins der hohen Bücherregale, welche die Wände
besetzten. Das Licht fiel hell auf ihr blasses, ernstes
Gesicht, in die graublauen Augen, die gerade vor
sich hinblickten wie nach einem weitschauenden Horizonte, auf das rötlichblonde Haar und die feine Gestalt in dem ärmlichen Kleide.

„Ich lernte Klinghart im November kennen,"
begann sie, „und habe ihn eine Zeitlang öfter gesprochen, bis er im März unsere Beziehungen abbrach, angeblich nachdem er erfahren, daß ich Deine
Frau bin. Er ist ein geistreicher Mensch, und er
hat etwas sehr Bestechendes in seinem Wesen; es
hat mir viel Vergnügen bereitet, über Litteratur
und Kunst mit ihm zu simpeln, und es hatte einen
dämonischen Reiz für mich, die Macht meiner Person, den Eindruck, den ich ihm machte, zu empfinden, ihn dies aussprechen zu hören und mich selbst
durch ihn in einen Rausch illegitimer Empfindungen
setzen zu lassen. Du siehst, ich spreche mit rückhalt-

loſer Offenheit; ich bitte Dich daher anzunehmen,
daß ich Dir in meinem Bericht anderſeits auch
nichts unterſchlage. Einen Reiz hatten für mich
auch die poetiſchen Spielereien, in die wir unſere
Beziehungen kleideten, obgleich ich gern geſtehe, daß
dergleichen die beſte Veranlaſſung iſt, ſich in ein
Wirrſal vollends zu verrennen, denn man läuft
dabei nur zu leicht Gefahr, ſeine Empfindungen
einem Ausdrucke zuliebe zu modeln und mehr zu
ſagen als wahr iſt, nur um einer gefälligen Pointe
oder eines Reimes willen. Doch darauf kommt es
ſchließlich hier ſo genau nicht an; dieſer ganze Ver=
kehr iſt eine Beleidigung für Dich, und daß er an=
deren bekannt wurde, verſtärkt natürlich dieſe Be=
leidigung. Wenn ich, das reuevoll eingeſtehend,
Dich unter Thränenſtrömen und Schmeichelworten
um Verzeihung bäte, würdeſt Du mir verzeihen?"

„Entſchuldige, wenn ich nicht Phantaſie genug
habe, mich in Situationen zu verſetzen, die nicht
exiſtieren," ſagte Behrends mit angenommener Kälte
und ſchraffierte an ſeinen Pfeilern weiter, indem er
es vermied, ſie anzuſehen.

„Eine ſolche Verzeihung wäre vielleicht auch nur
wie ein Heftpflaſter über eine zolltiefe Wunde. So
laß mich alſo weiterſprechen. Ich habe nie beſondere
Hochachtung für Klingharts Charakter gehabt, und
in meine thörichte Schwärmerei, in meine rückhaltloſe
Offenherzigkeit ſogar miſchte ſich immer eine Doſis
vergeblich zurückgedrängten Mißtrauens. Du wirſt

vielleicht fragen, wie es dann möglich war, daß ich
diesen Mann liebte, daß ich mich ihm in gewissem
Grade anvertraute? Und hier weiß ich nicht, ob
ich mich Dir werde ganz deutlich machen können.
Ich will einmal sagen, diese Liebe war in meinem
Herzen, ehe ich ihn kannte, sie ist vielleicht nichts
als das Symbol für den heißen Drang, mein Da=
sein an etwas Glänzendes anzuheften, vielleicht nichts
als ein ästhetisches Bedürfnis, die Bethätigung einer
unbeschäftigten Phantasie, die für ihr Spiel ein In=
strument oder, wenn Du willst, ein Spielzeug braucht."

„Ich wundere mich über die kühle Objektivität,
mit der Du Dich selbst behandelst. Sie war Dir früher
nicht eigen," sagte der Doktor und legte den Bleistift weg.

„Dergleichen reift den Menschen außerordentlich,"
sagte Amanda mit einem leichten ironischen Lächeln,
indem sie das ominöse Blatt hervorzog, es zerriß
und die Stückchen zum offenen Fenster hinausflat=
tern ließ. „Nun also nochmals: ich habe Klinghart
nie für das gehalten, was man einen guten Men=
schen nennt! — — Aber wer findet am Ende die
Welle nicht schön, auf der das Mondlicht zittert,
und die in ihrem blauen Schatten den Tod birgt,
der uns hinabschlingt; oder wem imponiert nicht
die stolze Kraft und Haltung eines Raubtieres, das
uns zerreißt, wenn wir einen Augenblick lang die
Vorsicht vergessen, die es bändigt. Sage was Du
willst, es liegt ein Reiz in dem Spiele mit einer
Gefahr, dem eben manche nicht widerstehen können,

17*

am wenigsten die, deren überschüssige geistige Kräfte
unterbunden sind; ein Reiz darin, der Flamme, die
uns umlodert, standzuhalten und sich doch nicht er=
fassen zu lassen."

„Hm."

„Du hast Deine Wissenschaft. Bei allen Ent=
behrungen bleibt die Beschäftigung mit ihr die ideale
Befriedigung Deiner Natur; vergiß doch nicht, daß
es Menschen gibt, die ebenso gut als Du nach einem
Ausleben ihrer Natur ringen, und die von dem
Zwange der Verhältnisse auf Seitenwege gedrängt
werden wie — etwa komprimierter Dampf, der
einen Ausweg sucht, durch den er strömt, ehe er
den Kessel zerbricht. Mich aber trieb es hinaus
aus der Enge der Beziehungen, ich verschmachtete
unter dem dumpfen Druck häuslicher Pflichten und
unter dem lastenden Bewußtsein: du trägst in dir
noch eine Welt, eine Welt von Schmerzen und
Ahnungen, von Wünschen und Träumen, die du
vergeblich zurückdrängst. Und in diesem Sinne
hatte mein Verhältnis zu Klinghart etwas von dem
Fausts zu Mephisto. Mein Wunsch an ihn war:
Zeige mir, was die Welt Großes und Glänzendes
besitzt, hebe mich hinaus über mich selbst, laß mir
das Leben des Lebens wert erscheinen, gib mir das
Bewußtsein des Zusammenhangs alles Schönen, laß
mich glauben, daß ein Mensch mich liebt, nicht um
mich nach ihm zu gestalten, sondern um eben meines
innersten Wesens willen — gib mir alles das meinet=

wegen um den Preis meiner Seele, die dafür dein
sein soll! — Du weißt vielleicht nicht was es heißt,
ein unterdrücktes, sich selbst verlierendes Ich in sich
zu retten, sonst würdest Du verstehen, wie wir dem
Teufel, der uns zuraunt: Sei was du bist! und du
bist schön und klug und wert geliebt zu sein, und
was in dir liegt wie eine versunkene Welt ist dein
Geist, sind deine Talente! — wie wir diesen Teufel
zum Gotte, zum Erlöser stempeln, wie wir ihm
goldene Altäre bauen und, was uns abstößt, den
nackten Egoismus, die brutale Ironie, mit Purpur-
setzen unseres Glaubens bemänteln. Ist das selbst
nackter Egoismus? ich weiß es nicht. Wo ist die
Grenze zwischen Selbstsucht und Subjektivismus,
dem unaussprechlichen Verlangen, dem Unmittel-
baren in uns, das jeder Anpassung und Unter-
werfung spottet, sein Recht zu geben?"

Amanda hatte die Arme hinter ihrem Kopfe ver-
schränkt und lehnte so leicht zurückgeneigt an dem
Regal, während sie die Augen nach dem Stück Himmel wandte, das zwischen den Dächern der Hinterhäuser herüberblaute. Sie hatte sich schließlich doch
in einige Erregung hineingeredet, ihre Wangen waren
jetzt von einer leichten Röte überzogen, ihre halb
geöffneten Lippen zitterten ein wenig, ihr Atem ging
schneller. Des Doktors Zigarre war längst ausgegangen, schweigend sah er zu ihr hinüber, wie der
Ehemann im Märchen auf die ihres Flügelkleides
beraubte Tochter der Lüfte geschaut haben mochte,

zweifelnd ob er recht gethan, ihr den Schleier zu
nehmen, und doch mit einem Rest von Hoffnung, daß
noch alles gut werden und sie an seinem Herde
die Sehnsucht nach dem Unsäglichen verlieren könne.

„Vielleicht bin ich in Deinen und anderer Leute
Augen das, was man eine unmoralische Frau nennt,"
begann sie plötzlich wieder, „aber glaube mir, man
kann nur moralisch sein innerhalb der Grenzen seines
Ichs, und nun ich sie wiedergefunden, werde ich mich
auch besser in der Welt zurechtfinden. — — —
Jedenfalls bleibt mir immer eine Erfahrung, so
bitter sie sein mag, als Gewinn. Und es sind ja
wohl unsere Erfahrungen schließlich weit mehr als
unsere Träume, woran wir uns hinaufranken! — So=
gar das Unrecht, das Dir gegenüber mein Verkehr
mit Klinghart bedeutet, ist als Schuldbewußtsein
in gewissem Sinne eine Befreiung für mich, ein Aus=
gleich mit dem, was ich als unverdientes Geschick
bisher widerwillig ertragen. Ob Du mir dieses Un=
recht vergeben kannst oder nicht, das weiß ich nicht;
verzeihe, wenn ich nicht sage, ich bitte Dich darum,
denn es erscheint mir lächerlich, um etwas bitten
zu wollen, was doch nur moralische Größe oder ein
Rest von Neigung gewähren kann." —

„So weiß ich aber auch nicht, ob Dir überhaupt etwas
daran liegt," sagte der Doktor mit etwas unsicherer
Stimme, indem er aufstand, einen Schritt auf sie zutrat
und sie mit verzehrenden Blicken betrachtete. Merkwür=
dig, daß sie, die er täglich neben sich sah, ihm heute fremd=

artig, eine unbegreiflich Andere dünkte. Vorhin noch
hatte er sie ein in seinen Instinkten unmündiges
Kind genannt. Welche Kämpfe, welche Entwicke=
lungen vollzogen sich neben ihm, ohne daß er sie
gewahrte! — Hatte sie wohl eine Ahnung davon,
wie berückend schön sie in diesem Augenblick aus=
sah, eine Ahnung von dem rührenden Kontraste, in
dem ihre Kleidung, ihre Umgebung zu dieser fast
bacchantischen Schönheit standen?

Sie hatte nicht gleich geantwortet. Plötzlich wen=
dete sie sich um und über ihr Gesicht glitt jenes
Lächeln, das ihn einst um den Verstand gebracht, und
das er so lange nicht mehr gesehen.

„Willst Du denn nicht am Ende lieber mich und
die Kinder verlassen und wieder zur Bühne gehen?"
fragte er leise. „Ich will Dir nicht etwa einen Ge=
fängniswärter abgeben oder Dich, wie ein Knabe
einen bunten Schmetterling, am Faden halten."

„Nein, ich will bei Euch bleiben und vernünftig
werden, aber Du wirst vielleicht noch manchmal Ge=
duld mit mir haben müssen," sagte sie. „Und noch
eins: Du mußt wissen, daß es nicht genug ist, wenn
Du mir Wohnung und Kleider und zu essen gibst,
ich will auch keine Liebe, die nur manchmal Zeit
hat — ich will sie immer, und ich will hören, daß
ich Dir gefalle, daß Du mich bewunderst, daß Du
eifersüchtig bist, Du sollst sagen, daß ich mehr bin
als Deine Hausmagd, mehr als alle anderen Frauen.
Ich weiß, ich brauche sehr viel. Eine ganze, große

Seele und grenzenlose Liebe, mehr vielleicht als Du jemals haben kannst — neben Deinen Büchern."

Er trat dicht an sie heran und beugte sich über sie hinab, sanft über ihr Haar streichend. „Aber Du, Amanda, Du? hast Du denn noch einen Hauch von Liebe für mich? oder was ist Dir sonst meine Seele wert? Amanda, eine für die andere! Kannst Du mir Deine geben?"

Da schlang sie die Arme um seinen Hals, und so kam es, daß sie sich versöhnten.

Zweiundzwanzigstes Kapitel.

Es war etwa halb zehn Uhr am Morgen. Kling=hart stand vom Schreibtische auf und überreichte dem Studenten das Buch, das ihm dieser zur Be=scheinigung des Besuches seiner Vorlesungen — testie=ren lautet der Kunstausdruck — vorgelegt hatte. Nachdem sich der Jüngling unter mehrfachen Ver=beugungen empfohlen, zündete sich Roderich eine Zigarre an und schlürfte behaglich das feine Aroma, indem er sich auf den Schaukelstuhl niederließ und, bequem hintenübergelehnt, sich in sanfte Bewegung setzte. Ein Ausdruck von Wohlgefallen und Befrie=digung lag auf seinem Gesicht. Vor acht Tagen hatte er seine Ernennung zum Extraordinarius erhalten. Die akademische Karriere weist eigentlich nur drei Sprossen auf ihrer Leiter auf, aber diese sind etwas

unbequem weit von einander entfernt. Nun, Rode=
rigo gehörte zu den Menschen, die sich des Vor=
zugs langer Beine und der benötigten Turnerkünste
rühmen können. Er hatte in anderthalb Jahren die
zweite Sprosse erreicht — jetzt noch zwei Jahre ge=
wartet, dann ein tüchtiges Buch auf den Markt ge=
bracht, und er stand oben. Er trug sich mit dem
Gedanken, eine auf mehrere Bände angelegte Kunst=
geschichte zu schreiben, d. h. zunächst die Anfänge
der alten Kunst zu behandeln, wozu ihm Philipps
bereits erheblich in die Hand gearbeitet, und die
übrigen Bände dann je nach Erfordernis zu schreiben
oder — ungeschrieben zu lassen.

Die außerordentliche Professur hatte ihm sofort
einen glänzenden Triumph, ein großes Glück einge=
tragen. Kaum hatte die Welt seine Ernennung er=
fahren, als sie von der Nachricht von seiner Verlo=
bung mit der Baronin Therese von Florescu über=
rascht, um nicht zu sagen brüskiert wurde. Denn
erst drei Wochen vor diesem Ereignis hatte ein Ar=
tikel in der Burger Zeitung das Staunen und Kopf=
schütteln des akademischen Kreises hervorgerufen —
Frau Euphrosyne Weihrauch geb. Ulrici hatte einen
ernstlichen Nervenzufall davon gehabt — aber Kling=
hart hatte mit so viel Entrüstung den nichtswür=
digen Verleumder der Edelfrau Lügen zu strafen
geschworen, daß man immerhin nicht recht wußte,
was man denken sollte. Daß er die Ehrenrettung
der fraglichen Dame mit einer Verlobung besorgen

würde, hatte nun aber doch niemand erwartet, man glaubte allgemein, daß er Doorens Bemühungen um seine Beförderung durch eine Verbindung mit Elpis krönen würde. Die Niedergeschlagenheit im Doorenschen Hause war eine außerordentliche. Elpis war mit ihrer impulsiven Tante, der Erfinderin einer Butterform, aufs Land gefahren, um ihre Enttäuschung dort zu beweinen, und hoffte dabei im Stillen, daß der kurzsichtige Mathematiker nach ihrer Wiederkehr ihr die Genugthuung bereiten werde, ihr seine Hand anzutragen.

Klinghart amüsierte sich köstlich über die verdutzten Gesichter einiger seiner Gratulanten, aber er war überzeugt, daß der glänzende Reichtum und die Schönheit seiner zukünftigen Gattin sowie seine eigene Liebenswürdigkeit jede kleine Verstimmung bald ausgleichen würden; man war ja viel zu sehr gewöhnt, ihn auf Händen zu tragen. Beinahe unheimlich dagegen war ihm das Schweigen Nannis. Er hatte gefürchtet, sie würde ihm Schwierigkeiten und Szenen machen. Er wußte nicht, daß Nanni die Baronin aufgesucht und sich als seine wahre Verlobte vorgestellt, daß Therese das aufgeregte kleine Ding lächelnd fortgeschickt und seine Untreue höchst natürlich gefunden hatte. Nun, wenn sie schwieg — desto besser. Warum sollten sie auch im Schlimmen auseinander kommen? Er hatte sie doch sehr lieb gehabt.

Indem er, immer behaglich sich schaukelnd, den

Stuck seiner Decke betrachtete, legte sich ein wol=
lüstiger Zug um seine Lippen. Dachte er der süßen
Stunden, die Nanni ihm gewährt, oder der neuen,
die ihm das wonnesame Weib, die ihre Schätze und
sich selbst ihm versprochen, schenken sollte? Sein Blick
wandte sich auf die Büste der hohen Frau von
Melos, zu deren Priester er sich gemacht, indem
er sie in seiner Abhandlung als die Göttin der
lächelnd sich hingebenden, alles gewährenden Liebe
gefeiert. Er hatte nicht überall Glück gehabt mit
dieser Auffassung. Ein Rezensent im Lübkeschen
Kunstblatt hatte sie einen bedauerlichen ästhetischen
Mißgriff und eine ärgerliche Blasphemie genannt.

„Über die abgeschmackten, ledernen Philister, für
die Aphrodite umsonst die Liebesgöttin ist, die sie be=
handeln wie eine deutsche Schulvorsteherin, die sich
gerade einmal genötigt sieht ein Bad zu nehmen!
Hände weg von dem köstlichen Leibe Kytherens!
Für euch Gesindel freilich zerrt sie die gleitende
Hülle hinauf, für euch hält sie ewig den Apfel in
Händen, an dem ihr euch in blöder Ratlosigkeit
die Zähne stumpf beißt, den sauren Apfel der Un=
lösbarkeit des Rätsels — mir trägt sie in der er=
hobenen Linken die zierliche Leuchte voran, den
Thalamos zu erhellen! Hände weg, Philister! Ich
allein kenne alle ihre Schönheiten, ich, der ich
der Herrlichen Priester und ihr Gatte bin!“ Ein
gewisser Zug von Ähnlichkeit mit Therese war in
der That vorhanden, nur daß die Göttin — er

dachte nicht daran das zu leugnen — erheblich geist=
reicher aussah.

Von dem Venusbilde glitten seine Blicke nach dem
Fenster und blieben dort haften, von der merk=
würdigen Beleuchtung gefesselt. Der Himmel war
von einem fahlen Grün überzogen, die Häuser und
Kirchen hoben sich grell von den am Horizonte
lagernden dunklen Wolken ab, das Grün der Büsche
und Bäume, die in der Mitte des Platzes freund=
liche Anlagen bildeten, hatten einen fluorescieren=
den Glanz. Plötzlich wurde alles in eine dicke Staub=
wolke eingehüllt, die heulend angeflogen kam. Ein
Gewitter des Morgens vor zehn Uhr, wie seltsam!
Klinghart stand auf und trat an das Fenster, das
er öffnete. Es war heiß und schwül draußen.
Die Augusttage ließen sich sehr unangenehm an dies
Jahr, aber nächste Woche ging er, Gott sei Dank,
ans Meer, um mit Therese zusammen am Strande
von Ostende zu baden. Wieder kam eine solche
Staubwolke. Er sah die Frauen, die mit ihren
Körben vom Markte kamen, schneller laufen und
lachte, wie der Wind die Röcke vor ihnen hertrieb
und sie ihnen dann um die Füße wickelte.

Von der Königsstraße her kam eine Droschke,
er sah, wie der Schimmel davor den Kopf hob
und senkte, die Nüstern blähte und nach einem
Peitschenhieb um die Ohren rascher lief. Das Gefährt
kam näher und hielt vor seinem Hause. Er lehnte
das Fenster wieder an; es war, als ob etwas von

dem Beunruhigenden, Drückenden der Atmosphäre
sich dem Blute mitteile. Dabei sah er einen Herrn mit
aschblondem Vollbarte aussteigen; da er den Kutscher
nicht bezahlte, hatte er ihm wahrscheinlich zu warten
befohlen. Klinghart bemerkte es mit dem zerstreuten
Interesse, das man bisweilen an gleichgültigen Dingen
nimmt. Gleich darauf klingelte es.

Er war mißmutig, daß der Diener schon ge=
gangen und er sich bequemen mußte, selbst zu öffnen.
Draußen stand der blonde Herr und fragte in dem
harten Deutsch, das den Slaven verriet, nach dem
Herrn Professor, — ein riesiges neues Porzellan=
schild an der Thür belehrte jeden von dem frisch=
backenen Titel des Bewohners.

Klinghart bat ihn einzutreten.

„Ich treffe Sie allein? Sie mußten sich selbst
bemühen, Herr Professor."

„Ja wohl, mein Diener ist ausgegangen."

„Desto besser, so sind wir ungestört. Mein Name
ist Ruftschuff, ich stehe als Agent der dritten Ab=
teilung im Dienste der russischen Regierung," sagte
Iwan Kasaikow.

„Bitte," antwortete der Professor und nahm
dem Fremden den Hut ab, den dieser sich vergebens
bemühte, an den Rechen zu hängen. „Es ist etwas
zu hoch."

Darauf lief der Russe in ungeschickt täppischer
Manier oder Kurzsichtigkeit auf die Küchenthür zu.

„Das ist die Dienerstube; hier, bitte, ist mein Zimmer.“

„Ah, Verzeihung, Herr Professor! Sie wohnen nicht chambre garni? Sie logieren allein?“

„Ja wohl, bis zu meiner Verheiratung.“

„Ah! — Ich komme, Ihnen, sehr verehrter Herr Professor, den Dank meiner Behörde, speziell des Chefs, dem ich unterstellt bin, auszusprechen für den außerordentlich wichtigen Dienst, den Sie der guten Sache geleistet haben, indem Sie uns auf die Spur jenes gewissen Stanislaw Wielopolski ge= leitet haben, der jetzt in Sicherheit gebracht wor= den ist.“

„Sind denn in dem ominösen grauen Koffer wichtige Sachen gefunden worden?“ fragte Kling= hart mit der Nachlässigkeit eines halben Interesses.

„Ah, sehr wichtige Dokumente — danke er= gebenst, ich rauche nicht — und sogar Dynamit= patronen.“

„Der Bursche war mir lange verdächtig,“ sagte Roberigo und balancierte die Quaste seiner Tisch= decke auf der Stiefelspitze.

„Es ist der Regierung auch gelungen, die nihi= listische Druckerei aufzuheben, die zwei polnische Edeldamen, Verwandte Wielopolskis, in ihrem Keller beherbergten. Wie gesagt, Sie haben zur Unter= drückung der sozialen Umtriebe der Nihilisten — wie sie das Ausland nennt — wesentlich beige= tragen.“

„Es ist die Pflicht jedes redlichen Menschen, die Herstellung der Ordnung und die Unterdrückung dieser modernen Pest der menschlichen Gesellschaft zu unterstützen."

„Ja wohl, ja wohl, Herr Professor. Die Regierung wird nicht verfehlen, demnächst dem Danke, den sie Ihnen schuldet, auch einen reellen Ausdruck zu geben. Ich wollte Sie heute nur noch fragen, ob Ihnen Wielopolski etwas von dem Aufenthalte eines gewissen Kasaikow verraten hat, das die Regierung auf die Spuren dieses höchst gefährlichen Menschen bringen könnte?"

„Nein," antwortete Klinghart mit abweisender Vornehmheit, „ich weiß von diesem Subjekte nichts."

„Nein?"

„Ich wünschte überhaupt," setzte er lebhafter hinzu, „fernerhin mit der Sache nichts mehr zu thun zu haben. Sie ist im Grunde genommen nicht ohne Gefahr, und ich bin es ebenso meiner neuen Stellung schuldig, derartige Verbindungen zu lösen, als meiner Braut. Sie verstehen, wenn ich mich kompromittiere, kompromittiere ich jene mit."

„Ich verstehe," sagte Kasaikow=Rustschuff aufstehend und maß Klinghart, der sich eben abwandte und nach dem Fenster sah, das im Winde klapperte, mit dem Blicke eines lauernden Raubtieres.

„Es kommt ein Gewitter herauf," bemerkte der Professor.

„Ja wohl, ein Gewitter! — Doch ich will Sie

nicht länger stören, ich empfehle mich Ihnen, Herr Professor." Er schien wieder in Zweifel, zu welcher Thüre er hinausgehen sollte.

„Diese führt nach dem Entree!" berichtigte Klinghart, über die Ungeschicklichkeit des Barbaren lächelnd, und geleitete ihn hinaus.

„Und nun — doch bitte, schließen Sie die Thür lieber, es könnte ein Zugwind entstehen, und ich finde mich schon zurecht — nun mein Hut." Damit suchte er auf dem Tische herum, während drin das Fenster krachend zuflog und der erste Donner heraufrollte.

Der Professor streckte den linken Arm aus, um den Hut herunterzuholen, gleichzeitig schien Kasaikow danach zu fassen. Aber da geschah etwas sonderbares. Klinghart stolperte, stieß einen eigentümlichen Laut aus und taumelte zurück. Der Russe entnahm den Hut seinen Händen und warf, ohne Adieu zu sagen, die Thür hinter sich zu.

Dann schritt er, sich flüchtig umblickend, durch den Hausflur, der aber leer war, und stieg in die Droschke, indem er dem Kutscher befahl, nach dem nahegelegenen Bahnhof zu fahren.

Dreiundzwanzigstes Kapitel.

Es hatte den Tag über wiederholentlich gewittert. Dadurch war die Luft so abgekühlt und das Erd= reich so stark durchnäßt, daß die Stammgesellschaft, die allfreitäglich Abend sich des Sommers im soge- nannten Ratsgarten und des Winters im Rats= keller zu versammeln pflegte, genötigt war, ihr Winterlokal aufzusuchen. Die Herren — aus= schließlich Professoren der philosophischen Fakultät zu Burg — hatten für diese Fälle ein besonderes Zimmer, in dessen Mitte ein riesiger runder Tisch stand, um den man sich in zufälliger Reihenfolge setzte. Die gewohnte Zeit der Zusammenkünfte war von acht bis zehn oder elf Uhr. War es schön, kamen wohl auch einige der Damen mit.

„Es ist halb neun durch," sagte Professor Weih= rauch, „und mein Schwiegersohn Muge ist noch nicht da. Er ist sonst so pünktlich."

„Er ist gewiß gegangen, Klinghart abzuholen, den ich auch noch vermisse," meinte Geheimrat Überschär.

„Man hat Klinghart die Tage gar nicht ge= sehen," bemerkte Rübschäler.

„Er mag bei der Braut sitzen. Das heißt, etwas sonderbar ist die Sache doch, Sie wissen schon, mit dem Zeitungsartikel, es hat sich im Grunde nichts aufgeklärt."

„Meine Frau schwört nun wieder auf die Ba=
ronin, sie ist geneigt, alles für Verleumdung zu
halten."

„Hat man nicht erfahren, wer der Verfasser
ist?"

„Es soll eine Schriftstellerin Thekla von Rot=
helm sein."

„Schriftstellerin? so? na, da wird sie wohl
häßlich sein! Und die Häßlichen lassen gewöhnlich
an den Schönen, Vielumworbenen nicht gern viel
Gutes."

„Kann sein. Dooren thut mir leid, sehen Sie
nur, er sieht ganz verärgert aus. Und doch läßt
er auf Klinghart nichts kommen, um sich nicht
merken zu lassen, daß er auf ihn als Schwiegersohn
gerechnet hat."

„Ich traf gestern die Baronin; sie geht nach
Ostende, da wird Kollege Klinghart seine Schritte
wohl auch dahin richten."

„— — — Ich bitte Sie — er ist sonst ein so
vortrefflicher Mensch," hörte man Dooren begütigend
zu Professor Neuffert sagen, der Klinghart nun
einmal nicht sehr zugethan war und vermutlich
etwas Nachteiliges über ihn geäußert hatte.

„Er ist zweifelsohne ein bedeutender Kopf,"
bemerkte Bickert, der jetzt bisweilen wieder mit
seinem Antipoden am dritten Orte zusammentraf.

„Und ein wackerer, sehr wackerer Mensch!" setzte
Muftig hinzu.

„Ich liebe ihn sehr, wahrhaftig, ich liebe ihn," sagte der kleine Weber und zog sein schiefes Mäulchen gerade.

Weihrauch sah nach der Uhr. „Muge ist noch immer nicht da," sagte er laut. „Ich hätte gern auf ihn gewartet, aber am Ende ist eins der Kinder nicht munter und er kommt gar nicht. — Meine Herren, ich habe Ihnen nämlich ein sonderbares Schriftstück vorzulegen, das ich heute Nachmittag erhalten habe — und das Sie — in Staunen, ja vielleicht in Aufregung setzen wird — es ist eine Sache, die uns in der That alle berührt. Es handelt sich um Kollegen Klinghart. In der wohl richtigen Annahme, daß er den Abend bei seiner Braut zubringen und also nicht unter uns erscheinen würde — habe ich diesen Brief mitgebracht" — er faltete ihn auseinander — „und bitte Sie, mich Ihnen den Inhalt vorlesen zu lassen und dann selbst zu entscheiden, was davon zu halten sei."

„Geehrter Herr Professor!

Verzeihen Sie, daß ich so frei bin an Sie zu schreiben. Ich bin die Nanni Philipps, die in Ihrer Gesellschaft im Winter das Gretchen und die Gudrun machte. Sie erinnern sich gewiß noch daran. Fräulein Corinna war immer so gütig gegen mich. Ich weiß ja nicht recht, ob es sich schickt, daß ich Ihnen schreibe, aber ich bin so unglücklich und verzweifelt,

18*

daß ich schon überhaupt nicht mehr weiß, was ich thue oder thun soll. Ach denken Sie doch nicht schlecht von mir, wenn ich Ihnen sage — ich weiß gar nicht, wie ich es vorbringen soll — aber ich will nicht, daß alle Menschen so schändlich be= logen und betrogen werden sollen. Lieber Herr Pro= fessor, ich habe früher gedacht, es könnte kein grö= ßeres Gefühl geben auf der Welt als meine Liebe, aber ich sehe nun wohl, daß meine Verzweiflung und mein Haß noch größer sind. Ich kann es gar nicht beschreiben, wie es Einem zu Mute ist, wenn man schon soviel geweint, daß man nicht mehr wei= nen kann und wenn man keine Nacht schläft und die Kissen zerbeißen möchte; und manchmal denke ich, wenn er mir unter die Hände käme, so müßte ich die Kraft haben ihn zu erwürgen, und ich würde es thun. Ach, Herr Professor, wenn es einem gut geht, so ist es gewiß sehr leicht, gut zu sein, aber wenn man so verzweifelt wird, da fürchtet man sich vor sich selber, was man begehen könnte. Ach, und Sie wissen gar nicht, wie das ist, wenn man je= manden so sehr lieb hat, viel lieber als alles auf der Welt und er kniet immer vor einem und bet= telt und quält, bis man ihm nichts mehr abschlägt, wenn man auch nicht will, und er verspricht mir, mich zu heiraten und dann verlobt er sich mit der vornehmen Dame. Und mein Bruder liegt im Hospi= tale, ich habe ihn gestern besucht und ihm alles gesagt, weil er doch bald sterben muß, da hat er mir gesagt, ich sollte nur an Sie schreiben, es wäre nun doch egal, da er bald sterben muß. Und er heißt Ignaz Philipps und hat ihm, Roderich — dem Herrn Doktor Klinghart nämlich — die vielen Arbeiten gemacht, die er für seine hat drucken lassen und ist deshalb Professor geworden. Wenn Sie etwa denken, es ist nicht wahr, so dürfen Sie bloß meines Bruders Schreibtisch untersuchen, da werden Sie es schon sehen, und mein Bruder will darauf schwören. Ich habe es aber nicht gewußt. Und wenn Sie ihn mit Schimpf und Schande fortjagen, daß er die Baronin nicht heiraten kann, so wäre es die letzte Freude, die ich in meinem Leben hätte, denn da mir das geschehen ist, mag ich nun doch nicht leben, sondern werde ins Wasser gehen, weil ich überhaupt ohne ihn nicht leben kann, und denken Sie nicht zu schlecht von mir. Ich lasse auch Fräulein Corinna vielmals grüßen, wenn sich das schickt.

Ihre

Nanni Philipps.

Ledergasse 7."

* * *

Eine Zeitlang blieb alles still an der Tafelrunde. „Ach, das ist ja verfluchter Blödsinn!" rief Professor Lustig mit einemmale, „ich glaube nichts davon!"

Aber es antwortete niemand darauf. Endlich hörte man ein leises Schluchzen und Schnäuzen.

Weber hatte seine blaue Brille vor sich auf den Tisch gelegt und weinte wie ein Kind.

„Es ist unmännlich, ach Gott, ich weiß es ja, es ist unmännlich, und Sie werden wieder sagen, ich bin ein Narr —"

„Ja, 's ist 'ne böse Geschichte! — Kollege Weber, beruhigen Sie sich nur," bat Weihrauch.

„Ach Gott, Sie wissen gar nicht, wie mich das ergreift! Die Kleine hat mir's damals an= gethan, aber sie mochte nichts von mir wissen — ich merkte es wohl, daß es wegen Klinghart war. Und ich habe ihn auch immer so geliebt — lassen Sie mich nur, ich muß etwas auf und ab gehen! Und nun zu erfahren, daß er ein so schlechtes Sub= jekt ist und sie unglücklich gemacht hat. Das mag nun freilich sehr männlich gewesen sein, sehr männ= lich, ach Gott!"

„Na genieren Sie sich nicht, Kollege, weinen Sie sich nur aus!"

„Und das mit den Arbeiten?" fragte Pietsch, „was soll man dazu sagen? Das wäre stark."

Alles schwieg.

„Da hätten wir ja den ,bedeutenden Menschen', den ,jungen Goethe', den ,wackern jungen Freund'!" meinte Neuffert und sah die Schar der alten und jungen Schwärmer an.

„Donnerwetter, wenn das alles wahr wäre!"

„Leider scheint es wahr zu sein, Kollege Lustig."

„Ich glaube es nicht, wenigstens nicht von den

Arbeiten," sagte Dooren. „Ich bitte Sie, wessen ist die Rachsucht eines verführten Mädchens fähig? Sie werden doch den Worten dieses ungebildeten Geschöpfes nicht ohne weiteres Glauben schenken?"

„Ganz ungebildet ist sie nun nicht," erwiderte Weihrauch. „Ihr allerdings unbehilflicher Brief ist in einer Stimmung geschrieben, in der man kaum auf seinen Stil achtet. Sie hat uns damals im Winter keine Schande gemacht, sondern sich sehr nett und sittig betragen und liebenswert gezeigt."

„Das ist jedenfalls das einzig Feststehende," bemerkte Weber.

„Was soll man da thun? Klinghart kann hier nicht bleiben!" rief Professor Muftig.

„Wir werden an den Minister darüber berichten müssen!"

„Vergessen Sie nicht, verehrte Herren Kollegen, daß wir uns damit selbst jämmerlich blamieren. Der Minister hat durchaus Behrends befördern wollen, es war ganz gegen den Wunsch seiner Exzellenz, daß die Fakultät sich für Klinghart entschied."

„Wenn man die Sache totzuschweigen versuchte!" gab Bickert zu bedenken; „vielleicht ließe sich die Florescu bereden, zurückzutreten — oder thäte es unter diesen Umständen selbst — so könnte er wenigstens das Mädchen heiraten, und man sähe, daß er bei Gelegenheit hier wegberufen würde."

„Wollen Sie, Herr Geheimrat, der Diamanten=

dame diesen Vorschlag machen und Klinghart den Brautführer abgeben?"

„Wir werden müssen mit Absetzung vorgehen!" —

In diesem Augenblicke stürzte Muge, totenblaß und in voller Aufregung, herein.

„Meine Herren, es ist etwas Furchtbares ge= schehen!" Atemlos blieb er mit dem Hute in der Hand stehen, indes der Regen von seinen Kleidern troff.

„Klinghart?" fragte Rübschäler.

„So wissen Sie es schon?"

„Na, ziehe nur Deinen nassen Überzieher aus!" ermahnte Weihrauch. „Ich habe einen Brief von dem Mädchen bekommen. Das meinst Du doch wohl?"

„Von dem Mädchen? ich weiß nichts von einem Mädchen."

Der Kellner, der dem Professor ein Glas Bier hinsetzte, wurde abgewinkt, das Bier trank Muge auf einen Zug aus. Dann überlas er den Brief, den Weihrauch ihm hinhielt. Kopfschüttelnd warf er ihn wieder hin, da er ihn kaum ordentlich ver= standen hatte. „Ich weiß nicht, was das ist! es ist viel schrecklicher — — Klinghart ist ermordet!" — —

Die Bestürzung am Tische war unbeschreiblich.

„Ja, meine Herren, es ist furchtbar," sagte er, endlich Platz nehmend, „ganz furchtbar. Lassen Sie mich versuchen, wieviel ich zusammenhängend vor= bringen kann. — Als ich um elf Uhr ins Kolleg komme, treffe ich draußen den Pedell, der mir sagt,

daß Professor Klinghart nicht zur Vorlesung ge=
kommen sei, ohne einen Anschlag gemacht zu haben.
Die Studenten hätten lange gewartet, da sie sich
hätten wollen testieren lassen. Nun, es war mir
auch nicht lieb, weil ich ihn gebeten hatte, mir den
dritten Band von Försters Geschichte der Renaissance
in Italien mitzubringen, den ich dringend brauchte.
Ich schicke also nach Tisch das Dienstmädchen hin,
das aber unverrichteter Sache wiederkommt, da ihr
niemand geöffnet habe. Ich gehe später selbst hin
und klingele wieder vergebens, bemerke dabei übri=
gens, daß der Sturm einen offenstehenden Fenster=
flügel zertrümmert hat, so daß die Scherben zum
Teil auf der Straße, zum Teil auf dem Sims liegen.
Nun, ich habe eine Korrektur vor, zu der ich not=
wendig den Förster nachschlagen muß; ich laufe also
nach einer Stunde wieder hin, es mochte da fünf
Uhr oder etwas später sein. Ich klingele abermals
vergebens. Nun war ich ärgerlich. Ich mache mich
auf und gehe zu der Florescu. Sie erzählt mir,
daß sie ihn schon um zwölf Uhr vergeblich erwartet
habe, wo er sie zu besuchen versprochen. Ich weiß
nicht warum, aber die Sache erscheint mir sonder=
bar, und da ich bei meinen Arbeiten nun einmal
zähe bin und nicht gern etwas aufschiebe, gehe ich
von da zurück nach dem Akademieplatz. Abermals
vergeblich. Ich klopfe den Portier heraus, der mir
sagt, daß er den Herrn Professor den ganzen Tag
noch nicht gesehen habe; es seien aber schon ver=

schiedene Leute dagewesen, unter anderen ein sehr
hübsches junges Mädchen, die früher schon manch=
mal gekommen sei. Unterdem kommt der sogenannte
Diener, der behauptet, um Punkt sechs bestellt wor=
den zu sein — es war notabene sechs Uhr durch —
sich aber verspätet habe. Nun kurz, die Sache kommt
mir unheimlich vor, und ich gehe nach dem Polizei=
bureau. Die Herren fanden meine Besorgnis etwas
verfrüht, aber ich hatte einmal die Idee, daß Kling=
hart etwas zugestoßen sein könnte. Der Kommissarius
kommt denn auch schließlich mit, und wir lassen einen
Schlosser holen."

Muge wischte sich hier den Schweiß von der
Stirn und holte Atem.

„Meine Herren Kollegen — was ich jetzt erlebte,
war wohl der fürchterlichste Moment meines Lebens.
Als wir eintraten, liegt etwas langgestreckt im Wege,
darüber wir stolpern. Ich zünde ein Hölzchen an,
und da lag er auf der Diele — auf dem Rücken.
Wir reißen die Thüre auf, es war gräßlich — die
Augen hatte er offen — und hier — steckte ihm
ein Dolchmesser in der Brust. Die Haushälterin,
die sich aus Neugier mit hinein gedrängt, bekam
einen Weinkrampf. Nun, Sie wissen, wir waren
in der letzten Zeit recht befreundet — es hat mich
furchtbar ergriffen!

Wir sahen uns um, ob etwa irgend ein Gegen=
stand zurückgeblieben, der einen Anhalt zur Er=
greifung des Mörders bieten könnte, und fanden

ein Blatt Papier, das im Entree unter dem Stuhle lag; es enthielt denn auch die Aufklärung des sonst wohl unbegreiflich und unenträtselt gebliebenen Verbrechens."

„Scheußlich!" —

„Und was haben Sie da erfahren?"

„,Klinghart stirbt als russischer Spion von der Hand eines Nihilisten', stand darauf."

„Was? Unmöglich! Ich bitte Sie, das ist eine Finte, um irre zu führen! Das ist ja märchenhaft!"

„Ich übergab das Blatt sofort dem Polizeibeamten. Er nahm ein Protokoll von der Sachlage auf und ließ dann den Toten auf sein Bett legen, wo sie ihn mit einer blauen Atlasdecke überdeckten. Dann öffnete der Kommissarius den Schreibtisch, um sofort Nachsuchungen anzustellen, die eine Einbringung des Mörders begünstigen könnten. Er forderte mich auf, ihm dabei behilflich zu sein."

„Nun — und?" fragte Dooren, der sich auffallend lange geschnäuzt, geräuspert und gewischt hatte.

„Aus gewissen Papieren, die sich vorfanden, ergab sich denn — leider — die Bestätigung eines geheimen Einverständnisses mit der russischen Regierung."

„Also Spion?"

Muge nickte.

„Pfui! und tausendmal Pfui! Das ist noch

schlimmer als die Geschichte von dem sitzengelassenen Mädchen!"

„Nein, die Betrügerei mit den Arbeiten ist noch schändlicher!" rief der Syntaxmann, bei dem das wissenschaftliche Gewissen über alles ging.

„Nein, der Betrug an Nanni, das ist das scheußlichste!" rief Weber, der lange wieder mit den Thränen kämpfte. „Wenn ich nur wüßte, ob sie das Rinderbrot machen lernte und den Kalbaunensalat," setzte er leiser hinzu. „Geben Sie mir mal meinen Hut herunter, Professor Muftig, dort den grauen!"

„Wo wollen Sie denn hin, Kollege? warten Sie doch noch!"

„Nein — nein — machen Sie meinetwegen, was Sie wollen — bitte, Herr Professor Weihrauch, lassen Sie mich nochmals den Brief einsehen. Danke!" Damit steckte er ihn einfach in die Tasche und suchte nach seinem Schirm.

„Noch einen Augenblick, Kollege Weber," rief Neuffert aufstehend. „Lassen Sie mich ein paar Worte sprechen. — Meine Herren! Dieser Abend beschließt einen an Ereignissen — an traurigen Ereignissen, aber auch an Erfahrungen und Belehrungen reichen Tag. Das de mortuis nil nisi bene hat hier keinen Sinn, es bezieht sich auf menschliche Schwächen, aber nicht auf die das Verbrechen streifende Ge= meinheit. Wir brauchen die Schränke des Herrn Philipps nicht zu durchstöbern, um für den wissen= schaftlichen Dolus Klinghart Beweise zu haben;

ein Mensch, der sich zum politischen Spion und Verräter hergibt, verrät auch die Wissenschaft, er verrät auch die Unschuld und heiratet eine ausrangierte fürstliche Maitresse. Danken wir der Hand eines Unbekannten, der, wenn immer auf illegalem Wege, uns vor der Verlegenheit bewahrt hat, diesen — Elenden, einen Industrieritter und Don Juan comme il faut, die Vergeltung zu teil werden zu lassen, die er verdient. Aber vergessen wir darum die Aufgabe nicht, die uns dennoch zugefallen ist. Vergessen wir nicht, daß — indem wir diesen Menschen anerkannten, ja trugen und beförderten — wir seine Glaubwürdigkeit unter den anderen erhärteten, ihm den ehrbaren Hintergrund zu seinem Verfahren liehen. Was wir jetzt zu thun haben, ist, an denjenigen, die darunter gelitten haben, einen Teil des Unrechtes gut zu machen, den wir haben begehen helfen. Ich schlage Ihnen vor, erstens, daß wir uns des gänzlich verlassenen und alleinstehenden Mädchens, das nun auch der Hilfe ihres Bruders beraubt zu werden bedroht ist, in einer anständigen Weise annehmen, und zweitens die so schnell erledigte Professur einem Würdigeren anzuvertrauen. Meine Herren, ich traf heute Morgen Doktor Behrends; ich will keinen Vorteil für mich daraus ziehen, daß ich gegen Klingharts Ernennung zu Behrends Gunsten war — ich halte an der Solidarität des Vorgehens der ganzen Fakultät fest — kurz, ich sprach mit dem Doktor und er

gestand mir, daß er seit Klinghards Beförderung
so gut wie gar nicht geschlafen habe, daß diese
nach den vielseitigen Versprechungen, die ihm ge=
worden, ihn geradezu niedergeschmettert habe, und
daß er — nicht unerheblich verschuldet — nicht
mehr wisse, wie er seine Familie durchbringen
solle. Ich beantrage, daß wir uns sofort mit
seiner Excellenz in Verbindung setzen, um Behrends
zu befördern, und daß wir den Mann von diesem
Beschluß benachrichtigen, zu dessen Erhärtung ich —
als Dekan — für morgen eine Fakultätssitzung an=
beraume. Wenn die Herren einverstanden sind, so
bitte ich Sie, diese gegenwärtige Versammlung auf=
zuheben, in die der gewohnte Geist harmloser Heiter=
keit doch kaum mehr zurückkehren dürfte."

„Sehr gut!" Die Herren standen auf.

„Freund Weber, wollen Sie mir den ominösen
Brief zurückgeben?"

„Herr Professor Weihrauch," sagte Weber, „das
werde ich nicht thun. Ich will Ihnen zeigen, daß
ich nicht ganz unmännlich bin, ich werde — na
ja — ich werde sie heiraten, Sie mögen alle sagen,
was Sie wollen."

„Weber, um Gotteswillen, machen Sie keine
Dummheiten!"

„Es ist wahr, ich bin nicht so schön wie —
wie Klinghart, und ich bin ein Narr, wie Sie
sagen — aber — mein Gott — man ist am Ende
ordentlicher Professor und auch vermögend, und

man ist ein anständiger Mensch — und ich heirate
sie. Sie werden nun einsehen, daß es mir nicht
angenehm sein kann, wenn dann gewisse kompro=
mittierende Schriftstücke von der Frau Professor
Weber umlaufen, und darum bekommen Sie Ihren
Brief nicht wieder. Besorgen Sie nur das mit
Behrends, meine Herren! Das ist meine Sache!
Wenn Ihnen meine Frau nicht recht ist, so können
Sie uns ja gelegentlich von hier wegloben!"

„Weberchen, ich bitte Sie. Bedenken Sie doch,
wenn das Verhältnis nun Folgen hätte — und sie
würde kaum die ganze Sache eingestanden haben,
wenn es nicht so wäre!"

„Nun, so lassen Sie! das wäre auch nur mensch=
lich. Es können ja noch mehr dazukommen, ich bin
ein großer Kinderfreund, wissen Sie! Gute Nacht,
werte Kollegen!"

Er stürmte voran. Die anderen, die ganze hoch=
weise, hochgelahrte Versammlung folgte schweigend,
im Gänsemarsch, hinterdrein, die Treppe hinauf. Nur
Muge konnte sich noch nicht beruhigen. Er erzählte
mit Entrüstung, wie das schreckliche Ereignis, dessen
Kunde sich mit Windeseile verbreitet, auch schon ein
altes Weib herbeigelockt, das sich erboten, den Toten
zu waschen, und einen Kellner aus dem Café Im=
périal, einen widerlichen Kerl mit einem langen
nackten Halse, der behauptete, daß der Ermordete
ihm Geld schuldig sei.

Aber es sagte keiner von den Herren etwas

darauf. Neuffert, der den Zug beschloß, pfiff sogar leise vor sich hin. Es war die Melodie des ewig schönen und trefflichen Liedes:

„Die Pinzgauer wollten wallfahrten gehn,
Sie thäten gerne singen und konnten es nicht schön.
Zahi, zaho,
Zahi, zahe, zaho!"

Druck von Julius Mäser, Leipzig-Reudnitz.